U0691241

走向在地化：农村幼儿园课程构建与实践研究

陈德艳 著

山东省教育教学研究一般课题"乡村振兴背景下农村幼儿园课程质量提升的实践研究"研究阶段性成果。课题编号：2023JXY062

中国出版集团
中译出版社

图书在版编目（CIP）数据

走向在地化：农村幼儿园课程构建与实践研究 / 陈
德艳著 . -- 北京：中译出版社，2024.6
ISBN 978-7-5001-7792-0

Ⅰ.①走… Ⅱ.①陈… Ⅲ.①幼儿园—课程—教学研
究 Ⅳ.① G612

中国国家版本馆 CIP 数据核字（2024）第 053063 号

走向在地化：农村幼儿园课程构建与实践研究
ZOUXIANG ZAIDIHUA: NONGCUN YOUERYUAN KECHENG GOUJIAN YU SHIJIAN YANJIU

出版发行：	中译出版社
地　　址：	北京市西城区新街口外大街 28 号普天德胜大厦主楼 4 层
电　　话：	010-68002876
邮　　编：	100088
电子邮箱：	book@ctph.com.cn
网　　址：	www.ctph.com.cn
责任编辑：	张　旭
印　　刷：	三河市龙大印装有限公司
经　　销：	新华书店
规　　格：	710 mm × 1000 mm　1/16
印　　张：	15.5
字　　数：	238 千字
版　　次：	2024 年 6 月第 1 版
印　　次：	2024 年 6 月第 1 次

ISBN 978-7-5001-7792-0　　　　　定价：78.00 元

版权所有　侵权必究
中 译 出 版 社

图书若有质量问题，请拨打以下电话进行调换。
电话：010-59625116

前　言

　　发展高质量农村教育是乡村振兴的重要内容。课程是幼儿教育的关键要素，基于回归模型的最新研究发现，幼儿园课程质量与儿童发展之间存在非线性的门槛效应：低质量的课程对儿童认知发展无益，只有高质量的课程才能有效推动儿童认知能力的进步，这无疑对农村幼儿园课程发展提出了更高的要求。如何提升农村幼儿园课程质量成为振兴乡村教育亟须解决的关键问题，本著作便是围绕尝试构建基于农村现状的优质幼儿园课程而展开。乡村振兴战略为农村教育的发展提供了新路径，认为农村教育要充分挖掘自身优势资源，与城市融合发展，打破城乡"二元对立"状态，农村幼儿教育发展的路径应由"外部输血式"转向"内部造血式"发展，在地化教育理念与其保持了高度的一致。本著作将带领读者了解农村教育改革的主要思想及在地化教育理念的基本内涵，随后选取4所农村幼儿园深入调研，把握农村幼儿园课程设计与实施现状及存在问题，分析其课程发展的影响因素，并在此基础上尝试构建适宜的在地化课程方案，同时以牡丹文化主题活动为例说明在地化课程实施的基本思路，以帮助读者清晰明了农村幼儿园在地化开展的具体步骤，为农村幼儿园开展课程建设提供可借鉴的经验。

　　农村幼儿园在地化课程的构建是一项系统而艰巨的任务，本书是山东省教育教学课题（课题编号：2023JXY062）的阶段性成果，也得到了"高校学前教育艺术教学团队建设与师资培训"和"地方高校公费师范生个性化发展培养模式的实践研究"两个项目的支持。许多学前教育专家也对本研究开展提出了宝贵建议。感谢马岭岗镇中心幼儿园、吕陵镇中心幼儿园、大黄集镇中心幼儿园、何楼中心幼儿园在活动开展、资料搜集方面给予的大力支持，感谢韩丕国教授、林庆楠副教授、康丽老师给予理论上的指导，感谢于超、刘伊伊、刘振晓、王健德、张丽泰、李学迪、刘恩、徐冰儿 8 位同学在数据资料整理方面提供的帮助。鉴于本人在学识和经验方面的欠缺，本书难免有不足之处，希望得到各位专家和读者的批评指正。

目 录

第一章
绪　论

第一节　农村幼儿教育面临的机遇与挑战

让每个学生获得公平而有质量的教育是我国当前教育改革的重点，农村教育作为薄弱环节受到国家的高度关注，国家出台了系列政策、加大财政投入等多方面的措施促进农村幼儿教育的发展，幼儿教育出现了"提档换速"式迅猛发展，农村幼儿园数量大幅度增多，农村幼儿园的建筑设施也得到了改善。然而在现代化进程中，随着产业结构的调整，农村幼儿教育的外在现代化和内在空壳化使得农村幼儿教育的发展面临着重重困难，如何在现代化进程中破茧成蝶，实现农村幼儿教育有质量的发展，成为当前农村幼儿教育重点思考的话题。本章节将从农村幼儿教育发展的背景分析当前农村幼儿教育面临的机遇与挑战，通过对农村幼儿园的调查，把握农村幼儿园课程现状及问题，以此来明确在地化教育开展的必要性。

一、顺乘东风：农村幼儿教育的繁荣发展

自 2003 至 2012 年，我国学前教育在这一时期主要解决了"入园难"的问题，实现"幼有所育"。农村学前教育关系到亿万儿童的发展，是一项重要的民生工程。国家非常重视农村教育的发展，2003 年国务院颁布《关于进一步加强农村教育工作的决定》，明确提出"农村教育在构建具有中国特色的现代国民教育体系和建设学习型社会中具有十分重要的地位……将农村教育作为教育工作的重中之重"，该文件的颁布充分体现了党中央、国务院对农村教育工作的高度重视。2010 年颁布的《国家中长期

教育改革和发展规划纲要（2010—2020年）》（以下简称《规划纲要》）中明确将"发展农村学前教育"作为教育发展任务，提出"努力提高农村学前教育普及程度，采取多种形式扩大农村学前教育资源"，农村学前教育的发展受到前所未有的高度重视。为进一步贯彻落实《规划纲要》的基本要求，2010年11月颁布了《国务院关于当前发展学前教育的若干意见》，指出"把发展学前教育摆在更加重要的位置""努力扩大农村学前教育资源。从今年开始，国家实施推进农村学前教育项目，重点支持中西部地区；地方各级政府要安排专门资金，重点建设农村幼儿园"。为贯彻落实上述两个文件精神，进一步扩大学前教育资源，2011年，财政部、教育部颁布了《关于加大财政投入支持学前教育发展的通知》，指出"各地要对城市和农村不同类型幼儿园提出分类支持政策，把加快发展农村学前教育作为工作重点。中央财政重点支持各地特别是中西部地区农村学前教育发展"。随后学前教育事业踏上了发展的快车道，农村幼儿园数量有所增加，农村学前教育普及率有所提高。

党的十八大以来，以习近平同志为核心的党中央对新时代推进社会主义现代化做出了新的顶层设计，学前教育事业向更加规范化的方向发展，"幼有优育"成为学前教育的重要目标。这一时期政策突出学前教育的普惠性和公益性，注重城乡均衡发展。自2010年颁布《国务院关于当前发展学前教育的若干意见》后，2011年、2014年、2017年先后启动了三期"三年行动计划"，相关的文件政策有《教育部、国家发展改革委员会、财政部关于实施第二期学前教育三年行动计划的意见》（2014年11月）、《教育部等四部门关于实施第三期学前教育行动计划的意见》（2017年4月），"三年行动计划"着重解决"入园难"的问题，坚持公益普惠，进一步优化学前教育资源配置，将"扩大农村学前教育资源"作为行动计划的重点任务。2015年国务院办公厅颁布了《乡村教师支持计划（2015—2020年）》，指出：到2017年，力争使乡村学校优质教师来源得到多渠道扩充，乡村教师资源配置得到改善，教育教学能力水平稳步提升。2018年中共中央、国务院颁布了《关于学前教育深化改革规范发展的若干意见》，指出：大力发展农村学前教育，每个乡镇原则上至少办好一所公办中心园，完善县乡村三级农村学前教育公共服务网络，对学前教育的发展进行了整体规划。2021 年教育部等九部门印发的《"十四五"学前教育发展提升行动计划》中明确指出将"补齐普惠资源短板"作为重点任务，注重"加强村级幼儿园建设"，着重"完善农村学前教育资源布局，办好乡镇公办中心幼儿园，通过依托乡镇中心幼儿园举办分园、村独立或联合办园、巡回支教等方式满足农村适龄儿童入园需求"。在学前教育事业高度发展的过程中，农村学前教育的发展是薄弱环节，是学前教育事业高质量发展的瓶颈。自党的十八大以来，农村学前教育的发展受到了前所未有的高度重视，政策倾斜度较大，侧重农村学前教育的普惠性发展和保障机制的完善，特别是《"十四五"学前教育发展提升行动计划》政策的颁布，标志着农村学前教育补齐短板的同时，要更加注重"深化幼儿园教育改革""推动学前教育教研改革"，以提升农村学前教育高质量发展。

通过相关政策的大力支持，学前教育事业取得了较大成就，2022 年教育部基础教育司司长吕玉刚介绍了自党的十八大以来，我国学前教育事业取得的成就，学前教育资源的总量持续增加，2021 年，全国幼儿园达到29.5 万所，比 2011 年增加 12.8 万所，增长了 76.8%；毛入园率持续快速提高，2021 年全国幼儿园在园幼儿达到 4805.2 万人，比 2011 年增加了1380.8 万人，全国学前三年毛入园率由 2011 年的 62.3% 提高到 2021 年的88.1%，增长了 25.8 个百分点，而且新增的幼儿园 60% 左右分布在农村，2021 年农村普惠性幼儿园覆盖率达到 90.6%，每个乡镇基本办有一所公办中心园，大村独立办园、小村联合办园，可以看到学前教育不仅资源总量得到提升，基本满足广大人民群众入园的需求，而且学前教育的格局也发生了变化，公办园数量在增加，农村普惠性幼儿园受到关注，学前教育公共服务体系已形成①。

二、内忧外患：农村学前教育面临的挑战

（一）农村幼儿教育经费短缺，缺少保障机制

财政投入是农村学前教育发展的必要经济保障。2003 年教育部等十部

---

① 高毅哲，林焕新. 全国幼儿园数量十年增长近八成 ［EB/OL］. ［2022-04-27］. http://www. moe. gov. cn/fbh/live/2022/54405/mtbd/202204/t20220427_ 622270. html.

委联合印发的《关于幼儿教育改革与发展的指导意见》，明确指出"坚持实行地方负责、分级管理和有关部门分工负责的幼儿教育管理体制"，同时确定了地方政府管理本地区内的学前教育的发展，包括财政投入支持。农村公共财政的具体覆盖包括县、乡两级基层政府的公共收入和公共支出、村级组织的公共收支，以及中央、省、自治区、直辖市等各级政府对基层政府、农村的转移支付和各类补贴①。

县域统筹发展与当地政府的财政收入与支出有较大的关联，学前教育又属于非义务教育阶段，各县财政投向教育事业的经费有限，这有限的资金只能投入到少数的幼儿园。尽管各项政策提出"加大对农村学前教育的投入"，然而"巧妇难为无米之炊"，在地方财政有限的情况下，农村学前教育的财政投入十分紧张，这无疑制约了农村学前教育的发展。在与幼儿园园长座谈当前农村幼儿园发展的困境时，经费短缺成为每个幼儿园园长必提的话题之一。一般来说，园所经费的直接管理单位是中心校教委，农村往往是以镇为单位，每个镇会有一个教委管理本辖区内所有的学校，包括中学、小学和幼儿园。通常，幼儿园会有自己的专项费用支出，相对比较宽松一些，但有时行政区域变化会给他们带来一定的影响，例如，M 幼儿园园长说道："原先我们属于××，财政上比较宽裕，园所的保教费一年大概 20 万，可全部用来支出，但是现在把我们划分到另一个区，原有的保教费也可以自由支出，但是这 20 万是整个镇上所有学校的支出费用，财政相对比较紧张。"

在对当地农村幼儿园调研中发现，农村幼儿园经费主要来源于保教费用，一位幼儿园园长指出，"政府对幼儿园的投入主要是在建设幼儿园的时候，新建园的设施设备以及建筑场所，都是政府投入的，我听说有些地方政府没有钱，就是慢慢地扩大招收幼儿数量，依靠后期的收入慢慢填补。我们园所没有这种情况，后期的园所发展主要从保教费用里面来"。农村幼儿园收取的保教费用有明确标准，省级示范幼儿园每生每月为 380 元，一类幼儿园每生每月 320 元，二类幼儿园每生每月 240 元，三类幼儿园每生每月 200 元。因此，农村幼儿园较为关注生源，如果入园人数少的

---

① 刘银喜. 农村公共财政：公共财政研究的新领域——概念、体制变迁及结构特征 [J]. 内蒙古大学学报（哲学社会科学版），2007（5）：9-14.

话，直接影响到幼儿园的运转。

准公共产品排他性机制的扭曲，造成政府在农村学前教育财政投入中的错位现象①。政府在农村学前教育主要以一次性投入为主，导致农村幼儿园的经营与发展所依靠的经济保障来自家庭支出的保教费用，而农村家庭支付能力有限，难以维持农村幼儿园持续发展，在资源配置、师资水平等方面造成问题，韩翊、韩池对河南省 60 所农村幼儿园进行了调研②，发现在基础设施方面，三个县的农村幼儿园在班级内的区域设置、保健隔离室的建立、班级内盥洗室的设置三个方面缺少的比率较高，足以看到农村幼儿园资源配置方面存在一定的问题。有学者指出，乡镇政府是我国最低一级的行政机构，经费来源不足，财政赤字与债务突出。由最薄弱的乡镇政府来负责占学前教育总量最大的农村地区的学前教育，这是财权与事权严重的不对等，也是城乡学前教育水平差距不断加剧的根源之一③。

（二）农村幼儿园师资力量薄弱，存在流失现象

近年来，幼儿教师的学历水平不断提高，有数据显示当前幼儿教师学历以专科学历为主，城乡差距较大。2010 年，农村专任幼儿园教师的主体学历仍然以高中学历为主（约占 51%），包括幼师、职高和职专。有关调查显示，虽然农村幼儿教师里中师以上学历者占绝大多数，但"学历达标专业不对口"的现象十分突出，即正规的幼师生不多，大多数由小学教师转岗而来，或中师所学为其他专业、未接受后续的幼师专业培训④。在调研中同样支持了这一现象的存在。通过走访幼儿园发现，农村幼儿园教师学历主要以专科为主，个别乡镇中心幼儿园在编教师能达到 2/3，基本能保障教师队伍的稳定和高素质发展，但多数园所幼儿教师存在严重缺口的现象，特别是村庄幼儿园，出现了一个园所仅有两三名在编教师的状态，园所的高质量发展并不能得到保障。

① 廖莉，袁爱玲.农村学前教育财政投入的困境及其突破——基于广东省的实证调查［J］.教育发展研究，2015，35（6）：32-38.

② 韩翊，韩池.新形式下河南省农村幼儿园的教育现状调查及对策研究［C］//第三届张雪门教育思想研讨会论文集.焦作：北京教育音像报刊总社学前教育杂志社，2021（9）：531-534.

③ 廖莉，袁爱玲.农村学前教育财政投入的困境及其突破［J］.教育发展研究，2015，35（6）：32-38.

④ 王杰.贫困地区农村幼儿教师专业成长的现状、问题及对策［J］.学前教育研究，2009（1）：15-18.

研究者搜集了 2023 年菏泽市 1 个市直幼儿园和 8 个县区幼儿园幼儿教师招聘简章，具体统计见表 1-1。

表 1-1　菏泽市及各县区幼儿教师招考情况统计

园所所在地	学历	专业	教师资格证
市直 A	本科以上	学前教育或学前教育学	幼儿教师资格证
牡丹区	专科以上	不限	幼儿教师资格证
鲁西新区	专科以上	不限	幼儿教师资格证
曹县	专科以上	不限	幼儿园及以上教师资格证
单县	专科以上	不限	幼儿教师资格证
定陶区	专科以上	两个岗位限学前教育，两个岗位不限专业	幼儿教师资格证
东明县	专科以上	以大学专科学历报考的：学前教育、早期教育；以大学本科及以上学历报考的：专业不限	幼儿教师资格证
郓城县	专科以上	不限	幼儿教师资格证
鄄城县	专科以上	不限	幼儿教师资格证

从表 1-1 可知，各地幼儿园教师招聘简章对幼儿教师的学历要求全部为专科及以上学历，市级幼儿园要求本科学历，或者通过人才引进的方式招聘研究生学历的幼儿教师。在专业要求方面，仅有 1 个县在专业方面限制专科学历必须为"学前教育"专业，本科学历并未对专业提出要求，7 个县区对专业未有明确要求，提出"专业不限"。走访调研中发现，菏泽近几年招聘的幼儿教师的数量逐年增加，从 2019 年到 2023 年，幼儿教师招聘人数总体呈上升趋势，对新教师的分配方面是倾斜于城市幼儿园，城市的新建园所数量也在不断增加，城市幼儿园基本能保持一半教师是在编教师。农村幼儿园的发展遵循着"乡镇辐射村庄幼儿园"的原则。在大规模的教师招聘中，乡镇中心幼儿园每年都有新引进的教师，教师整体的学历水平不断提高，但是村庄幼儿园新进教师偏少，整体师资水平偏低。

幼儿教师专业素养提升的主要路径是师资培训。研究者选取 364 名园长进行问卷调查，针对幼儿园组织教师学习或培训情况进行分析，将其划分为四个选项并进行赋值，"经常"＝4分，"偶尔"＝3分，"有时"＝2分，"从不"＝1分。经过统计分析，教师参加培训的平均值为3.41，幼儿园"经常"组织培训的比例为56%，"偶尔"组织培训的比例占29.4%，"有时"组织培训的比例为14.3%，"从不"组织培训的占比例为0.3%（见表1-2），表明园所对教师培训的支持力度较大，经常会组织教师参加各类型的学习或培训。

表1-2 幼儿园组织教师学习或培训情况

园所所在地	经常	偶尔	有时	从不	总计
城市	78（80.4%）	12（12.4%）	7（7.2%）	0	97
乡镇	93（54.7%）	58（34.1%）	19（11.2%）	0	170
农村	33（34%）	37（38.1%）	26（26.8%）	1（1%）	97
总计	204（56%）	107（29.4%）	52（14.3%）	1（0.3%）	364

分析城乡差异发现，城市、乡镇、农村组织培训的平均值分别为3.73，3.43，3.05，存在显著性差异（$P = 0.00$，$F = 23.26$），城市组织培训的比率高于乡镇，乡镇组织培训的比率高于农村。从各选项的比率来看，城市幼儿园选择"经常"选项的比率为80.4%，而乡镇中心幼儿园和农村幼儿园选择该比率的分别为54.7%和34%，农村幼儿园缺少师资培训，使得农村幼儿教师的专业提升缺少相应路径和政策的支持。

一些调研显示，我国幼儿园教师群体离职现象严重，幼儿园教师队伍稳定性问题亟待解决[1]，农村幼儿教师流失已经成为普遍的社会现象，教师队伍陷入教师"留不住"的困境[2]。近年来，为"留得住"农村幼儿教师，国家从政策面上给予了较大的支持，在工资待遇上向农村教师倾斜。在访谈中发现，农村幼儿教师比城市教师每月大概多1000多元，这部分项目主要是车补。尽管经济待遇提高、福利保障齐全，但为什么农村幼儿园

---

① 龚欣，李贞义，由由.贫困农村幼儿园教师流动意向研究——基于湖北省2县64所农村幼儿园的调查［J］.教育发展研究，2019，39（8）：49-57.

② 张琴秀，郭健.农村幼儿教师专业发展政府支持体系的构建——以山西省高平市S镇为例［J］.教育理论与实践，2014，34（32）：29-31.

教师数量和质量还远不如城市呢？访谈中发现，离城市比较近一些的农村幼儿园教师队伍比较稳定，大部分教师家住在城里，每天开车在市里和农村之间来回穿梭。一般来说，该地理位置的幼儿园是能被大部分教师认同的，所以幼儿教师队伍比较稳定，园所课程设置与实施都能保障有质量地开展。一些离城市比较远的幼儿园，普遍反映是新教师来园所任职，等到专业发展起来之后，会借助各种机会去城里工作，这样幼儿园始终在培养新教师，制约了园所教育质量的提高。

（三）幼儿园课程追随城市，缺少对乡土资源的利用

费孝通在《乡土中国》中提及"土是我们民族的根"，习近平总书记提出要培养学生的"那一抹乡愁"，当 80 后回忆自己的童年时，在池塘里捉鱼、游泳，用泥巴做"摔瓦"的游戏，在地里嬉戏打滚，童年的生活是充满幸福与回味的。然而在当前以城市文明发展作为现代化标志的社会背景中，往往会将农村教育作为城市教育的"低配版"，认为提高农村教育的唯一路径便是向城市教育看齐①。农村幼儿园的办园思想、课程设置、教材选用等会照搬城市幼儿园，标榜城市幼儿园、城市文化，而将农村文化放置于"低等"地位。农村幼儿园课程思想、课程目标、课程实施路径等趋向于与城市幼儿园看齐的趋势，却忽略了农村幼儿园自身的特点和优势，在开发与建设课程时忽略了对乡土文化的挖掘，忽略了课程与幼儿生活实际体验的结合，出现了儿童不了解家乡、对大自然疏离与漠视等现象。

（四）在园人数较少，农村幼儿园面临生源压力

党的十九大报告提出"乡村振兴战略"，着力缩小学前教育的城乡差距，促进学前教育公平发展，让每一个农村幼儿获得高质量的学前教育。国家政策对农村学前教育的高度重视，通过外源性财政投入使得农村学前教育在数量上有了较大的发展，正如前面所提及：到 2021 年学前教育资源总量增长明显，全国幼儿园达到 29.5 万所，比 2011 年增加 12.8 万所，增长了 76.8%；2021 年全国幼儿园在园幼儿达到 4805.2 万人，比 2011 年增加 1380.8 万人。然而从内部结构布局方面来看，农村幼儿教育发展似乎存

---

① 邬志辉. 中国农村教育发展的成就、挑战与走向［J］. 探索与争鸣，2021（4）：5-8.

在着另外一个局面，农村幼儿园数量及在园人数逐渐增加，但是入园人数所占比例却在逐年下降。究其原因在于农村出现"空心化"现象，当前我国城乡二元结构发展仍然存在，优质教育资源、医疗、就业等主要集中在城市，而农村由于地理位置、师资力量薄弱、资源配置等问题导致学前教育质量有待提升。近年来，核心家庭数量较多，往往是两代或者三代共同抚养一个或者两个孩子，孩子的教育质量受到高度重视，经济稍微宽裕一些的农村家庭，会在城市买房、生活，让孩子在城市幼儿园接受高质量学前教育。经过调研发现，在农村，年轻人在结婚时便会提出"城里有房"的要求，当孩子还小时，年轻的父母会和孩子一起在农村居住，但当孩子到了入园年龄时，则会选择去城里居住，在农村生活的主要是年迈的老人，所以农村幼儿园入园人数是在逐渐减少。特别是伴随着我国当前人口出生率降低，每年出生的孩子总数在逐渐减少，这无疑对农村幼儿园的生源发展加大了压力。

在乡村振兴背景之下，国家已关注到农村教育的社会功能，注重实现乡村振兴教育、教育振兴乡村的良性循环，对农村教育的政策支持让农村幼儿教育发展踏上了高速发展的轨道。然而，农村幼儿教育目前存在"内忧外患"，让我们不禁思考：农村幼儿教育的发展之路在何方？如何实现农村幼儿教育发展的提档换速？习近平总书记说乡村教育要培养学生的"那一抹乡愁"又该如何实现呢？

第二节　走向在地化：农村幼儿教育改革的新路径

构建公平且有质量的农村幼儿教育已成为当前农村教育改革的主旋律。自20世纪初，一些有识之士便针对农村教育现状，提出了各种不同的改革路径，既有保守型的教育变革，提出要回归乡土，也有改进型教育变革，志要破除农村教育存在的弊端。在现代社会发展进程中，农村教育一直在城镇化教育的裹挟中发展，处于弱势地位，国家从政策与财政方面给予了较大的倾斜力度，农村幼儿园园所在数量上急剧增多，基本满足了幼儿接受教育的需求。党的十九大报告指出我国当前主要矛盾是"人民日益增长的美好生活需要和不平衡不充分的发展之间的矛盾"，追求优质的乡村教育已成为当前幼儿教育面临的重要问题。然而，外源性的财政投入并不能直接产生优质教育，需要农村幼儿园立足实际，充分利用已有优势和资源，才能激发和调动幼儿园的教育改革动力，教育变革应是内生性成长的过程，在地化教育在此背景下应运而生。

一、我国农村教育改革思想的发展历程

农村幼儿教育是农村基础教育的组成部分，但长期以来处于一种"边缘化"的状态，不论是外源性财政投入，还是师资配备，农村幼儿教育始终是"靠后站"的扶持对象，农村幼儿教育成为基础教育最为薄弱的环节。随着学前教育"三年行动计划"的实施，国家乡村振兴战略的提出，农村幼儿教育受到了前所未有的关注。在此背景下，农村幼儿教育需要借鉴国内农村教育发展的优良经验，借鉴国外农村教育发展的优秀理念，加快提升教育质量。将农村幼儿教育放在整个农村教育大背景下思考其发展路径，无疑是农村幼儿教育"提档换速"发展的有效思考方式。

（一）民国时期农村教育改革的主要思想

民国时期，我国学者便开展了针对农村教育改革的活动，其中较有代表性的人物有陶行知、梁漱溟、晏阳初，他们针对农村教育面临的困境和弊端，提出了农村教育发展方向的理论论述，并走进农村，进行农村教育的改革实践，然而他们探讨的农村教育改革路径不尽相同。

陶行知是民国时期乡村教育改造派的典型代表，他认为"中国乡村教育走错了路，它教人离开乡下往城里跑，它教人吃饭不种稻，穿衣不种棉，做房子不造林。它教人羡慕奢华，看不起务农。它教人分利不生利。它教农夫子弟变成书呆子……前面是万丈悬崖，同志们务必把马勒住，另找生路"①！他认为乡村教育存在脱离劳动、脱离生活的弊端，认为应将农村教育与农业联合，"活的教育，不是教育界或任何团体单独办得成功的，我们要有一个大规模的联合，才能希望成功！那应当联合中之最应当联合

---

① 陶行知. 中国教育改造 ［M］. 北京：商务印书馆，2016：81.

的，就是教育与农业携手"①，他将乡村教育的改革与农民的生活联系在一起，通过农村教育的变革来实现农民生活的改变，因此要构建一个适宜农民生活实际的教育体系，提出了"生活教育"理论，强调生活即教育，突出教学做合一的教学方法，以培养出农村需要的人才。

梁漱溟则是尝试从文化路径解决农村问题，他深刻地理解中国文化和世界他国文化之间的差异，认为中国是伦理本位的社会，当时中国社会有四大缺点"缺乏公共生活，缺乏纪律习惯，缺乏法治精神，缺乏组织能力"②，他强调乡村建设要创造一种新的文明，既要保存我国的传统文化，又要实现乡村现代化。他的乡村教育内容便是围绕建设乡村文明来选择的，主要有两块内容：一是以陶冶精神为目的的乡土文化教育，二是知识技能教育。他将乡村教育与乡村建设联系在一起，认为两者相辅相成，以实现"政教合一"。

晏阳初目睹了国家受外敌欺辱、人民生活贫瘠的现状，他认为当时中国85%以上的人生活在农村，决定投身于乡村教育改革中，推行平民教育、开展扫盲运动。晏阳初在教育实践中认识到知识与道德教育不足以改善生活以及培养国民精神，提出了"四大教育"，即文艺教育、生计教育、公民教育和卫生教育，以解决当时乡村教育存在的"愚、贫、弱、私"的四大问题，并提出学校式、社会式、家庭式的三大平民教育方式。

民国时期掀起了乡村教育改革的热潮，从上面三位乡村教育改革者的农村教育改革路径来看，他们对乡村教育有着深刻的认识，但在改革乡村教育的路径上略有差异，提出了独特的乡村教育思想；相同的是他们的乡村教育改革实践助推了当时乡村教育的发展，肯定了乡村教育与村庄建设之间的密切关系。

（二）中华人民共和国成立以后农村教育改革的主要思想

中华人民共和国成立以来，百业待兴，国家对农村生产有着较大的需求，这时教育更多地为经济发展服务，乡村教育承担着服务乡村建设的责任，农村小学教育要与生产劳动相结合，农村教师需要懂得生产知识，还

---

① 周洪宇. 陶行知生活教育导读 [M]. 福州：福建教育出版社，2013：245.
② 张兰英，艾恺，温铁军. 激进与改良——民国乡村建设理论实践的现实启示 [J]. 开放时代，2014（3）：166-179，8.

要了解农业的普通科学知识。这时乡村教育与乡村建设紧密相连。改革开放以后，乡村教育服务地方经济和社会发展成为主流观念，当时我国经济像一条腾飞的巨龙，亟须大量的合格的劳动力，但是乡村教育存在与社会、经济建设实际和群众脱离的"三大危机"，要建构适合社会经济发展需求的农村教育，将以知识为中心的传统应试教育转换为以能力为中心的素质教育；农村教育的开展过程中，要在基础教育中增加生产技术基础课和实用技术课，着重培养合格的劳动者，以满足社会经济增长对劳动力素质的基本要求。21世纪以来，国家高度重视农村教育的发展，农村教育再次成为教育理论和实践者关注的热点话题。在城乡结构二元化的现代社会发展进程中，农村教育发展的价值取向具有"离农"和"为农"两大思路。

1. 离农：关注农村教育的育人功能

"离农"是指农村教育应该注重将人口转移作为教育的重要目标。张乐天认为，长期以来，我国农村教育将培养安于农村、乐于农业的人才作为目标，但在当前现代化社会变革中，这种静态的目标会阻碍农村教育多元化的发展，特别是当前城镇化的推进使得城市对人力资源的需求增大，农村教育应该与时俱进，将促进农村人口转移视为重要使命的教育①。李少元在城镇化背景下提出要加强对农村居民的"离农教育"，这里的离农不仅是空间方位的变化、工作的转变，更为重要的是生产方式和生活方式的变化，实现农业文明转向城市文明的目标，即使在农的劳动者也应该是懂得现代技术的高素质劳动者，为家乡建设服务②。葛新斌指出，"一部现代化的历史，就是农村不断地被抛离社会的核心圈层而加速边缘化的历史"，指出中国当前农村教育处于"双重边缘化"的境遇，一重是教育被政治、经济边缘化，一重是教育系统中农村教育处于边缘化的状态，城乡教育资源严重不均衡，然而在现代化和全球化席卷的浪潮下，农村教育应封闭式地培养适应农村生活的人，应该通过农村人口城市化的方式解决农

---

① 张乐天. 重新解读农村教育 [J]. 教育发展研究，2003（11）：19-22.
② 李少元. 城镇化的挑战与农村教育决策的应对 [J]. 东北师大学报（哲学社会科学版），2003（1）：109-116.

村教育边缘化的境遇①。以上研究可以看出，"离农"的教育思想是基于现代化的进程来思考的，对农村教育的功能认识从服务社会功能转向了育人功能，看到了城市与农村教育之间的差距；在城镇化发展的现状下，提出了促使个体受到公平教育的快捷路径，这在当时社会发展背景下具有可操作的价值。

2. 为农：教育公平视域下的农村教育价值取向

"离农"的农村教育发展路径，默认了农村教育和城市教育是有差距的。而有研究者指出城市教育和农村教育发展的总体方向应该是一致的，都是注重开启学生心智，培养学生能力，浸润学生情感，但两者在教学内容和教学模式方面可以灵活选择，只有秉持这一理念，农村教育和城市教育才会趋向公平，特别是在"城乡一体化"理念的驱动下，农村教育应有自身的优势和独特性，而非仅仅有城镇化一条路径。朱永新（2008）指出，农村教育严重脱离农村实际，复制城市的教育内容，最终目的是让学生通过高考实现远离农村生活，然而这种实现阶层转变的仅有少数人，其他学生会沦为"陪读生"，最终选择辍学，教育原有的育人功能也大打折扣，真正的农村教育应该让学生认识农村、热爱农村，改造原有的农村教育内容，增加乡土化知识②。可见，农村教育城市化后出现了严重的问题，在探寻农村教育发展方向时，"为农"的教育理念受到人们的关注，研究者期望针对"离农"教育的弊端，为农村教育的发展探寻新的发展路径。

3. 兼农：农村教育在地化的开展

随着城镇化进程的加快，人们逐渐发现城市文明也存在着一些劣势，如远离生态环境、远离生活、不可持续发展性等，2005年党的十六届五中全会提出要建设社会主义新农村，让工业反哺农业，城乡一体化的理念已经成为发展趋势，伴随着第三次工业革命的到来，信息技术为城市和农村教育深度融合提供了虚拟空间的支撑。张家勇指出，农村教育的发展并不是向城市教育转型，而是城市教育必将融入新型的农村教育。农村教育要加强与社区之间的联系，以民间艺术、传统工艺等地方性知识为纽带，将

---

① 葛新斌. 农村教育：现代化的弃儿及其前景 [J]. 教育理论与实践，2003（23）：37-40.
② 朱永新. 农村教育的方向是什么 [J]. 教育科学研究，2008（11）：1.

学校与社区联系起来，两者之间互哺共生，这将是农村教育发展的方向①。可见，农村教育并非复制城市内容，培养逃离乡土的人，也不仅是培养服务农村发展的人才，而应该是立足农村教育实际，依据儿童的生活场域开展教育，围绕着生活真实问题，让学生在体验式学习、探究式学习中获得地方知识及自身成长，这时在地化教育理念受到了人们的重视。

农村教育改革并非一蹴而就，不同时期，农村教育面临的社会问题有较大差异，其所选择的指导思想和路径略有不同，然而这些指导思想和实践经验却给后来的农村教育改革提供了可借鉴的经验。当前农村教育改革受到高度重视，国家社会经济发展迅速，人们追求美好生活的愿望和追求高质量教育的需求较为明显，这既为农村教育提出了高质量要求，也为农村教育"提档换速"提供了机遇。在此背景下，农村教育的在地化教育思想受到人们的高度关注，同样农村幼儿教育也将受其思想的指引，重新审视农村幼儿教育的发展。

二、农村幼儿园开展在地化教育的必要性

（一）响应乡村振兴政策的基本精神

重新审视乡村教育的发展，在探讨乡村幼儿教育的功能方面，首先思考的是农村幼儿教育育人的功能，这是教育的本体功能，本无可厚非，但是在探究其育人价值时并非从促进儿童全面发展角度出发，而是以"离农"为核心目标，认为农村幼儿教育的最终目标是培养幼儿走进城市，这种"向城市"的惯性思维始终影响着农村幼儿教育的发展，影响着农村教育的发展，培养出的学生对乡村缺少认同感，又难以融入城市文化，造成了"容不下的城市、回不去的农村"的困境，缺少乡土文化认同的幼儿教育并未培养出具有根基的儿童。

农村原有的私塾教育不仅承担着育人的职能，还具有教化村民的功能，乡村学校承担着整个村庄文明建设的重任。但是审视当前的农村幼儿教育会发现，农村幼儿园似乎成为独立于村落之外的"孤岛"，幼儿园在封闭的空间内与孩子尽情地遨游在欢乐的游戏和知识的海洋中，对周围的

---

① 张家勇，朱玉华. 农村教育复兴：可能与方向 [J]. 中小学管理，2015（10）：4-7.

环境持一种漠然态度，幼儿园的教育与村庄的发展毫无联系。乡村振兴战略提出乡村教育应与乡村建设形成良性的互动关系，乡村建设的实现需要乡村教育的振兴，乡村教育的发展离不开乡村建设的支持。

乡村幼儿教育需要与乡村生态文明发展协同共进，形成良性循环。乡村幼儿教育也需要以培养具有乡土情怀的人为导向，让幼儿从小在心里种下一颗热爱故土的种子，伴随着他的成长慢慢滋养与培育，成才之后愿意回归故土做贡献。在地化教育理念与乡村幼儿教育的双重职能保持高度的一致。在地化教育认为应该直面农村文化丧失、农村环境遭到破坏的现象，培养学生对乡土文化的认同感，形成与社区生态体系的良性发展，这也为乡村幼儿教育的发展指明了前进方向。

（二）解决农村幼儿教师乡土知识技能感薄弱的问题

教师是影响幼儿教育实施效果的关键因素，农村幼儿教育应侧重培养幼儿对乡土的认同感和归属感，培养幼儿的判断力，让幼儿获得自然环境等相关认知。要实现这一目标，幼儿教师的乡土认同及自身的乡土知识和技能是重要因素。然而当前农村幼儿教师面临的双重困境：一方面，当前农村幼儿教师是通过招聘考试，然后统一分配到各个幼儿园，幼儿教师自身并不是"当地人"，有些农村幼儿教师自身在城市长大，因此，他们对幼儿园所处的环境并不熟悉，即使分配到农村幼儿园，他们很多都是白天在园上班，晚上开车回城里居住，农村对他们来说只是工作场所所在地，一墙之隔让他们疏离了乡土环境，他们对当地的自然资源、民风民俗了解甚少。外在条件和政策的缺失也会削弱农村幼儿教师的价值观。有研究表明，定向师范生回户籍所在地的农村幼儿园任教时会在工作环境、工资待遇等方面遭遇心理落差[①]。另一方面，当前师范教育具有明显的城市化取向，正如学者指出"城市取向的供给结构消解了'地方性经验'的合法性及乡村'深层语法'的地方性特质，催生了无法适应乡土情境的'离农式师范'"[②]。师范生所获得的教育理念、教学技能等是在城市话语体系下形

---

① 郭三强，彭小红，郭雨萌.幼儿园定向师范生入职适应问题研究——基于X学院学前教育专业毕业生的调查 [J].陕西学前师范学院学报，2022，38（1）：94-100.

② 李锋，边霞.乡村师资培养供给侧改革的历史经验和当代观照 [J].教育理论与实践，2022，42（13）：26-31.

成的，所接受的优秀案例、观摩的优秀活动多以城市幼儿园为主，师范生的实习和见习幼儿园是城市优质园，他们已经形成了与城市相一致的知识话语体系，在不具备农村教育经验和知识技能准备时，走进幼儿教育实践场地，会发现自己所具有的教学技能、知识体系与农村幼儿实践场域存在巨大差异，但自身又不具备解决问题的能力，便会对自我产生怀疑，对农村产生更大的疏离和漠然。

乡村幼儿教师在地化身份感弱，一是因为生活、学习经验脱离乡土；二是因为获得感、价值感稀缺①。解决这一困境的路径便是增加农村幼儿教师的在地化体验，丰富他们的农村知识与技能，在与村庄互动中获得成就感，而在地化教育的实践便是培养具有获得感的农村幼儿教师。在地化教育突出在地场域的构建，充分挖掘和整理地方资源，让幼儿与地方环境产生联系，在真实情境中解决真实问题，这时便需要农村幼儿教师充分了解和认识当地环境。在地化教育实施前，需要整理地方资源，除了让农村幼儿教师在网络和期刊资料中查找地方文化资源外，还要组织他们走出幼儿园、走进村庄，与当地人交流了解当地的自然环境，了解当地的风土人情、传说故事、名人逸事等，增强农村幼儿教师的体验感和对当地环境和民风民俗的了解，形成课程资源地图，增加农村幼儿教师与当地环境互动的机会。在地化教育在思考儿童、幼儿园、村庄三者关系背景下开展，因此在构建与实施在地化教育时，要遵循生态教育理念，将园外和园内教育资源互通。幼儿园要充分利用园外资源，利用"走出去"和"请进来"的方式，将适宜的、优秀的园外资源融入幼儿园教育，也要充分发挥幼儿园的优势，引导幼儿与幼儿教师增强服务与促进村庄发展的意识，如幼儿教师与幼儿为村庄老人送温暖，为改变村庄的生态文明做贡献，让农村幼儿教师在参与各项村庄联动活动中获得成就感。在地化课程在实施的过程中，要注重教研的有效开展，随时发现教师在实施在地化课程中遇到的难题，从资源、教育活动组织、幼儿行为分析等方面给予幼儿教师支持，以促进在地化课程的有效实施，在知行并行中提升农村幼儿教师利用乡土资源的能力，使他们获得乡土文化的认同感和成就感。

---

① 王欲晓，王海英．乡村幼儿教育在地化发展困境与突破路径［J］．陕西学前师范学院学报，2023，39（4）：22-28．

（三）扭转对标取向下的农村课程开发思路

我国农村幼儿园开发课程时存在对标城市的现象。所谓对标城市是指幼儿园课程内容的选择、游戏的开展、资源的利用等存在与城市看齐的现象。乡土资源即使存在幼儿园周边，也被熟视无睹、视而不见，有时农村幼儿教师想去利用以便开展课程，但面对繁杂的资源，农村幼儿教师却不知该如何甄选与利用。对标城市会使农村幼儿园教育停步不前，因为这里存在这样一种思维过程：城市幼儿园在做什么、怎么做的→我们也要做→我们没有资源与材料、财政支持、政策保障、专业引领→我们做不了。对标城市，总会让农村幼儿园看到自身的短板，认为缺少城市的资源或材料，农村幼儿教育无从发展，农村幼儿园课程不能有效实施。然而，在地化教育要我们重新审视农村教育的优势和不足，充分利用已有资源开展活动，转变原有的课程开发思路，从自身资源入手思考：我们有什么、我们的不足是什么→城市的成熟经验是什么→我们结合现有资源与经验能做什么→我们该如何做。在地化课程的构建，让农村幼儿园意识到自身的优势及开发课程的可能性。

乡土课程资源不能被充分开发与利用的原因还在于农村幼儿教师的课程开发能力较为薄弱。前期调研结果显示，农村幼儿园课程主要是根据教材内容开展活动，园所很少有自己开发的课程，究其原因是农村幼儿教师对开发课程的过程不熟悉，特别是当前我国提倡生成课程，生成课程的"不确定性"让幼儿教师望而却步，不知如何开展活动，园本课程的开发也就自然被留置在角落里，幼儿教师想去做而又不知如何做。在地化课程与当前学前课程理念保持一致，受现代主义、建构主义、后现代主义等思想影响，符合《幼儿园教育指导纲要》中提出的"因地制宜开展教育活动"。然而只停留在理念上的指引并不能解决农村幼儿教师的困惑，只有将在地化课程实施具体明晰化、模式化，才能给予农村幼儿教师实践的"抓手"。因此，本研究尝试结合已有理论，借鉴乡土课程资源开发的优秀经验，构建一个从资源开发到课程实施的在地化课程实施方案，通过举例将在地化课程开发的思考外显化，以便幼儿教师借鉴。

（四）形成家园社协同共育的局面

幼儿园作为专门的教育机构，其教育作用的有效发挥，需要借助家庭、村庄、社会、教育行政部门等多方面外部力量的支持，多方力量协同并进，才能更为有效地促进幼儿的整体发展。从个体的发展角度来看，教育系统内部与外部同为影响幼儿发展的因素，正如布朗芬布伦纳提出的教育系统理论，家庭、幼儿园作为微观系统，社会文化、政治经济发展是作为影响个体发展的宏观系统，多层系统相互影响、形成合力，才能为幼儿营造一个良好的生态环境。然而，当前农村幼儿教育并没有形成家园社共育共融的合作机制。农村家长的参与度偏低，家长资源未被充分利用，农村家庭中年轻父母外出就业、隔代教养现象增多，年长者对参与幼儿园活动的积极性并不高，农村幼儿教师普遍认为与年长者沟通养育问题存在一定的障碍，导致组织的家园合作活动频次较低。农村幼儿园与村庄的联系也较为薄弱，农村幼儿园与村庄的合作仅停留在邀请当地有名的艺人走进幼儿园，或者请当地人给予幼儿园游戏材料制作方面的支持，对村庄内的文化资源、自然资源了解甚少，缺少依据乡土知识开展深度合作的意识。

在地化教育直面农村出现的真实问题，强调重新思考社区、家庭与儿童之间的关系，在具体活动中帮助儿童重新构建自我与环境、与社区、与人之间的关系，在此过程中不断构建自我。在地化教育对儿童的培养是放置在一个整体环境中开展，这个环境是儿童生活的地方，环境中的行为规范、风俗习惯等都会潜移默化地影响到儿童。在环境的浸润中，儿童熟悉这个环境、积极主动地与环境互动，不断构建属于完整的自我。儿童在这个环境里获得了判断力、知识与技能的增长，也体验到了归属感，然而这里环境的教育不仅是让儿童认识这一方田地，而且是面向现代化，让幼儿带有空间集体记忆，又能具有宽阔的视野，与其他教育相融合，即在地化教育始于儿童生活环境，又面向现代化。儿童生活的环境必定是幼儿园、家庭、村庄三者互动的场域空间，在地化教育实施十分注重与园外教育资源的联动，通过多种形式的活动，吸引园外优秀教育资源走进幼儿园，如农村长辈往往具有丰富的种植经验，有些老年人会剪纸、唱童谣、讲传说故事等，还有些年长者了解村庄的变迁、了解解放战争故事，这些都是宝贵的教育资源。幼儿园可以借助活动，吸引这部分年长家长参与到幼儿园活动中来，让他们获得成就感，也能丰富幼儿园教育活动。幼儿园还可以带领幼儿走进村庄，到村庄里给村民讲解垃圾分类、保护环境的好处，也可以利用孩子的艺术作品来装饰村庄，让村庄变成儿童友好型社区。

（五）外源性支持政策的有效落实

外源性的支持主要体现在两个方面：一是智力支持。教育行政部门会组织一些优秀的幼儿教师开展"送教下乡"的活动，也会组织一些教师轮岗、园长下乡支教等，这部分教师往往来自城市幼儿园，他们会介绍课程开发、教学设计、游戏开展的实践经验，这些经验可以给予农村幼儿园方法上的支持，但是不能有效促进农村幼儿园思考自身的条件和资源，不能从本质上解决农村幼儿园教育质量提升的内部问题。二是财政支持。近年来，政府加大了对农村幼儿园的财政投入，但这部分投入往往是一次性的，主要用于园舍建设或改造。走进农村幼儿园，幼儿园的主体建筑一般较新，但投放的游戏材料较少，或者出现游戏材料多以固定性材料为主，有些幼儿园会花费大量资金打造各个区域活动室，这些资金投入往往是一次性的，今后园所需要的经费较难持续跟进。相对于硬件设施大量的资金投入来说，关于教师职称评定、奖励政策等"软件"却少有涉及。

在地化课程开发的过程便是农村幼儿教师专业成长的过程，农村幼儿教育质量提升关键在于农村幼儿教师专业素养的提升，外源性的支持只能有助于改进农村幼儿教育，但是并不能从本质上解决核心问题，因此，要转变由外部支持促发展的理念，注重提升农村幼儿教师的教育能力，在地化课程开发将有助于农村幼儿教师专业的成长。在地化课程开发与构建的主体是农村幼儿教师，在地化课程的理念则是关注主体生活的地理空间，因地制宜从幼儿园实际情况出发，将有助于增强幼儿教师的熟悉感和获得感，给予农村幼儿教师可参照的课程开发模式和方案，让农村幼儿教师在专业成长的道路上有"抓手"。在课程开发过程中，各个农村幼儿园形成教研共同体，共同解决实践中遇到的问题，挑选优秀的课程案例一起分享，在资源共享的同时，让农村幼儿教师获得成就感。马太效应显示，优秀的幼儿园容易获得外部支持，包括更多的财政支持，当农村幼儿园成长的时候，教育行政部门则会给予更多的财政支持和政策支持，这将有助于形成幼儿园的良性循环发展。

三、农村幼儿教育在地化的界定

（一）在地化教育提出背景

20 世纪 70 年代以来，西方学者也关注到了城镇化、标准化带来的对生态环境的破坏，对地方认同感的缺失，以及这些对乡村和乡村教育的破坏。美国学者温德尔·拜瑞批判美国乡村教育的目的是培养生产者和消费者，过度地发展学生的生产性能力，乡村教育的路径便是无差别地将学生推进工业经济的职业中，其代价便是农村人口减少、农村文化的丧失。农村教育必须直面问题、扭转现象，其主要的任务便是培养学生的判断力，完善人性，促进社区和生态体系的良性发展，在课程内容中要有乡土文化知识，课程学习需要和乡土知识及乡村事务结合起来。随后较多研究者从生态危机背景下反思乡村教育的发展理念及实践路径，一些生态教育者、环境教育者从农村可持续发展的视角审视农村教育的发展路径。例如，澳大利亚学者比尔·格林（Bill Green）从农村地区可持续发展视角出发，对学校进行重新定位，在新的社会生态条件下改变与之关联的乡村工业、乡村人口以及乡村环境之间的复杂联系，将学校定位为更大教育生态中的重要机构[①]。21 世纪后，格林沃尔德（David A. Gruenewald）、索贝尔（David Sobel）等人积极倡导在地化教育运动。索贝尔首先对在地化教育概念进行了阐述，在地化教育是"以当地社区和环境为起点，强调亲身实践和在真实世界中的学习体验，它可以提高学业成绩，帮助学生与社区建立更加牢固的联系"[②]。

国内外乡村教育面临同样的问题，在探索乡村建设及乡村教育发展路径时，又有不同的思路。我国更多的是从乡村教育的社会功能来看，而国外更多的是从儿童、社区及教育三者之间的关系思考乡村教育。随着时代的发展，在我国当前城乡一体化理念的影响下，乡村教育的发展逐渐从服务社会转换为重新审视儿童、乡村与教育的关系，在此基础上构建适宜的乡村教育，而在地化教育逐渐受到研究者的关注，这也为重新思考农村幼

① 王红. 乡村教育在地化研究［D］. 长春：东北师范大学，2009.
② 丁学森，邬志辉，夏博书. 农村学校在地化课程建设的问题、价值与实践选择［J］. 中国电化教育，2022（5）：59-65，74.

儿教育的发展指明了方向。

（二）农村在地化教育的概念辨析

1. 对"地方"一词的认识

在地化教育是乡村教育由内而外自发生长的教育，在解析在地化教育的内涵时，首先需要对"地方"这个词有一定的认识。"地方"一词与地理的空间概念具有较大的差异，学术界对"地方"的界定多围绕着空间与人的关系而展开的。一方面，"地方"是人们对空间的改造，使之成为一个与我有关系，成为个体依恋的空间。艾兰·普瑞德（Alan Pred）指出："经由人的居住，以及某地经常性活动的涉入；经由亲密性及记忆的累积过程；经由意象、观念及符号等意义的给予；经由充满意义的'真实的'经验或动人事件，以及个体或社区的认同感、安全感及关怀的建立"[①]。从中我们可以看出，一个物理上的空间范畴，经过人类的活动开展，留下了几代人的记忆，成为一个具有意义、能让个体有认同感的有温度的地方，这时"地方"这个概念由几何思维转变为独具个体意义的空间。另一方面，个体的自我经由我与空间之间的互动而建构。温德尔·拜瑞指出，"了解所分享的土地以及与其分享同一土地之人的心理和精神状态，正是这些人解释和限制了彼此生活的可能性"[②]。在此过程中，"自我概念"逐渐形成，可以看出他认为个体对自我的认识是源于个体与空间内的人之间的关系来定义的。美国人文地理学者段义孚（Yi-Fu Tuan）认为，地方与个体经验相互影响，个体生存的空间提供了各种物质资源，满足了个体的吃喝、休闲等基本需求，在此过程中，也影响着个体的感知与观念。

可以看出，地方是由人们所创造的地理空间，空间本身不会创造关系，个体在空间之内活动、交往，逐渐使空间带有集体记忆，给空间赋予了观念及意义，这时地理位置的空间逐渐转换为让个体有归属感的地方，同时，空间也影响着个体经验，塑造着个体"自我"概念的形成。在地化教育所突出强调的"地方"，是一种赋予意义的集体、带有行为模式的空间，也是影响着个体塑造自我的空间。开展在地化教育要特别关注儿童生

① 王红. 乡村教育在地化研究 [D]. 长春：东北师范大学，2009.
② 徐湘荷，谭春芳. 温德尔·拜瑞的乡村教育哲学 [J]. 比较教育研究，2009，31（1）：13-16，47.

活周围的文化、自然等对其发展的影响，同时要扩大地理范围，并不将资源局限于本村庄之内。

2. "在地化" 和 "本土化" 的理解

在探索农村教育发展时，"本土化" 和 "在地化" 是常被使用的两个词汇，在查阅文献资料时发现，农村教育 "本土化" 提及的时间要早一些，而农村教育 "在地化" 是近几年才提出的，且数量逐渐递增。"本土化" 和 "在地化" 两者之间具有内涵方面的相似性，都是针对全球化、标准化、城市化的背景下农村教育出现的弊端而提出来的，认为农村教育的发展应从 "输血" 式的外源性提供援助发展，转变为 "造血" 式的内生性的自我成长，强调农村教育立足农村实际，构建适宜生存环境的教育。然而，两者之间也具有一定的差异，一开始谈及 "本土化" 是在中国和西方文化差别背景下展开的，在学习或借鉴西方教育时，需要将其调整成与本地区文化相匹配的教育内容和方式，完全地照搬或复制会出现水土不服的现象，"本土/西方" 的解读公式越来越具有某种霸权的隐喻意味[1]，将这一思路用于城乡教育时，往往会认为城市教育具有优越性，所以会出现农村教育全盘复制城市教育的现象，也会出现霸权的隐喻意味。然而，陆宏指出 "本土化就是立足于本土乡村治理实践基础，寻求本土化内生的生命力所在，营造本土化的乡村治理语境和话语体系"[2]。可以看出，本土化并非完全对外来教育的调整以使之适合于农村教育实际，而是突出农村教育内生性的发展。

秦玉友指出，"与 '本土' 相比，'在地' 是一个比较适合指称当地的概念"[3]，"本土" 这个概念总会产生一种与 "外来" 相对立的紧张关系，"造血" 式的现代化、内生性的现代化都会停留在城市教育帮助农村教育这一假设前提之下，难免使得城乡教育呈现出强与弱的紧张关系。"在地" 这个概念则是人们对农村教育顺其自然的关注，而没有城乡对立

① 杨念群."在地化"研究的得失与中国社会史发展的前景 [J].天津社会科学，2007，(1)：113-119.

② 陆宏.本土化：乡村治理实践逻辑的重构与回归 [J].哈尔滨师范大学社会科学学报，2020，11 (5)：41-45.

③ 秦玉友.乡村振兴视域下农村教育现代化自信危机与重建 [J].教育研究，2021，42 (6)：138-148.

的关系。另外，在地化教育理念受到生态与可持续发展教育的影响，必然对个体所生存的环境给予高度重视，又强调个体对环境的回馈与保护，在地化教育是基于儿童、社区、学校三者之间互动而构建起来的。

3. 农村在地化教育的概念

史密斯（Gregory Smith）认为，在地化教育是一种开发课程和实施教学的方法。这个方法是让学生关注到当地的文化、事项，将其融入学校，成为学生学习的一部分①。在这里史密斯描述了在地化教育的内容应是以地方文化和问题为核心。我国学者邬志辉基于农村教育现代化背景，提出在地化教育是以学生的生活圈或所处的政治、经济、社会、文化、精神、自然、生态等环境为基础，以建构自我与他人、人类与环境的有机联系为宗旨，在全部课程中探索教育教学内容同地方教育资源和儿童社会经验的联结、与当地社区的联结，最终达到教育教学现代化的过程②。可以说在地化教育是基于儿童与社区之间的关系而构建的，其内容为地方资源（包含文化、环境），其实施方式为家园社协同合作，核心目的是让学生在与环境的互动中构建自我，这里的"自我"是指对农村有着深刻的体验和浓浓的归属感。

（三）农村幼儿在地化教育的特点

农村幼儿园开展在地化教育具有肥沃的土壤。幼儿教育属于非义务教育，在教育活动组织与课程设置方面具有较大的灵活性，《幼儿园教育指导纲要》中明确指出，"教育活动的组织与实施过程是教师创造性地开展工作的过程。教师要根据本《纲要》，从本地、本园的条件出发，结合本班幼儿的实际情况，制定切实可行的工作计划并灵活地执行"，可以看出，幼儿教育更加强调与本地实际情况的结合。幼儿教师要善于观察幼儿发展实际需求和整理本地资源，根据本地情况组织相应的教育活动。这也从侧面回应了对标取向下农村幼儿园发展出路的问题。农村幼儿园如果盲目地追随城市幼儿园，就会陷入叹息园所资源不足、师资力量薄弱等困境中停滞不前。农村幼儿园应因地制宜，看到园所的优势和资源，充分利用现有

---

① 丁学森，邬志辉，夏博书. 农村学校在地化课程建设的问题、价值与实践选择［J］. 中国电化教育，2022（5）：59-65，74.

② 邬志辉，张培. 农村学校校长在地化教育领导力的逻辑旨归［J］. 教育研究，2020，41（11）：126-134.

资源组织活动，从"做不到"转向"我能做"。在地化教育的开展为农村幼儿教育的发展提供了思路。

幼儿教育是基础教育的重要组成部分，是学校教育的基础阶段，因此，农村幼儿园在地化教育与中小学在地化教育保持理念与思想上高度一致。在地化教育强调将个体放置在生存的集体空间记忆之内，提供充足的机会与条件让个体与周围环境产生联系，在持续的互动联结中形成具有地方烙印、独具判断能力、具有归属感的个体。在地化教育强调给予个体真实情境，解决真实问题，在了解与认识环境中突出个体的能动性，以"反哺"周围环境，这就需要给予个体整体的环境认识，需要提供多样的现实资源。基于此，农村幼儿在地化教育具有以下几方面的特征。

1. 发展性

农村幼儿在地化教育的发展性指的是农村内生活力的激发和幼儿的全面发展。在地化教育的实践是提升农村幼儿教育质量的重要路径，它提出农村幼儿园应关注到自身优势、资源和实际，不盲目照搬城市幼儿园教育，探寻自身的发展路径，幼儿园将不仅作为封闭的教育机构，还应承担其联结乡村文化的中介，起到宣传环境理念、风俗引领的作用；农村幼儿园不仅是地方资源的受益者，还应为地方环境和文化的发展起到助力作用。基于地方优势和资源，构建令家长、社会满意的农村幼儿教育，将幼儿园教育与农村发展关联起来，为农村建设添瓦增力。

在地化教育有助于促进儿童归属感和认知的发展。在地化教育首先指向的是培养儿童的乡土情怀，儿童在缔造在地环境中体验自然风貌和乡土风情，在与环境、文化的互动中刻画自我认知、塑造自我身份的认同以及对家乡的热爱。当然需要指出的是，在地化教育所培养儿童的乡村情怀并非"为农"的价值，并非让幼儿认识家乡、热爱家乡进而回归家乡，而是让幼儿体验到自主感、归属感，帮助幼儿更好地认识自我、塑造自我，在面对错综复杂的环境时能有良好的自主性与判断力，不论是回归乡土还是走向城市，都对农村有亲切的情感和认识。开展在地化教育，并非只让幼儿认识周围环境，而是注重强调现代化与农村幼儿教育的结合。农村幼儿园在地化教育的实质面向的是促进农村幼儿的全面发展，但在内容方面与城市幼儿园的选择，应注重自身的特点和优势。

2. 情境性

农村幼儿园开展在地化教育并非仅在教学活动内容中，而应强调给幼儿提供模拟或真实的场景，让幼儿在实际操作、亲身体验中获得认知和学习成就感：在区域活动中，提供各种农作物作为操作材料，如玉米棒或石头或泥土作为构建材料，各类豆类作为美工区或益智区材料，各类绳、玉米叶等作为编织材料，提供剪纸、扎染、泥土等材料让幼儿体验民间艺术，丰富的资源让幼儿在实际操作中了解农村环境资源；带领幼儿走出幼儿园，来到田野里，认识农作物的生长过程及生长环境，了解农作物生长中遇到的"麻烦事"，体验农民伯伯的辛苦及智慧，感受科技带来的便捷。走进村庄，体验村庄里的风土人情，了解自身能为村庄的发展做出哪些贡献，为幼儿营造一个真实的广阔空间，让幼儿将所学的知识技能与真实情境发生联系，在此过程中增强幼儿的学习感和成就感。

3. 整合性

幼儿园开展在地化教育强调内容的整合、资源的整合和实施路径的整合。内容的整合是指农村幼儿园开展在地化教育并非要求单独开设一门课程，而是强调地方资源和原有内容之间的整合，整合的方式可以多元化，但两者应有本质之间的联系而非拼盘式地合并在一起，这时原有课程开发会发生转变，与在地化课程融为一体，农村幼儿园课程开发已然成为在地化课程的建设。资源的整合指的是园内资源和园外资源的整合，这里的资源包含人力资源、自然资源、文化资源等内容，开展在地化教育生活应采取"走出去"与"请进来"的方式，充分利用各类资源，将幼儿园与乡村资源环境发生关联，实现幼儿园引领风俗文化的功能。实施路径的整合则是指在地化课程的实施可以采取教学活动、游戏活动、生活活动、社会实践活动、节日活动、环境创设等多元路径，正式教育路径与非正式教育路径的有效融合，有助于促进幼儿在获得农村环境、乡土风俗认知的基础上，潜移默化地体验乡土风俗之情。

第二章
聚焦农村幼儿园课程开发现状研究

　　课程是幼儿园开展教育实践的关键，农村幼儿园开展在地化教育的核心在于在地化课程的构建。农村幼儿园在地化课程采取的是自下而上的课程开发模式，因此，在构建在地化课程方案时需要以了解现状为基础。当前农村幼儿教育的发展采取"乡镇辐射村庄"的发展模式，本研究主要以乡镇中心幼儿园为研究对象，鉴于研究者精力的局限性，集中选取了4个乡镇中心幼儿园进行了深入研究。这些幼儿园与我校经常开展调研、教研等合作活动，为本研究的顺利开展提供了保障。

第一节　农村幼儿园课程设计的现状分析

一、对农村幼儿教师持有的课程观念现状分析

（一）幼儿园教师持有的课程观念现状

　　课程是什么？关于这一问题并未形成统一答案。经过对前人研究的梳理，目前较为流行的有五种经典的定义：课程即科目或教材、课程即学习结果、课程即学生在校获得的经验、课程即学校组织的各类活动、课程即教学计划。在对幼儿教师进行访谈时，我们发现幼儿教师较为认同"课程即活动"的观念，但对具体的课程实施充满了困惑与迷茫。

　　1. 活动倾向课程观深入人心

　　课程即活动，儿童的发展是在与环境互动的过程中积极发展的，活动

则是儿童与环境之间的作用形式，幼儿教师会把园所组织的围绕某一主题的系列活动称之为课程。D1 幼儿教师表示，"我们有时会参加一些培训，对幼儿园课程的认识也有了一些了解，我们之前会觉得课程就是一节课一节课地上，但是现在意识到有时孩子在区域活动也能开展课程，园本课程应该就是组织的一系列活动吧"。M2 教师指出，"我们班教师进行班本化课程的探讨，班级特色就是扎染，我们会在区域活动时让幼儿自由扎染，班级里的环境创设也是与扎染有关联的，有时也会让幼儿制作扎染作品进行义卖，也会让幼儿制作扎染物品作为表演服饰，这就是班本课程"。可以看出，农村幼儿教师普遍持"活动论"的幼儿园课程观，这与王春燕提出的"活动论在幼儿园占主导地位"的观点基本一致。将幼儿园课程看作是活动，有助于给教师提供可操作的案例，让教师直观感受到课程开展的整个过程。正如冯晓霞在论述活动论课程界定的优势时提到，"活动包含主体性和对象性，把课程解释为活动有利于改变课程工作者的视角，促使他们同时注意两个方面：学习对象（教学内容）和学习主体（学生）"[①]，农村幼儿教师逐渐尝试从关注教师的"教"转向关注幼儿的"学"，并开始尝试初步构建自己的园本课程。

2. 迷惘与游离：践行"活动论"课程观的境遇

（1）迷惘：幼儿园课程的实施停滞不前

农村幼儿教师所持有的"活动论"，与当前幼儿园课程的主流观念一致，这应当归功于网络信息技术的发达及各类培训的有效开展，也与农村年轻学前教育专业教师的增加有密切关系，这也为农村幼儿园开展园本课程奠定了良好基础。然而，理念的转变不一定带来实践的改进，农村幼儿园持有的"活动论"反而会成为限制园本课程开发的锁链。将课程看作是幼儿园开展的系列活动，将重心转移到幼儿的"学"，无形中提高了对幼儿教师专业素养的要求，有些幼儿教师认为课程的开发会增加他们额外的工作量，将课程开发看作是工作负担。而更多的农村幼儿教师表现出迷惘的状态，"园本课程开发得关注到孩子的发展，追随幼儿的兴趣，但是怎么观察幼儿的行为，怎么去分析幼儿的行为，对于我们来说挺难的，一是

---

① 冯晓霞.幼儿园课程［M］.北京：北京师范大学出版社，2000：15.

时间有限，还有就是我们不知道怎么分析孩子的行为"（L3 幼儿教师）"园本课程需要系列活动，一个主题，我们组织几个活动是可以的，但是组织完这几个活动后，怎么深入持续开展，我们是不会的，不知道这个方向在哪里"（L4 幼儿教师）。当幼儿教师的专业素养与课程观不相匹配的时候，农村幼儿教师对开发园本课程出现"畏难"的心理，进而导致园本课程开发停滞不前，成为农村幼儿教师不敢触碰的"高深"活动。

（2）游离：观念与实践的差距

农村幼儿教师的课程观与具体课程实践似乎呈现出游离状态：一方面表现在理念与实践"两张皮"的问题；另一方面是课程实施出现了诸多问题，失去了活动论课程观原有的样貌。在调研中发现，农村幼儿教师一致认为幼儿开发课程应该关注到幼儿的兴趣，以此为基础，开发系列活动，这个理念已经被农村幼儿教师所接受。但是，观察幼儿园课程计划时会发现，4 所农村幼儿园的周计划中呈现的全部是省编教材或山东大学出版社（以下简称"山大"）教材的活动内容，J1 村庄幼儿教师说道："我们只会根据教材开展活动。"问到是否会根据孩子的实际情况进行修改时，教师摇摇头说"不会"。问到是否会思考教材中如何安排各个活动、活动之间如何衔接时，幼儿教师的回应是"没有想过"。而同样是依据教材开展活动，M1 乡镇幼儿教师说道："我们有省编教材和山大出版社教材，组织活动时我们会综合两本教材内容，选择适宜的活动开展。"当问到为什么还会依据教材开展活动时，D2 幼儿教师说道："我们园所教师水平有限，教材给我们一个指引，在此基础上修改，会让教师更加清楚课程是如何设计的，还能保障园所教师质量，保障教育能促进幼儿的发展。"可以看出，农村幼儿教师在具体课程实践中开展的活动来源于固定的教材，按照当前流行的单元主题编制方式，从教材中节选部分活动，组成主题活动。这一过程与当前所提倡的"活动论"课程的理念并不一致。

值得一提的是，调研发现农村幼儿教师似乎对"幼儿园课程"与"园本课程"有着不一样的理解。当问及"贵园开展的课程有哪些"，农村幼儿教师的回答集中在"我们使用的是山大教材"或者"省编教材"，而且他们也会明确地表示自己所在的园所还没有开发自己的课程，也就是说，农村幼儿教师有开发课程的意识，而且认为要开发课程就需要追随儿童，形成系列活动，但是园所教师没有能力，所以园本课程开发一直停留在讨论层面，但未系统实施，可见，教师对课程和园本课程的理解呈现出截然不同的观点，他们似乎将幼儿园课程等同于教材，园本课程则是各种活动的总和。

一方面，农村幼儿教师在开展课程时，虽然持"活动论"的课程观，并在设计及实施课程时会将其开展成系列活动，却会出现三个方面的问题，一是开发课程时只关注活动的一个方面，即教学内容，较少关注幼儿发展的实际情况，较多活动的来源是教师根据教材或者其他内容，设计的活动没有考虑到本班幼儿的兴趣与需求；二是各活动呈现出拼盘的现象。例如，D 幼儿园在设计以"夏天"为主题的活动时，设计出"我家小池塘""沉下去，浮上来""学做解放军""我会用筷子"等系列活动，这些活动之间的内在关联度较低，教师只根据他们内容某一方面之间的相关性设计主题活动；三是过于关注活动而忽略了目的，L 教师提道，"我们园所会有绘本阅读课程，小中大班分别挑选出适宜的绘本，每天都给孩子读绘本，也开展了'图书漂流'活动，第一批漂流的图书已经烂掉了，现在已经购买了第二批图书"。这就是他们的绘本课程，课程没有清晰的活动目的，也缺少系统性。冯晓霞在论述"课程即活动"的缺点时指出，"活动说"着眼于过程——学生的所做，而"所做"的角度界定课程的最大危险在于，可能把研究者的注意力引向表层——活动的形式，造成本末倒置的状况，视活动本身为目的，而忘却活动的宗旨——活动为之服务的目标[1]。农村幼儿教师在组织各类活动时，往往只关注到形式，而忽略到了活动的目标，即使每次活动都设有活动目标，但是目标的设定流于形式或缺少各主题之间系统的目标，缺少有针对性的年龄阶段目标的制定，各活动的设计主要是为了活动而活动，对活动中幼儿获得的发展缺少必要的关注。

（二）农村幼儿园课程理念的分析

园本课程的制定需要教育理论的支撑，以使课程方案的编制、课程的实践有据可依。幼儿园在编制课程时，不能只凭感觉盲目蛮干，也不能持有"这个理论别人用了，我们就不能用了"的错误观念，而一味地追求新

---

① 冯晓霞.幼儿园课程［M］.北京：北京师范大学出版社，2000：4.

概念、新名词。课程理念是普适的，对课程起着统整的作用，对课程实践起着导向作用。当然，这里的理念可以是自上而下的借鉴或直接引用，这里的引用绝非简单地复制、粘贴，或者拼凑。幼儿教师应该深刻地了解教育理论中蕴含的精神，把握核心观念及观点，并在课程方案编制、课程实施中践行教育理论，一知半解的状态会造成错误的认识。例如，有些幼儿园提及自己园所遵循的理念是陈鹤琴的"活教育"思想，根据陈鹤琴先生提出的"大自然、大社会都是活教材"的理念，幼儿园只能从自然或社会中选取课程内容，远离幼儿环境的内容便不能选取。比如提到"植物"就只会选取孩子生活中常见的植物，认为其他热带雨林或者其他地方生长的植物就不能出现在课程内容中。

在对本市 364 名园长的调研中发现，69.78%的园本课程建设是缺乏教育理念的，30.22%的园长提到园所具有教育理念，但在对园长所提出的教育理念做进一步分析时发现，学前教育相关教育政策文件，如《3~6 岁儿童学习与发展指南》（简称《指南》）提到的频次最多，还有"自主游戏""绘本阅读""立足儿童身心发展""一日生活皆课程"，所以从园长的回答中可以看出，幼儿园在开发课程时没有相关理念作为依据，即使幼儿园说有理念，也仅仅是提及了个别的词或概念。有些农村幼儿园认为自己园所的理念是"健康、快乐、自信""一切为了孩子，为了一切孩子，为了孩子的一切"等，缺少对课程理念的思考。如果必须明确说出幼儿园课程构建的依据及理念，那便是《幼儿园教育指导纲要》和《指南》的基本精神。在访谈的过程中，幼儿教师会频繁地提及幼儿的需求、兴趣、生活等关键词汇，不论其理念是否在课程中体现，但是能看出当前儿童主体地位的理念深入人心。

二、对农村幼儿园课程类型设置的现状分析

（一）三种典型课程类型占主导地位

《幼儿园教育指导纲要》中指出，"教育活动的组织形式应根据需要合理安排，因时、因地、因内容、因材料灵活地运用"。幼儿园课程的开设较具灵活性，幼儿园会根据自己园所的实际条件，开设不同类别的课程。为了深入了解农村幼儿园课程开设的具体情况，本研究选取了 4 所农村幼

儿园作为研究对象，采用观察法和访谈法开展调研，农村幼儿园课程开设情况统计见下表2-1。

表2-1　农村幼儿园课程设置情况统计表

园所	基础课程	游戏课程	特色课程
M幼儿园	山大教材、安全教育	主要有益智区、扎染区、种植区、编织区、美工区、图书区等，每个班会有一个特色区域	美术课程、音乐课程、生活化课程
L幼儿园	山大教材、安全教育	小班：娃娃家、建构区、美工区、生活区、种植；中班：美工区、烧烤区、图书区、种植区、建构区、益智区；大班：益智区、餐厅、种植区、棋类游戏	编织课程、绘本阅读
H幼儿园	山大教材、安全教育	小班：图书区、益智区、表演区；中班：建构区、图书区、益智区、种植区；大班：建构区、图书区、种植区、益智区	部分班级进行班本课程
D幼儿园	山大教材、安全教育	小班：益智区、娃娃家、美工区、建构区、图书区；中班：美工区、图书区、手工区；大班：图书区、建构区、扎染区、种植区	绘本课程、传统文化课程

本研究根据幼儿园所设置的课程，按照课程权利主体和开发主体的不同将其粗略地划分为基础课程、游戏课程、特色课程三个类型。基础课程是指幼儿园的主体课程，幼儿园每天都会设计与实施的课程，该课程通常使用在教育行政部门统一规划指导下编制而成的供全省或地市使用的教材，虽然教育行政部门没有统一要求幼儿园必须实施该教材，由于其组织人员的专业性和教育行政部门的助推，一般该教材会受到幼儿教师的认可。游戏课程是指幼儿园根据自己园所的实际情况而开展的游戏活动，一般以区域游戏的方式出现，有时也会有户外活动，本研究中将区域游戏与户外游戏统称为游戏课程。从理论上来说，游戏是幼儿园的基本活动，不能被单独地划分为一种课程类型，但是近年来对自主游戏的重视，幼儿园在实施自主游戏过程中，将其内容与课程相结合，有时也通过游戏来实现课程目标，而在一日生活安排中，游戏是被单独列出来的，所以笔者在这里，将游戏单独作为一种课程类型。特色课程是指幼儿园根据自身条件，

开发的彰显特色的课程，这里的特色课程不是兴趣班，而是幼儿园创造出来的新的独具特色的园本课程。

1. 基础课程以教材改编为主

4 所幼儿园全部采用山大出版社出版的教材。该教材采用单元主题方式组织课程，结合对幼儿园周计划的调研发现，4 所幼儿园在罗列的周计划中，教学活动这一环节都出现了山大教材中的活动，另外，即使幼儿教师没有提及到省编教材，但在教学活动中也出现了省编教材的活动。幼儿园会根据实际需求，挑选部分内容开展活动，K1 幼儿教师提到，"省编教材中的活动比较多，有一些比较难，不太适合我们这边的孩子，而且我们经常会有各种活动，时间有限，不能将全部活动都开展，我们会在年级组教研的时候共同商量选择哪些内容"。省编教材或山大出版社教材中除了教学活动外，还有区域活动、生活活动。在调研的园所中，有 2 所幼儿园在周计划中呈现了教材中相关的区域活动，另外 2 所幼儿园的周计划中没有出现相关内容。在访谈的过程中，幼儿教师普遍反映，幼儿园区域活动是每个班级教师根据自身实际情况和幼儿需求而制定的，所以相关内容不会完全借鉴教材。从上述表述可以看出，农村幼儿园按照教材开展活动，指的是改编教材中的教学活动。从课程组织形式来看，省编教材是以单元主题的方式设计，只有 1 所幼儿园除了单元主题教学之外，还有单独的领域课程，如美术课程、音乐课程、体育课程。

2. 游戏课程最常见且所占时间较长

4 所幼儿园均设有游戏课程，每个班级都会根据实际情况，设置相应的区域，每个班里区域的数量大致有 4~6 个，其中美工区是最为常见且内容最丰富，而且幼儿园在开设特色课程时，多数选择在美工区实施，如 3 所幼儿园的特色课程都有编织课程，主要是在美工区开展，一般教师将这个区域空间调整大一些，满足较多幼儿的参与。建构区、益智区、表演区、种植区也是常见的区域，每所幼儿园都有所涉及。调研中发现，农村幼儿教师对每个区域设置的功能未有清晰的认识，材料的投入较随意。由于农村幼儿园财政投入较为紧张，这些区域的材料出现了幼儿教师自制的材料（图 2-1）。为了使材料可以重复使用，幼儿教师还专门在纸张上面覆膜，当幼儿使用完后，可擦拭干净以再次使用（图 2-2）。分析幼儿园周计划显示，游戏课程占用的时间最长，具体内容将在接下来的章节中详细分析。

图 2-1　自制材料

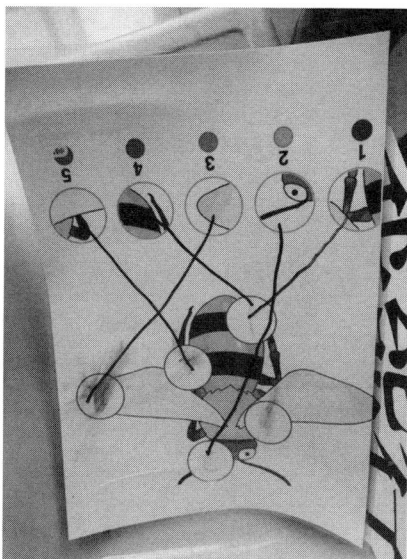

图 2-2　可重复利用的材料

3. 特色课程与区域活动融合

特色课程一般是以班本课程的形式出现的，农村幼儿园会将其与游戏课程混合在一起开展。在调研中，农村幼儿教师提及幼儿园会开设扎染课程、编织课程等，但是在周计划中并没有划分相应的时间，与教师交流具体实施时间时发现，特色课程往往是在区域活动中开展。另外，班本课程往往不以教材为依据，需要教师自己开发新的内容，所以即使同样的课程名称，在不同园所开设的内容也是有差别的，该类型课程实施突出强调赋权给幼儿教师。

（二）幼儿园各课程类型所占的比例分析

幼儿园属于非义务教育，国家并没有明确规定幼儿园课程的结构和学时，因此各幼儿园会根据实际情况灵活地制定各类型课程在幼儿园中所占比例和时间。研究者选取 4 所幼儿园，通过收集每所园所的周计划表和一日生活作息制度表，以此来计算各类型课程所占的比例。

表2-2　农村幼儿园课程类型设置频次表

园所	上午	下午
L幼儿园	主题活动（健康、社会、语言、语言）、游戏课程、绘本课程	游戏课程（2次）、安全课程
H幼儿园	游戏课程（分享）	教学活动（语言、社会、科学、艺术、健康）、主题活动、游戏课程
D幼儿园	游戏课程（2次）、主题活动（健康、语言、社会、科学、艺术）	游戏课程
M幼儿园	主题活动（健康、语言、社会、科学、艺术）、游戏课程	游戏课程、户外活动

从上表中可以看出，课程类型中所占比例最多的是游戏课程，说明自主游戏已经深入幼儿园。在与教师交流的过程中，幼儿教师明确表示自主游戏是教育行政部门主推的活动，必须在周计划表中呈现，而且自主游戏需要促进幼儿的深度学习，基于农村教师的专业素养，虽然他们可能不知该如何引导幼儿走向深度学习，但是游戏时间和材料是基础，各个园所都非常重视给予幼儿充足的游戏时间和机会。因此，游戏课程在周计划表中出现的次数最多。

关于特色课程的开展，3所幼儿园的特色课程并未在周计划表中显示，仅有1所幼儿园在周计划中呈现出绘本课程，但是本园其他特色课程并未出现。其实，农村幼儿园已经构建了独具特色的园本课程，研究者与教师访谈时，I教师表示，"扎染课程是班本课程，一般是在区域活动中开展的，我们班扎染区域空间大、材料多，可以满足多个孩子的参与。幼儿扎染的内容是不固定的，有时我们也会指导幼儿，扎染的作品可以用于装饰环境，前几天六一节时，我们班扎染的作品制成了衣服，开展了服装秀活动"。E老师提到，"我们绘本课程是每周选取两本书进行重复阅读，每次都是在孩子睡觉前，是固定时间，在周计划中是没有出现的，主要是这些内容融入生活活动了，有时在一些零散的时间也会进行绘本阅读，所以一般周计划中不会出现"。在调研的幼儿园中，4所幼儿园把特色课程以班本课程形式实施，因此各个班教师灵活选用时间，"见缝插针式地组织活动"

（E 教师），然而特色课程一般是有能力的教师探索生成课程的开展，但是尚未将其系统化及全国推广，因此，尚未将其列入周计划中。

不论是小班还是中大班，主题活动的主要实施路径是教学活动，每个年龄段每日只有 1 次，3 所园所将其安排在上午，1 所园所将其安排在下午，每个园所根据实际情况，灵活安排。在与农村幼儿教师交流时，教师普遍反映会按照教材开展活动，每日一次教学活动的时间太少，所以只能挑选出部分活动开展。当研究者提出是否可以增加大班教学活动次数时，幼儿教师普遍反映，"如果增加教学活动时间，会显得集体活动过多，会被认定为小学化。之前大班每日会有两次集体教学活动，但是现在不敢了"。较多研究者认为，农村幼儿园"小学化"的表现较为严重，这种现象在民办园的表现较为明显，在公办的村镇中心幼儿园"小学化"问题出现得较少，这与教育行政部门的监管和培训力度有一定的关系。同时，幼儿教师也存有较大的困惑，一直在纠结"教什么"与"不教什么"，教多了会被认定"小学化"，最后农村幼儿教师选择不教，即使这样会影响到主题活动的开展，也不会为此做出调整。幼儿园周计划表中罗列的主题活动见表2-3。

表2-3　幼儿园主题活动统计表

园所	主题设计	活动内容
H 幼儿园	主题：夏日奏鸣曲	健康：蜈蚣走路；语言：谁跟小羚羊去避暑；社会：图书漂流；科学：神奇的潜水艇；艺术：橙子变变变
D 幼儿园	主题：我要上学去	语言：小小辩论赛；社会：小学，你好；科学：10 的合成；健康：家中的危险；艺术：西瓜大变身
L 幼儿园	主题：劳动最光荣	健康：我们会配餐；语言：三只小猪盖房子；语言：对换节。 健康：小螃蟹运瓜；语言：动物职业介绍所；社会：竞争升旗手；艺术：粉刷小工人、保卫国家安全的人
M 幼儿园	主题：夏天真有趣	语言：西瓜船；健康：夏季安全记心中；科学：小小统计员；美术：折蝉；社会：有礼貌的长颈鹿

随后研究者深入了解主题活动设计，并以幼儿园周计划表中罗列的主

题活动内容为例，研究发现，为了均衡五大领域内容，3 所幼儿园采取"均分"的方式分配五大领域内容，仅 1 所农村幼儿园会根据主题的需求，灵活调整五大领域内容。对五大领域教学活动的深入分析发现，平均分配领域内容时，这些活动之间衔接性不强、活动之间缺少联系，在教材中挑选内容时，只关注到了领域的平均分配，但忽略了活动之间的关系。

（三）农村幼儿园课程设置思考的维度

幼儿园课程理念选择会直接影响到课程设置，农村幼儿教师没有清晰的课程理念，但农村幼儿园课程类型却丰富多样。从整体来看，这些课程主要来源于以下四个方面：

一是基于对本园教师素养的考量。结合前面对农村幼儿教师的整体调研情况，相对于城市来说，农村幼儿教师学历水平偏低，主要以专科为主，且村庄幼儿园和城市幼儿园教师水平存在较大的差异。在走访的农村幼儿教师普遍提到自己对课程的理解较为粗浅，所以不敢去开发与设计新的课程，即使尝试去开发园本课程，设计课程过程中，总会出现不知道怎么系统持久地开展的问题，往往几个活动开展之后，就不知道该何去何从了，不能像优秀案例中的教师一样，使整个主题活动深入且富有趣味。在这种情况下，幼儿园会选择根据省编教材实施活动。

二是对幼儿需求的关注。农村幼儿园孩子的阅读量普遍比城市孩子低。随着脑神经科学研究的兴起，人们越来越意识到阅读对孩子发展的重要性，阅读可以拓宽孩子的视野，提高孩子语言表达等多种能力，然而孩子的阅读并非先天的，需要后天逐渐培养。L 幼儿园园长谈到此问题时说，"我们园所孩子有很多的留守儿童，爷爷奶奶在家不会给孩子读书，但是我们又觉得农村孩子与城里孩子在阅读这方面差得很多，所以我们园所就重视阅读"。从园长的谈话中不难看出，该园设置阅读课程更多的是看到了幼儿的发展需求，幼儿园教育发挥"补偿功能"，希望通过阅读活动提升农村幼儿的语言表达能力，培养幼儿对阅读的兴趣，进而缩小城乡幼儿教育之间的差距。

三是园长自身的教育敏锐度。幼儿园周围的环境都可以成为课程资源，正如《幼儿园教育指导纲要》中指出"幼儿园要充分利用资源"，当园长具备了敏锐的教育捕捉能力时，便会关注到周边教育资源，进而生发出各类课程，如 L 中心幼儿园，便是对周围的黄河故址、黄河大堤进行了充分开发与利用，形成了独具特色的黄河文化课程；M 镇中心幼儿园周边是田地，梨树、苹果树、葡萄、草莓等各类乡村自然资源较为丰富，该幼儿园便形成了劳动课程。园本课程开发存在自下而上和自下而上两种课程开发模式。当前农村幼儿园较多采取自上而下的模式，由园长与业务骨干共同推进园本课程的开发，这时园长的教育理念、教育偏好等对课程设置起到了关键作用。

四是课题研究的指引。幼儿园开展的课题研究多是针对教育实践中出现的真实问题，进行思考、提炼，最终形成了课程。这里所指向的课题可以是由主管部门专门立项、开展的课题，如 M 镇中心幼儿园形成了劳动课程，主要是因为他们申报了劳动课程相关的课题，该园下一步计划建构完善的劳动课程。还有一些课题研究是指并未立项，但是业务主任或教师在教育实践中发现了真实问题，想要解决问题，最终形成了课程。例如美术课程与音乐课程的开设，是因为在开展五大领域教学活动时发现，艺术领域是幼儿教师认为困惑较多的领域，许多教师不知道如何开展艺术教学活动，园所将艺术教学活动设计作为教研活动的主要内容，逐渐形成了美术课程和音乐课程。

值得注意的是，这里为了方便表述，在讨论幼儿园开设课程时使用了"绘本课程""黄河文化课程""音乐课程"等，但实际上，农村幼儿园只是意识到了其重要性，组织了一些相关活动，但并未形成系统化、组织化的课程体系。

(四) 农村幼儿园课程类别设置存在的问题

1. 以照搬教材内容为主，园本课程开发未成体系

根据李子建、杨晓萍、殷洁对课程类型的划分①，农村幼儿园课程维度主要停留在活动选用层面，农村幼儿教师会照搬山大教材或明天出版社教材，以时间作为参照，从已有教材中选取教学活动进行实施。这里采用"照搬"两字是因为根据农村幼儿园的周计划表中所罗列的活动分析，幼

① 李子建，杨晓萍，殷洁. 幼儿园园本课程开发的理论与实践 [M]. 北京：人民教育出版社，2009 (7)：37.

儿教师完全是从现有教材中截取部分内容。个别农村幼儿园在实施教材内容时，会对活动环节和方法做出适当的修改，"我们会在教研的时候，说说怎么上这节活动课，感觉教材中的活动环节不容易组织与实施，我们就会调整活动环节，但是主要内容是不会变化的"（G 教师）。然而对现有教材的修改往往只停留在形式方面。

农村幼儿园自主开发的课程较少。特色课程是幼儿园根据实际所进行的自主开发的教育实践。在调查的 4 所幼儿园中，只有 1 所农村幼儿园在全园范围内开发了园本课程，其他 3 所都是以专业素养强的教师为代表，赋权给部分教师，让他们以班本课程的形式进行探索，个别幼儿园也形成了"一班一品"的局面。但是通过访谈与查阅资料，发现幼儿教师所开发的课程并未形成体系，只关注到了课程内容，活动开展较具随机性，但对课程目标、内容的螺旋上升等缺少思考，所以导致特色课程开发停留在活动开展层面。

2. 过于关注游戏形式，忽略教育价值的挖掘

在农村幼儿园课程设置类型中，游戏课程所占的比例是最多的。近年来，山东省重视自主游戏的开展，经常组织游戏主题讲座，也将游戏纳入全省教研活动主题，各地市教育行政部门积极响应，组织各类专题活动，特别是省教育厅开展优秀游戏案例评选活动，使得各个园所较为重视游戏活动的开展。从周计划表中可以看出，游戏活动在一日生活中所占时间比例较大，甚至有的幼儿园一下午都用于开展游戏活动。通过观察区域活动，研究者发现农村幼儿园班级区域活动的类型较为丰富，常见的美工区、益智区、建构区、图书区都有建设，每个区域投入的材料基本能满足幼儿游戏开展的需求，其中 1 所幼儿园的每个班级还突出了自身特色。

通过观察幼儿区域活动的开展发现，幼儿室内区域活动完全是自选，"现在强调自主游戏，都是孩子自己决定玩什么，我们不会强制要求，我们老师就是负责给他提供材料"，教师将权力完全放给孩子，幼儿在操作过程中教师很少进行指导。户外游戏开展过程受自主游戏的影响，每个园所幼儿教师诉说的基本一致，"每次幼儿出去玩之前都会让他们画画自己的计划，游戏结束后，让他们分享游戏过程"。但是当问到孩子的游戏是否具有连贯性、如何保障幼儿深度学习等话题时，农村幼儿教师表示这也

是他们比较困惑的事情。2023 年全国学前教育宣传月的主题是"倾听儿童，相伴成长"，让幼儿教师认识到了倾听与观察是保障游戏质量的前提，但如何开展有效的倾听、解读幼儿行为，成为农村幼儿教师较为困惑的事情。另外，农村幼儿教师将游戏活动与课程截然分开，认为游戏活动不是课程实施的途径，游戏活动只有活动形式、时间、材料等方面的规划，但缺少教育价值的思考，只停留在"孩子玩了"的层面。

3. 强调均分领域内容，忽略活动的内在联系

幼儿园课程内容的组织往往是"横纵"交错，围绕一个主题持续深入地开展。这里所谓的纵向联系指的是课程内容组织方式采用螺旋上升的形式，这就需要教师在设计主题活动时，注意关注幼儿在其他主题活动中学习的内容，注意内容深度的层级关系，避免出现简单重复或不衔接等问题。所谓横向联系是指同一主题中各领域活动的内在联系。陈鹤琴先生指出，儿童的生活是整个的，教材也必定是整个的，相互连接，不能四分五裂。持续性的活动必定从横纵两方面关注儿童完整生活，以合理设计课程，但农村幼儿教师却缺少相关的思考。例如，L 幼儿园在开展绘本活动时，侧重于根据年龄阶段选择绘本进而开展朗读活动，却较少根据绘本开展五大领域的系列活动；在设计主题活动时，关注到各领域之间内容分配的比例，但很少思考各领域活动内容之间的关系。以"太阳火辣辣"主题为例（表 2-4），可以看出，每一项活动都与夏天有关，将夏天划分为夏天特征、避暑方法、游戏等内容，每一项活动从不同角度引导幼儿认识夏天，人为割裂的知识内容容易给幼儿灌输零散的认识，农村幼儿教师在设计活动时未曾考虑如何将这些活动联系起来。

表 2-4　"太阳火辣辣"主题活动

健康活动	太阳火辣辣　剪刀、石头、布
语言活动	夏天的歌　太阳公公感冒了
社会活动	我的好爸爸　凉风一人分一半
科学活动	火热的夏天　白天和黑夜
艺术活动	好吃的西瓜　太阳娃娃　哈罗哈罗　滚铁环
安全教育	防暑小妙招　防溺水

4. 盲目追求创新，课程持续时间短

幼儿园课程建设并非一时工程，而是一个长期的过程。富兰（Fullan）指出，课程变革主要由发起或启动阶段、实施或最初使用阶段、常规化或制度化阶段组成。姚林林结合前人的研究，将幼儿园课程建设分为四个阶段，分别是对课程的预选择或预开发阶段、对预课程进行评估和调整阶段、课程的稳定和确立阶段、课程的进一步调整和发展阶段①。一个成熟的园本课程需要经过不同阶段的修改，逐渐成为完善的课程体系。在调研中发现，幼儿园每年都会根据需求，对原有的教材内容进行改编或者直接照搬其内容，其他特色类型的园本课程基本上每年都要调换，有时是教育行政部门有新的要求，必须开展相应课程；有时是园所领导对某一方面比较感兴趣，新的课程便会应运而生；也有时是幼儿教师主动生发出的班本课程，园领导较为支持。比较有代表性的是在访谈过程中，一名园长说，"我们做过很多课程，之前总是认为我们实行一年了，做过这个课程了，今年得开发新的课程，要不然就是在重复原有的课程，没有创新了"，所以该园所不断地变化新的课程，但是每一个课程都不成体系，建设时间和周期比较短。

这里所谓的时间是指课程实施的周期性，也就是说，一个成熟的幼儿园课程并非一蹴而成，而是要在长期的实践中，不断地修改与完善。近年来，学前教育理念提倡以儿童视角审视课程，在课程实施方面尤为重视生成课程，注重跟随幼儿的兴趣和需求。由于幼儿教师对生成课程有错误的认识，导致个别园所每年都会开发新的主题，每年都在开发新的课程。另外，当前幼儿园课程可谓是百花齐放的状态，一些农村幼儿园盲目地追风，导致每年都会换新的课程，有时是生活化课程，有时是二十四节气课程，还有时是科技课程。幼儿教师每年每时都在开发与建设新的课程，一直在忙于搜集新的资料，缺少对课程实施的反思。一个成熟的课程方案应该是一个经过多年不断修改、完善，再修改、再完善的过程，如以南京实验幼儿园的综合课程为例，1983年，其便与南京师范大学的专家共同探讨

---

① 姚林林. 幼儿园课程建设现存问题之研究 [D]. 广州：华南师范大学，2007.

建设综合性课程，在实践过程中不断完善，最终才形成成熟的课程体系，并获得国家级基础教育教学成果奖。

农村幼儿园开发课程时，不断地在原有课程的基础上增加新的"元素"，增添或变化新的内容，导致教师需要不断地调整思路，园所却未开展幼儿教师培养的工作，导致课程内容不断变化，教师的理念却较少变化，教师在执行园本课程时容易产生歧义，或是不理解课程的基本精神，进而影响课程开发与建设的效果，而且频繁地更换内容，容易增加教师的工作量，使其缺少反思与调整课程的时间，教师只忙碌于"做"而忽略了思考。

三、农村幼儿园课程编制的现状分析

泰勒提出了课程编制的四个经典问题，即学校应该达到哪些教育目标，提供哪些经验才能实现这些目标，怎样才能有效地组织这些教育经验，我们怎样才能确定这些教育目标正在实现。这也成为幼儿园课程编制的四个基本环节，即制定目标、选择内容、实施课程和评价课程。幼儿园课程实施是一个动态的过程，本研究将在接下来的章节中详细论述。鉴于农村幼儿园较少开展课程评价相关内容，因此，接下来仅分析农村幼儿园课程目标及课程内容的现状。

（一）幼儿园课程目标的层级结构基本完整

幼儿园课程目标是课程的起始环节，对整个课程的组织与实施起到导向作用。在编制课程时，幼儿教师先思考某一主题内幼儿可获得的经验，然后再设计主题内的系列活动，但是在访谈过程中发现，幼儿教师普遍缺少主题内容幼儿可获得的经验思考，而是将更多的时间放置在各类活动的组织上，课程目标在课程编制过程中似乎只是一个摆设，学期末需要整理材料时，才会拼凑出主题活动目标。还有一些园所认识到了课程目标的重要性，在制定每一个主题时都会设置目标，表2-5呈现了两种不同主题活动目标的表述。

表2-5　H幼儿园月计划和周计划内容

本月重点	（1）开展"夏天真热闹""成长乐趣多"两个主题活动 （2）懂得雨的形成，并知道雷雨是夏季的明显特征 （3）简单了解夏季避暑和雷雨天气的自我保护方法 （4）通过游戏、科学探索、小制作等操作，感受玩中学习的快乐
主题名称	夏天真热闹
本周工作重点	（1）通过健康教育活动，让幼儿以快乐的心情迎接夏日 （2）通过艺术、科学等活动，懂得雨的形成并知道夏季雷雨时的明显特征 （3）简单了解夏季避免中暑和雷雨天气的自我保护方法等安全常识
教学活动	健康跳房子；艺术：夏天的雷雨；科学：小水滴去旅行；调皮的太阳
主题名称	成长趣事多
本周工作重点	（1）通过游戏、科学探索、小制作等操作活动，让幼儿感受到玩中学习的乐趣 （2）通过聆听故事、阅读绘本等，明白不任性做事、保持乐观心情的道理 （3）通过自我服务、社会交往等活动，感受自己成长的变化及同伴之间互相关心的美好情感
教学活动	健康：好玩的皮球；语言：任性的向日葵；科学：好玩的纸船（后两天放端午节假）
主题名称	成长趣事多
本周工作重点	（1）通过游戏、科学探索、小制作等操作活动，让幼儿感受到玩中学习的乐趣 （2）通过聆听故事、阅读绘本等，明白不任性做事、保持乐观心情的道理 （3）通过自我服务、社会交往等活动，感受自己成长的变化及同伴之间互相关心的美好情感
教学活动	语言：我家小池塘；科学：沉下去，浮上来；艺术：学做解放军；健康：我会用筷子；社会：我的名片

　　首先，从目标纵向结构来看，农村幼儿园课程目标层级结构较为清晰。幼儿园课程目标的层级结构表现如下：幼儿园课程总目标→年龄阶段目标→单元目标→活动目标。从上面的表格中可以看出，夏天主题内有两个次主题，既有主题总目标，也包含两个次主题的目标，教案中会出现每

一节教学活动目标，可以看出农村幼儿园单元目标和活动目标这两个层级目标较为完整。课程总目标和年龄阶段目标与整个幼儿园教育目标保持一致，农村幼儿教师在制定这两个层次目标时一般不会单独罗列。另外，农村幼儿园课程主要是改编教材，活动目标和单元目标主要改编教材中目标的表述。

其次，从表述内容来看，目标表述较为清晰且层级之间关联度较高。各次主题目标表述具有较高的可操作性，且能关注到幼儿情感、动作技能、认知等方面的发展，但主题总目标的表述则窄化了教育价值，侧重从认识角度描述，而忽略了情感与技能目标，还存在活动方式和目标结果的表述混为一谈现象。主题总目标与两个次主题之间的关联度较高，但主题总目标并不能包含两个次主题目标。

（二）根据难易度及幼儿生活选择课程内容

幼儿园课程内容是实现课程目标的重要载体，也是幼儿园在课程开发中充满困惑的环节，在对农村幼儿园课程内容现状分析前，首先需要对幼儿园课程内容进行深入探索。关于幼儿园课程内容是什么，可谓众说纷纭：有人认为幼儿园课程内容是教材，较多园所在开发园本课程时比较关注园本教材的编写，有了教材便有了丰富的课程内容；有人认为幼儿园课程内容是幼儿的学习经验，是幼儿在与环境相互作用、通过活动逐渐内化的过程，是幼儿的内在成长，是活动后幼儿所获得的内在结果；也有人认为幼儿园课程内容是活动，陈鹤琴先生便是用"五指活动"来界定课程内容，以凸显出幼儿园课程内容与生活的密切联系。然而通过以上对课程内容的界定我们可以发现，一方面，已有的研究者较少对课程内容进行严格的下定义去界定，更多地运用描述的语言去解释它是什么。另一方面，对课程内容的阐释很容易将其与幼儿园课程本身的界定相混淆，对幼儿园课程内容的描述与幼儿园课程的定义相一致，这就会导致一个问题，即幼儿园课程内容即幼儿园课程，这在逻辑上是说不通的。因此，在阐述幼儿园课程时要更加侧重经验、活动等对象或材料，而非活动过程或经验本身，正如虞永平在界定幼儿园课程内容时提到，"幼儿园课程内容是依照幼儿园课程目标选定的、通过一定的形式表现和组织的基本知识、基本态度、基本行为"①，可以看到课程可以是经验，或是活动，而幼儿园课程内容则是蕴含在活动过程中的知识、态度、行为等。

那么，幼儿园课程内容如何选择呢？陈鹤琴先生提到应该有标准，即"凡儿童能够学的东西，就有可能作为幼稚园的教材，但有时在'能学'的标准下，还要有点限制；教材必须以儿童的经验为依据；凡能使儿童适应社会的就可取为教材"②。可以看出，陈鹤琴先生在选取课程内容时以儿童为中心，从儿童周围的自然环境、社会环境中选取，将幼儿园课程内容与幼儿生活密切联系。无独有偶，张雪门先生在论述行为课程内容时也提到"教材不论是现成的，不论是创造的，其唯一的目的，为充实幼儿的生活，绝非灌注他们的熟料"。张雪门先生认为作为经验的教材来源有三：一是本身个体发展而得，二是和自然环境相接触而得，三是从社会环境交际而得③。可以看出，幼儿生活是幼儿园课程内容的主要来源，正如《3~6岁儿童学习与发展指南》指出，"幼儿的学习是以直接经验为基础，在游戏和日常生活中进行的"，这些经验获得的途径是"直接感知、实际操作、亲身体验"，根据幼儿的这一学习特点，幼儿生活应是幼儿重要的学习场所。正如怀特海所指出的"教育只有一种教材，那就是生活的一切方面"④。幼儿的生活到底包含哪些内容呢？这里借用津守真先生认为孩子的生活应有三个场域：第一个场域是属于孩子自己独特的世界，他们凭借自己的力量开拓这一领域；第二个场域是在孩子与成人共同生活的过程中，成人向孩子传递的文化；第三个场域是将课题带入生活，这一课题是成人与孩子共同的课题，他们通过合作的方式来解决这一课题。这三个场域应保持平衡状态，以孩子的发展水平为依据，进而丰富充实孩子的生活⑤。

在调研农村幼儿园课程内容时发现，农村幼儿园开发的课程往往停留在对教材改编上，小部分幼儿园存在开发新课程的现象。这里所谓的对原有教材的改编更多的是结合实际情况，对教学活动的挑选，G幼儿教师表

---

① 虞永平. 学前课程价值论［J］. 南京：江苏教育出版社，2002：196.
② 王春燕，秦元东. 幼儿园课程概论［M］. 北京：高等教育出版社，2019（12）：195-196.
③ 戴自俺. 张雪门幼儿教育文集：上卷［M］. 北京：北京少年儿童出版社，1994：404.
④ 华东师范大学，杭州大学教育系. 现代西方资产阶级教育思想流派论著选［M］. 北京：人民教育出版社，1980：316.
⑤ 高杉自子. 幼儿教育的原点［M］. 王小英，译. 上海：华东师范大学出版社，2014：13.

示，"我们实施山大版教材已经很多年了，发现里面有些活动不太好开展，不适合我们这边的幼儿，如里面对家乡的认识，孩子没有相关经验，我们就会去掉，有时也会换成对菏泽的认识。还有一些活动，感觉对老师有挑战性，我们也会删除掉"。农村幼儿教师对教材改编的标准主要看内容的难易度，对幼儿或者教师具有挑战性的内容一般都会进行调整，这里所说的难或者易主要指的是幼儿的原有经验及发展水平、幼儿教师对活动内容的理解、幼儿园现有的资源和条件等。

还有小部分幼儿园会根据幼儿的生活及园长兴趣创造新的课程，这时课程内容的来源便有一定的差异性。M园开发生活化课程，所以在选择课程内容时较为关注幼儿在生活中出现的问题，H幼儿教师表示："我们较为关注幼儿生活，有时在生活中孩子出现了新的兴趣点，我们就会生成新的课程。有一次，孩子在户外玩耍，看见西瓜虫很感兴趣，我们就和孩子一起探索西瓜虫，可能开展的活动比较简单，但是孩子很喜欢。你可以看看，我们周边有很多果树，那边是葡萄树、梨树，这边是苹果树，我们在种植或者收获的季节，都会带领孩子去看看，油菜花开了，我们也会带领孩子去观察，去认识。油菜花有几个花瓣？孩子一开始也不知道，我们引导他们去观察，他们逐渐对油菜花有了深入的认识"。在生活化教育理念的指引下，该园教师主要关注幼儿生活，从他的话语中可以感知到，该教师特别关注幼儿的兴趣，"兴趣"两词接连用了两次，也善于利用周边的资源，树立幼儿园课程内容来源于生活又高于生活的理念，从幼儿生活中随机选择具有教育价值的内容开展活动。

值得一提的是，园长的兴趣对整个园所课程内容的选择起着重要的作用，该园所之所以提倡生活化教育理念便是因为园长重视进而最先提出要做生活化课程。这一现象在L幼儿园也有所体现，他们提倡编织课程，也是因为园长非常感兴趣，进而提供了财力等支持。近年来，国家出台了系列文件要求加大教师培训力度，各级政府也非常重视对园长及教师的培训，特别是近年来线上培训越来越多，为各类幼儿园参与培训提供了机会，园长的教育理念也随之发生转变，正如在L园开展编织课程时较为关注幼儿生活，尝试将编织课程与幼儿表演故事、装饰环境、义卖活动等相结合。

第二节 农村幼儿园课程实施的现状分析

课程实施是将课程计划付诸实践的过程，如果课程方案代表的是课程设计者综合各种因素之后构思的各种活动，而课程实施则是在实践中运行该方案的动态过程。在动态运行中，课程方案需要进一步完善与修订，课程动态运行质量也会直接影响到课程效果。在"活动论"占主导地位的课程概念指引下，幼儿园课程实施的途径形式多样，较为常见的实施路径主要有教学活动、游戏活动、生活活动，下面将分别论述农村幼儿园课程实施途径的现状及问题。

一、农村幼儿园一日生活安排的整体分析

幼儿园以符号化的方式表达着时间，"符号权利弥漫在社会空间中，与各类制度相伴而生"①，想要了解农村幼儿园各类课程实践时间的安排，就需要观察与研究每个园所的时间制度安排，最直接的表现便是一日生活作息时间安排、周计划表等内容上显现的时间分配。

（一）以模块化形式安排一日生活

幼儿的年龄特点、身心发展需求决定了幼儿生活、活动本身就是幼儿需要学习的内容，合理的生活常规安排有助于维持班级正常活动的秩序，也有助于引导幼儿适应集体生活。4 所幼儿园生活作息时间安排见表2-6。

表2-6 4所幼儿园生活作息时间安排表

H幼儿园		D幼儿园	
7：40—8：00	入园	7：30—8：00	晨间活动
8：00—8：50	活力早操	8：00—8：40	生活活动
8：50—9：20	生活活动	8：40—10：40	户外游戏

---

① 张意. 文化与符号权力——布尔迪厄尔的文化社会学导论 [M]. 北京：中国社会科学出版社，2005：178.

续表

H 幼儿园		D 幼儿园	
9：20—10：20	户外游戏	10：40—11：10	教学活动
10：30—11：30	教学活动 （游戏、故事分享 或教师预设活动）	11：10—15：10	生活活动
11：30—14：50	生活活动	15：10—17：00	自主活动
14：50—16：20	自主活动	17：00—17：30	生活活动（离园）
16：20—17：20	生活活动（离园）		
L 幼儿园		M 幼儿园	
8：00—8：40	晨间活动 （晨检、晨间谈话、 自主活动）	7：40—8：30	生活活动
8：40—9：10	教学活动	8：40—9：40	户外自主游戏
9：10—10：00	户外活动 （户外游戏、早操）	9：40—9：50	如厕、喝水
10：00—10：50	自主游戏 （餐点、准备、 开展、表征、分享）	9：50—10：20	集体活动
		10：20—10：40	加点
10：50—12：30	午餐时光 （眼保健操、绘本分享、 午餐、散步）	10：40—11：10	区域活动
		11：20—12：30	午餐
12：30—15：10	午间生活活动 （午睡、起床整理、 眼保健操）	12：30—14：30	睡前故事、午休
		14：30—15：00	生活活动
15：10—15：50	区域活动	15：00—15：30	区域活动
15：50—16：20	自主活动 （自主游戏、餐点）	15：40—16：30	户外活动
16：20—16：30	离园活动 （离园安全教育、 自主整理、离园交接）	16：30—17：00	加点、离园准备
		17：05	离园

从上面统计表中可以看出，农村幼儿园一日生活活动安排采用模块化的方式开展。整体来看，3 所幼儿园一日生活活动主要有晨间活动、教学活动、自主活动、户外游戏、生活活动这五部分，活动以整体方式表现。贾晶晶的研究发现：3 所幼儿园各项活动安排数目分别是 14、16、18 个，时间被分割成很多小块，而每个环节的过渡则影响到其他环节的顺利有效开展。各环节之间的过渡环节时间所占时间较长①。本研究所选取的幼儿园的一日生活活动安排与其结论有不同之处。B 教师说，"之前幼儿园的一日生活安排表会明确地规定好几点到几点是就餐时间，几点到几点是餐点时间，几点到几点是喝水时间，但是现在强调自主游戏，要给教师自主规划的权力，每个幼儿的时间会有差别，所以现在就整合了一下"，可以看到自主游戏的基本精神深深影响到了幼儿园的教育实践，模块化的生活安排有助于充分发挥教师的自主性，给幼儿游戏提供了充足的时间，放缓的生活节奏，有助于给幼儿营造宽松的氛围。

走访调研的 3 所幼儿园实行全园统一的一日生活作息制度，仅在教学活动和离园活动方面略有差异，其中 1 所幼儿园大、中班的时间不太一致，见表 2-7。

表 2-7　L 幼儿园大、中班一日生活作息安排表

L 幼儿园大班一日生活活动安排表		L 幼儿园中班一日生活活动安排表	
8：00—8：40	晨间活动 （晨检、晨间谈话、自主活动）	8：00—8：40	晨间活动 （晨检、晨间谈话、自主活动）
8：40—9：10	教学活动	8：40—9：40	户外活动 （户外游戏、早操）
9：10—10：00	户外活动 （户外游戏、早操）	9：40—10：25	自主游戏 （准备、开展、表征、分享、餐点）
10：00—10：50	自主游戏 （餐点、准备、开展、表征、分享）	10：25—10：50	教学活动

① 贾晶晶. 幼儿园一日生活各环节时间利用的个案调查 [D]. 沈阳：沈阳师范大学，2014.

续表

L幼儿园大班一日生活活动安排表		L幼儿园中班一日生活活动安排表	
10：50—12：30	午餐时光 （眼保健操、绘本分享、 午餐、散步）	10：50—12：30	午餐时光 （眼保健操、绘本分享、 午餐、散步）
12：30—15：10	午间生活活动 （午睡、起床整理、 眼保健操）	12：30—15：10	午间生活活动 （午睡、起床整理、 眼保健操）
15：10—15：50	区域活动	15：10—16：00	区域活动
15：50—16：20	自主活动 （自主游戏、餐点）	16：00—16：40	自主活动 （自主游戏、餐点）
16：20—16：30	离园活动 （离园安全教育、 自主整理、离园交接）	16：40—16：50	（离园安全教育、 自主整理、离园交接）

从表中可以看出，该园下午时间安排全园统一，但是在上午的教学活动与户外活动的顺序方面会有差异，园长表示，"我们园幼儿人数比较多一些，班级数量多，但是户外场地有限，为保证孩子有户外活动时间，我们就采取错峰户外的方式，各个年级之间有交叉"。可以看出，一日生活的安排除了考虑幼儿的年龄特点、天气因素等之外，户外场地的大小往往会成为影响生活活动安排的重要因素。

（二）幼儿每日都在做什么

当我们走访调研农村幼儿园时，发现每所幼儿园都有种似曾相识的感觉，每所幼儿园的外部环境存在差异，但时间作息却有相同之处。本研究进而通过对4所幼儿园的一日生活安排来了解幼儿园的运行规律，熟悉幼儿园这部舞台剧每个时间段上演什么样的节目。

1. 户外活动：看到幼儿忙碌的身影

从上面统计表中可以看到，户外活动时间一般集中在8：40—10：40，特别是研究者在调研期间恰好是炎热的夏天，气温较高，幼儿教师普遍反映，"夏天气温较高，太阳火辣，孩子在外面玩一会儿就会汗流浃背，一回到空调教室比较容易感冒，所以我们尽可能把户外活动时间提前"。1所幼儿园将早操改为户外自主活动，幼儿可以自由找个阴凉的地方游戏。通常大家走在幼儿园外墙时，在这个时间段可以看到孩子游戏的身影，除了1所幼儿园下午有户外活动之外，要想看到孩子在户外活动的身影只能在午餐之后散步的时间了。

2. 教学活动：精力充沛的时刻

在统计农村幼儿园一日生活安排时，将集体活动与教学活动统一界定为教学活动，究其原因是该活动属于教师主导活动，以集体的形式开展。一般周计划表中的主题活动便是通过教学活动这一途径来完成的。华德福幼儿园强调一日生活根据幼儿的呼吸节律来安排，注重动静交替，一呼一吸符合幼儿身心发展的自然规律。幼儿园户外活动较为欢快，幼儿是处于动的状态，而教学活动则是集体活动，突出教师的主导地位，幼儿相对来说处于静的状态，两者相互交替。

从统计表中可以看出，2所幼儿园是选择"先户外活动，后教学活动"，2所幼儿园的选择是"先教学活动，后户外活动"。选择前者的原因是幼儿晨间活动或早餐之后会有一个早操活动环节，为了保障时间的整合性，避免过渡环节过多，造成消极等待的现象，所以会选择早操后直接进行户外活动。选择后者的原因是教学活动比较安静，户外活动比较欢快，"先静后动"符合孩子的发展特点，在组织教学活动时能让孩子保持充沛的精力。另外，个别幼儿园因为园所规模过大，但户外场地空间有限，所以小中大班的一日生活安排会有差别，因此教学活动和户外活动的先后关系便让步于全园活动的统筹安排。

3. 生活活动：幼儿自我服务时刻

生活活动包含的内容较为丰富，主要有入园、进餐、盥洗、如厕、喝水、离园等。一些研究者提到幼儿园一日生活安排较为烦琐，主要指的是生活活动的安排。从上面的统计表中可以看出，1所幼儿园会把"加点""如厕""喝水"环节单独罗列出来，其他3所幼儿园的一日生活活动安排表中并未呈现出每一个生活活动。"现在教育理念比较注重培养幼儿的自我服务能力"，因此会把部分生活活动，如喝水、如厕等环节放置在自主游戏中，让幼儿自由支配时间。另外，在组织生活活动时，4所幼儿园注重教育的渗透，其中2所幼儿园在一日生活安排表中明确将"绘本阅读"呈现出来，虽然其他2所未呈现，但与其交流时发现，他们也会在睡前开展绘本阅读，只不过没有前两者将其作为幼儿园特色课程呈现，所以未成系统化的绘本阅读活动没有被列入生活活动计划表内。

4. 自主活动：幼儿专注工作时刻

近年来，全国学前教育特别重视自主游戏的开展，在走访的农村幼儿园中能清楚地感受到自主游戏开展的轰轰烈烈，感受到自主游戏的教育理念对幼儿园一日生活安排的影响。模块化的时间安排除了培养幼儿的自理能力外，最为重要的是能保障幼儿有充足的游戏时间，不受外界干扰，有助于幼儿游戏的持续、深入开展，以便幼儿进行深度学习。从调研中可以看出，幼儿园非常重视自主游戏，上午和下午都会有自主游戏，甚至多数幼儿园整个下午都在开展自主游戏活动。

(三) 一日生活各环节所占时间现状分析

幼儿园课程实施的途径主要有生活活动、游戏活动、教学活动、社会实践活动等，幼儿教师根据主题活动内容，有目的地选择适宜的实施途径。幼儿园一日生活制度安排能反映出幼儿园对一日生活活动的管理，也在一定程度上反映出幼儿园课程实施内容的侧重点（见表2-8）。

表2-8　各环节占用时间比例统计表（以中班为例）

园所	幼儿在园时间（分钟）	教学活动（分钟及所占比例/%）	自主游戏活动（分钟及所占比例/%）	生活活动（分钟及所占比例/%）	户外活动（分钟及所占比例/%）
L幼儿园	530	25 4.7	115 21.7	330 62.3	60 11.3
H幼儿园	580	60 10.3	90 15.5	320 55.2	110 19.0
D幼儿园	610	30 4.9	110 18.0	350 57.4	120 19.7
M幼儿园	535	30 5.3	60 10.6	335 59.3	110 19.5

注：个别幼儿园在一日生活安排中出现了"区域活动"和"自主活动"两种表述，当与其交流时发现两者之间是相似的，主要的区别是在自主活动中增加"餐点"内容，由于"餐点"属于生活活动，因此在统计时，结合幼儿用餐时间，将40分钟的自主活动时间分别统计在自主活动（20分钟）和生活活动（20分钟）中，将区域活动统计在"自主活动"的时间内。

幼儿在园的时间总长全部在 530 分钟以上，接近 9 个小时，最长时间达到 610 分钟，超过 10 个小时，可见幼儿园是 3~6 岁幼儿生活的主要场所，幼儿园对幼儿的发展起到重要作用，家长、教师都需重视一日生活的合理安排，提高每一环节的教育质量，以促进幼儿的真实成长。

1. 各活动时间分配的现状

幼儿园活动主要包含教学活动、自主活动、生活活动、户外活动四个方面，其中占时最长的是生活活动（55.2%、57.4%、59.3%、62.3%）。结合前面的生活作息制度表分析，幼儿园生活活动安排比较固定，由于幼儿园关注时间的整合，就像喝水、如厕、盥洗等生活活动，很少在一日生活作息表中呈现，晨间活动、午餐活动、午睡活动、离园活动常会出现在一日生活作息表中，午餐和午睡是占用生活活动最长的时间，一般时间安排在 11:30—15:00，这符合《幼儿园工作规程》中"幼儿园两餐间隔时间在 3.5~4 小时"、《3~6 岁儿童学习与发展指南》中"幼儿园午睡时间一般为 2 小时"的基本要求，也能侧面反映出家长和幼儿园对幼儿身体成长的关注。

用时较长的是自主游戏活动（10.6%、15.5%、18.0%、21.7%）和户外活动（11.3%、19.0%、19.5%、19.7%），只有 1 所幼儿园自主游戏多于户外活动，其主要原因是场地的限制，其他幼儿园户外活动时间多于自主游戏时间。《幼儿园工作规程》中明确规定幼儿户外活动时间（包括户外体育活动时间）每天不得少于 2 小时。3 所幼儿园的户外活动的时间为 110 分钟及以上，再加上午后散步和户外自主游戏时间，幼儿每日户外活动时间均在 2 小时以上，且每次连续活动时间为 40 分钟以上，可见其安排符合相关规定，也能满足幼儿身心健康发展的需求。自主游戏活动是学前教育强调的重点活动，促进幼儿深度学习的游戏需要有时间的保障，一般为 30~60 分钟，4 所幼儿园基本采用了这一时间安排。

用时最少的是教学活动（4.7%、4.9%、5.3%、10.3%），不论是小中大班，走访的幼儿园都强调他们"每日只有一次教学活动，但小中大班的时间有时会相差 5 分钟"。集体教学活动最能体现出知识学习的系统性，以及教师的主导地位。在自主游戏的引导下，人们较为关注的是幼儿的主体地位，幼儿园须给予幼儿充足的时间去自由活动，因此部分幼儿教师表示"感觉教师教多了不符合现在的理念"。值得一提的是，活动安排表与教研活动之间出现了较大的差异：幼儿教师在教研活动中讨论最多的居然是教学活动的有效开展，虽然户外活动和自主游戏活动占用时间较长，但是幼儿教师并不经常探索如何提高自主游戏活动的质量。对于他们来说，观察与分析幼儿的游戏太难了，不知如何下手，所以即使当前幼儿园高度重视自主游戏活动，但是他们教研的主题依然是教学活动，即关注教学活动如何有效开展。

2. 园舍条件是影响生活作息安排的重要因素

近年来，农村幼儿园一日生活作息表有了较大的调整，将原有的喝水、如厕、进餐等环节进行整合，这是教育理念对教育实践的深入影响。然而这些计划能否真正落实到每一个活动中，在下一章节将详细论述，这里研究者想要阐述的是外部条件也是影响理念有效落实的因素。当与幼儿教师讨论原有和现在一日生活作息表哪一个更方便实践时，农村幼儿教师给出了不一样的回答。部分农村幼儿园的园舍是由小学改造而来，幼儿园整体布局是按照小学标准建造，改造为幼儿园后，更多的是环境创设方面发生了变化，但是建筑的基本结构不会变化。在此背景下，农村幼儿教师表示，"一层楼只有一个厕所，让孩子自己去洗手、如厕，会有安全方面的担忧，因此，一般都是集体一起去，作息时间安排并不适合我们这边，给我们造成了很大的困扰"。该园教师在安全与培养自主性方面一直在纠结、博弈，时间久了，大家仍然按照原有的生活活动安排进行，教室门口的一日生活作息表就成了摆设，成了应付检查的表格。而新建园舍则不会出现相关问题，幼儿教师普遍认为新的一日生活作息排表给予了教师很大的自主权，教师在组织各项活动时不会"慌张了"，但是能否真正在实践中落实，还有待深入观察。

3. 一日生活安排的固定性与灵活性

幼儿园一日生活活动的合理安排会影响到各活动的质量。《幼儿园教育指导纲要》中指出"时间安排应有相对的稳定性与灵活性，既有利于形成秩序，又能满足幼儿的合理需要，照顾到个体差异"。稳定的生活活动安排顺序可以让幼儿掌握"明天性"，熟悉各环节让幼儿有充足的安全感，这是幼儿自主开展活动的基础。然而一日生活活动时间与活动内容是相匹配的，两者交叉融合形成了幼儿园的作息制度，作息制度一旦固定，会时刻对园内教师与幼儿的生活起到牵引作用，如"什么时间开始游戏、什么时候结束""什么时间喝水"等。幼儿园内各项活动都在时间表的牵引下有条不紊地开展，同时受制于作息制度的安排，"各种活动本身转化为时间序列，获得了一种秩序感的同时也意味着幼儿园教育生活活动接受了时间的制约，被整合进一条连续的线性时间之中"①，而活动与活动之间的转换，无形中加大了对幼儿兴趣的阻断，固定时空下的个体"必须在引起兴趣前开始活动，而在兴趣消失前终止活动"。因此，在固定时间线中需要有灵活的时间进行调节，追随幼儿活动中的情绪状态、体力状态等弹性调整时间。在这一方面，农村幼儿教师则表示较为赞同，现在整合的一日生活作息表便是给予教师自由调整时间的权力，强调教师跟随幼儿的兴趣，灵活调整活动结束的时间。但农村幼儿园管理人员普遍表示，"我们现在不敢完全放手给老师，大部分老师的素质比较高，可以根据幼儿兴趣，保证高质量的活动开展，但是还有部分老师会懒惰，连最基本的活动都不能保障"。任何教育理念能扎根落实都需要外部有利条件的保障，只有当幼儿教师专业素养提高了，家长对幼儿园的信任增强了，幼儿园管理理念与水平得到提高了，才能有效地落实"稳定性与灵活性"相结合的基本原则。否则，幼儿教师就会成为被动的执行者，日复一日、年复一年地重复作息制度表中的安排。

二、农村幼儿园生活活动实施的现状分析

我国学前教育一个突出特点是"保教结合"，幼儿教师不仅要教育生活化，还要关注生活有价值的内容，突出生活教育化。虞永平指出：幼儿园课程有着其他课程无可替代的功能在于幼儿园课程是将幼儿的身体发展放在首位的、重视幼儿的生活过程的课程，并且每个生活环节都极具发展价值，无视幼儿园生活中的睡眠、盥洗及饮食都是不合理的②。幼儿的年龄特点决定了幼儿园课程要重视培养幼儿良好的生活习惯，更多地将其作为课程实践的重要途径。

---

① 桑志坚. 超越与规训 [D]. 南京：南京师范大学，2012.
② 虞永平. 幼儿园课程及幼儿生活 [J]. 早期教育，2000（1）：6-7.

（一）生活活动与幼儿园课程的关系

1. 生活活动是构成幼儿园课程的重要内容

幼儿的年龄特点决定了生活活动本身就是他们学习的内容。幼儿身心处于未成熟的状态，他们对周围的事物充满了浓厚的兴趣，他们对自然运行规律、动植物的生长与活动充满了好奇，他们总是喜欢问"是什么""为什么"的问题，成人习以为常的事物或现象，在他们眼里充满了神奇的力量。张雪门先生说"生活就是教育，五六岁儿童在幼儿园的生活实践就是课程……，这份课程完全根据于生活，它从生活而来，从生活而开展，也从生活结束"①，可以说幼儿生活构成了幼儿需要学习的重要内容。由于幼儿的身心发展水平决定了生活本身就是幼儿探索、认识的对象。俗话说，"少年若天性，习惯成自然"，幼儿各种行为习惯并未养成，从小给予幼儿正确的引导，会事半功倍地帮助幼儿养成良好的习惯；幼儿的生活自理能力还未形成，帮助幼儿养成自我服务的意识和能力是非常重要的内容。

2. 生活活动是幼儿园课程实施的重要途径

《幼儿园工作规程》中指出，实行保育与教育相结合的原则，遵循幼儿身心发展规律，实施德、智、体、美等方面全面发展的教育，促进幼儿身心和谐发展。幼儿园不是仅传授知识技能的场所，更为重要的是培养幼儿的身体、智力、社会性等和谐发展。《幼儿园教育指导纲要》中明确了各领域的目标，这些目标的实现则需要多种活动的配合，幼儿园生活活动便是重要途径。健康领域提出的目标要求有"生活、卫生习惯良好，有基本的生活自理能力；知道必要的安全保健常识，学习保护自己"。语言领域提出的目标要求有"乐意与人交谈，讲话礼貌；注意倾听对方讲话，能理解日常用语；能清楚地说出自己想说的事"。这些目标通过何种途径才能有效地实现呢？教学活动可以让幼儿系统、高效率地掌握生活自理的方法和自我保健的知识，了解其重要性，拓展幼儿的词汇量，让幼儿体验书面语表达的简练及语言文字的优美，但是这些目标的最终实现离不开生活活动。良好的生活习惯不是一蹴而成的，而是需要在生活日积月累过程中逐渐形成，自我保健绝非只停留在知识的获得层面，更为重要的是在生活中践行，幼儿语言的学习

---

① 戴自俺.张雪门幼儿教育文集：下卷［M］.北京：北京少年儿童出版社，1994：1088.

更是在交流和运用的过程中掌握。可以看到，生活活动不仅自身蕴含丰富的教育价值，还是实现幼儿园课程目标的重要途径。

3. 生活活动蕴含着课程的生长点

日本教育家仓桥惣三指出，幼儿教育应该是"通过生活，学习生活，面向生活"①，幼儿园应当是生活的教育化。《3~6岁儿童学习与发展指南》中指出"珍视幼儿生活和游戏的独特价值"，幼儿在自然的生活中，通过自身的生活体验，来自发地掌握教育内容，在此过程中幼儿感受到凭借自己的力量获得成长。幼儿的学习方式往往是以无意学习为主，幼儿周围的人、事、物都会成为影响幼儿发展的重要因素，会潜移默化地影响幼儿发展。恰恰是由于生活是幼儿学习的对象，且又能符合幼儿的学习方式，幼儿生活本身就成为课程的生长点。幼儿园课程并非像中小学一样注重系统知识的学习，而是具有生活性和活动性的特点，幼儿园的银杏树、小池塘、月季花、小石头都可以成为课程资源。幼儿想把水从小池塘里运输到沙池里，怎么运呢？需要什么工具？在运输的过程中漏水了怎么办？小班幼儿刚入园，不会自己穿脱衣服怎么办？吃饭挑食怎么办？一个个问题的提出，一个个想法的落实，都让幼儿体验到了成就感和愉悦感，看到了自己的力量。而这也恰恰是幼儿园课程的构建思路，幼儿课程实施的真正有价值的地方，生活活动中充满了教育的契机，而这也让幼儿园课程更加充满活力。

（二）农村幼儿园生活活动的调研分析

教育家重视生活活动蕴含的教育价值，"生活就是教育"的理念深入人心，幼儿园课程实施的重要途径是生活活动。然而，生活活动却很少受到研究者们的青睐，对幼儿园课程实施途径的研究重点集中在教学活动、游戏活动，对生活活动实施的相关研究较少。本研究将生活活动作为幼儿园课程实施途径这一视角，重新审视幼儿园生活活动的实施现状。

1. 生活活动安排井然有序

幼儿教师在组织班级一日生活活动时，基本是按照园所的一日生活作息时间表来展开的，在组织各项生活活动时会采用音乐、儿歌等方法，让

---

① 高杉自子.幼儿教育的原点［M］.王小英，译.上海：华东师范大学出版社，2014：8.

幼儿在愉快的氛围中完成任务。当研究者走进一个班级时，正好是喝水时间，需要男生、女生分组排队喝水。教师一播放音乐，男生组很快到教室门口排队喝水，女生组则在教师的带领下做儿歌"在小小的花园里，挖呀挖……"该幼儿教师表示，喝水一上午分为两次，去户外活动前要喝一次水，幼儿在户外自主游戏时会让他们把自己的水杯带到户外去，让幼儿自由决定喝水。由于幼儿园一日生活活动安排较为稳定，幼儿对一日生活流程较为熟悉，在与幼儿交流时，每个幼儿都能说出一天中所有的环节，"早上来幼儿园先自己玩一玩，然后要吃饭，吃完饭出去做早操，就能在外面玩一会儿，我最喜欢在外面玩了，然后回来就要说说玩了什么，还要听老师讲故事，然后又要吃饭了……"幼儿对一天的活动具有较强的预测性，而且每个班级在每个生活环节都有独属于本班的规则，幼儿听到相应的指令，大多数都能快速完成。

幼儿教师也非常关注在细节之处培养幼儿的自我服务和服务他人的能力。走进幼儿园，随处可见生活活动的流程图，上楼梯时会有小脚印，提醒幼儿走楼梯时应注意的事项："左上右下"，教室里在洗手处会贴有"六步洗手法"的流程图，如厕时会有排队的小标志，班级里会有班级公约（图2-3），中班和大班还贴有"小小值日生"（图2-4），注重培养幼儿服务集体、服务他人的意识。

图 2-3　班级公约

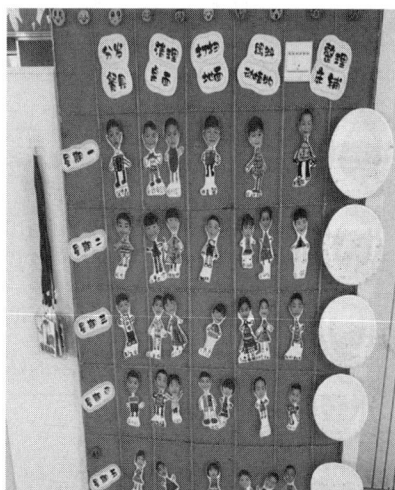

图 2-4　小小值日生

为了帮助幼儿养成良好的习惯，让幼儿掌握正确的生活活动行为规则，调研的 D 农村幼儿园还专门制定了一日生活常规要求（见表2-9）。明确的行为准则与其说是对幼儿的要求，不如说是让幼儿教师熟记幼儿行为准则，以便对幼儿进行实时指导。

表2-9　D 幼儿园小班幼儿一日常规要求

序号	项目	常规具体要求
1	礼貌行为	在成人的提醒下，会使用礼貌用语向老师、小朋友问好、问早，客人问好后能有回应
		不乱吐、乱涂、乱扔废杂物
2	整理活动	在成人的帮助下将脱下的衣帽放在固定位置
		在老师的指导下，学习整理物品的本领
3	如厕	知道如厕，排队有秩序，不拥挤、不打闹
		知道大、小便去厕所，不把大、小便排在池外
		大便后要请生活老师帮助擦干净，便后要洗手
4	盥洗	知道餐前便后和手脏时洗手，盥洗时不戏水和玩肥皂，洗好后拧紧水龙头
		夏季午睡起床后、活动出汗后，知道洗手、洗脸
		洗手后用自己的毛巾正确擦手
		冬季知道保护皮肤
5	进餐	知道各种餐具的名称、主要用途，学习使用餐具
		知道正确的进餐姿势，会用手扶好碗，不手抓
		吃东西时不随便讲话，细嚼慢咽，不哑嘴，嘴里东西咽下后再离开座位
		不挑食，不剩饭，尽量保持衣物、桌面、地面整洁
		饭后轻轻地把餐具放在指定地点
		养成饭后漱口、擦嘴的好习惯，杜绝用衣袖擦嘴

续表

序号	项目	常规具体要求
6	午睡	能在老师或家长的提醒或帮助下，有顺序地脱衣裤、鞋袜
		脱好鞋子摆好，脱下外衣、裤子叠好放在指定的地方，然后安静入睡
		安静入睡，养成正确的睡姿，不蒙头、不玩东西
		遵守睡眠室纪律，轻声走路和上下床，不大声说笑，不玩棉被、草席，不影响他人睡眠
		嘴里爱叨念、睡前爱动手动脚、东看西瞧的小朋友，都属于午睡习惯不良，请各位家长协助老师纠正孩子的不良习惯
7	喝水	在老师或成人的提醒下，知道口渴时随时喝水
		会使用自己的水杯，并知道排队有秩序地接水喝，能按标志取放茶杯
		能够安静喝水，不洒水、不玩水，不玩水杯、不打闹
		能自己取自己的水杯，用手平端水杯到保温桶前取水，一手拿杯子把，一手扶杯子，喝完后把水杯放回原处，喝水时不打闹。
8	劳动习惯	愿意参加力所能及的劳动，并对劳动有兴趣；初步培养对值日生工作的认识，培养以自我服务为主的劳动意识
教学活动		
9	学习态度	愿意参加教学活动
		有兴趣参加活动，表现得非常积极
10	注意力	上课能认真听课
		注意力相对稳定在 10~15 分钟

2. 关注生活活动的教育价值

农村幼儿园在组织与实施生活活动时能关注到其蕴含的教育价值，做到"保教结合""生活教育化"，以实现生活活动价值的最大化。有些农村幼儿园以生活化教育作为全园课程开发的指导思想，这时幼儿教师对生活活动的教育价值更为重视，他们擅长观察生活活动中幼儿的兴趣与行为表现，会随机生成园本课程。例如，幼儿出去散步时观察到有西瓜虫，并对它们产生浓厚的兴趣，幼儿教师便会生成认识西瓜虫的主题活动；幼儿园周边的油菜花开了，幼儿在喝水时会谈论油菜花真漂亮，幼儿教师便会带领孩子去观察油菜花，在美工区投放材料让幼儿用艺术的形式表现油菜花。可以看到，部分农村幼儿教师已经具备开发课程的意识和能力。

随着信息技术的快速发展，人们习惯于通过网络发表观点，传递信息。幼儿教师提到"现在参加培训的机会较少，但是网络上搜找信息较为方便，我会关注几个幼儿园的公众号，经常看他们发布的课程故事，感觉他们做得挺好的"。这些课程故事背后都有着关注幼儿生活、尊重幼儿兴趣的理念，而幼儿教师经常阅读相关案例后，其教育理念也会深受影响。该幼儿教师表示在教育实践中特别会关注到幼儿在生活活动中的表现，寻找教育契机。例如，有一次发现班级里有个男孩特别挑食，一开始与家长交流，随后观察发现这个男孩经常挑食，幼儿教师就生发了关于认识蔬菜的主题活动（见图2-5），经过一段时间之后，这名男孩的挑食现象逐渐在减少。虽然该幼儿教师表示生发的活动比较浅显，但其讲述课程开展时激情洋溢的表情，让我们印象深刻，深深地感受到幼儿教师对生成课程充满了自信和喜悦。

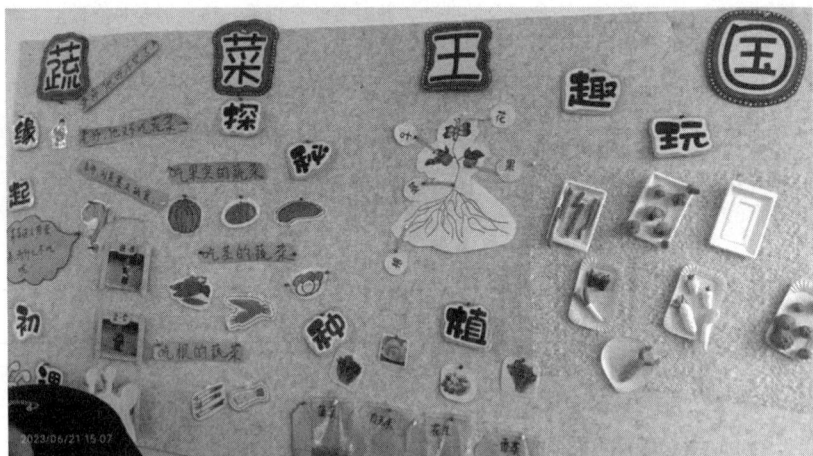

图 2-5　蔬菜王国主题活动

3. 主题活动背景下的生活活动

幼儿园课程通常是以单元主题的形式组织活动，主题活动目标的实现需要游戏活动、教学活动、生活活动之间相互联系，农村幼儿园在设计课程时都会关注到这三个方面的教育内容，并将其罗列在周计划表中

（见表2-10）。

表2-10　三所幼儿园主题活动背景下的生活活动安排

园所	主题活动	生活活动要点
H幼儿园	夏天真有趣（小班）	（1）天热时在室内知道可以利用空调、风扇或扇子等防暑降温，在室外知道不在烈日下活动太久 （2）知道冷饮吃多了会伤害身体，能够有克制地少吃冷饮 （3）天热与出汗多时知道及时清洗，养成良好的夏季卫生习惯 （4）知道玩具玩完后要收拾起来放回原处，能够主动收拾玩具
D幼儿园	太阳火辣辣（小班）	（1）安全教育：《防暑小妙招》《防溺水》 （2）班级常规：培养幼儿盥洗、如厕的一日常规 （3）生活习惯：鼓励幼儿独立睡觉，自己穿脱衣服，养成良好的生活习惯
L幼儿园	快乐圆舞曲（中班）	（1）生活习惯：提醒幼儿带手帕，知道把自己的手帕洗干净，晾晒起来 （2）安全教育：不能多吃巧克力；适当吃粗粮；知道烫伤后怎么办煤气泄漏不能打电话；学习会说话的标志

　　幼儿园生活活动是一种养成性的教育，可以是专门的、正式的或非正式的教育活动①。从表2-10中发现，农村幼儿园开展的正式生活活动主要集中在安全教育这一课程中。安全教育的内容较为丰富，与主题教学活动的关联度不高，其活动与活动之间缺少衔接。紧接着对农村幼儿园常用的省编教材进行分析，每个年龄段的主题活动里都包含生活活动的内容。相对来说，小班主题活动里涉及生活活动的正式教育活动较多，如"主题活动二中的次主题二'香香的'"，该主题主要与饮食有关，引导幼儿认识常见的水果和食物，了解水果丰富的营养价值等。结合农村幼儿园的周计划发现，幼儿教师会将生活活动作为健康和社会领域的一部分，以教学的方式开展，而且有部分生活教育活动被筛掉，幼儿教师认为通过非正式的教育活动即可实现教育价值。

---

① 朱家雄. 幼儿园教育活动设计与实施［M］. 2 版. 北京：高等教育出版社，2016：228.

幼儿园生活活动主要以非正式教育活动的形式开展，对上面图表的统计分析可以发现，3 所幼儿园的生活活动与主题教学活动密切关联，如"火辣辣"主题活动突出对夏天特征的认识，让幼儿了解夏天中人们的活动，而在生活常规活动中，幼儿教师重点让幼儿了解夏天自我保健的重要性和常识；在"快乐圆舞曲"主题活动中，虽然重点是关注情绪，但里面也涉及自己做事的愉快体验，所以生活活动开展洗手帕的活动。可以看到，农村幼儿教师也在尝试将生活活动作为主题活动实施的一个途径，但生活活动与教学活动的关联度不高。生活活动可以作为教学活动的延伸或引入，也可以作为教学活动的补充，农村幼儿教师并未有意识地安排生活与教学活动内容之间的前后顺序或关联内容。

4. 生活活动中幼儿的个体差异

根据一日生活活动安排表，农村幼儿园趋向以模块化的方式安排生活活动，这在一定程度上能减少活动环节，避免环节与环节转换过程中出现浪费时间的现象。纵观幼儿园一日活动，生活活动是最为琐碎、环节较多的活动，通过观察发现农村幼儿园将琐碎的生活活动各环节统整在一起，最常见的便是将喝水、如厕与区域活动或户外活动整合到了一起，但是其他生活活动仍然采取单独且以集体的方式开展。进一步观察幼儿在每个生活的表现，发现幼儿在利用时间方面是存有较大差异的，每一次活动中较快和较慢的孩子时间使用差别较大（见表 2-11）。

表 2-11　幼儿在不同生活环节中时间利用记录表

观察班级：中班　　　　　　　　　　　　　　　　　　　班级人数：25

生活活动环节	较快孩子所用时间（分）	较慢孩子所用时间（分）	时间间隔（分）
喝水、如厕	3	7	4
吃点心	3	10	7
午餐	10	25	15
起床整理	5	15	10

从表 2-11 中可以看出，各生活活动中环节幼儿所用的时间具有差异性，幼儿教师较为关注速度较慢的幼儿，最常使用的方法便是语言提醒，

催促幼儿加快动作，有时也会利用表扬，对速度快的幼儿粘贴小红花，或者成为教师的小助手。但是，幼儿教师对速度快的幼儿并未进行细致观察。例如在午餐时，幼儿教师提出谁先吃完饭就可以把椅子放在第一个位置，然后自由选择绘本阅读。班里一个小男孩快速吃完饭，将最后一口馒头塞得满嘴都是，仅用了 10 分钟便坐上了第一名的宝座，幼儿教师对他进行了表扬。可以看出，速度成为幼儿教师关注的焦点，但忽略了生活活动的教育价值。如何有效组织各环节成为农村幼儿教师亟须解决的问题。

三、农村幼儿园教学活动实施的现状分析

教学活动是幼儿园课程实施的途径，农村幼儿教师开发课程时，往往将教学活动作为课程实施的主要途径。研究者选取 4 所农村幼儿园，搜集园所的周计划和教案，并观察一节教学活动课的实际开展情况，最终对收集到的文字材料进行整理与分析。

（一）主题活动背景下教学活动选择的分析

教学活动是幼儿园课程实施的重要途径，在走访调研时发现，多数幼儿教师在设计单元主题活动时仅关注教学活动，而其他活动则作为一日活动的补充而出现，教学活动被幼儿教师认为是实施幼儿园课程的关键环节。在单元主题活动设计中，陈鹤琴先生指出，"儿童的生活是整个的，教材也必定是整个的，相互连接，不能四分五裂。幼稚园课程应打成一片，应依儿童身心的发展，使五指活动在儿童生活中结成一个教育的网，有组织、有系统，合理地编织在儿童的生活上"[1]。单元主题活动是幼儿园最常用的课程组织形式，各教学活动之间应该相互联系，成为一个整体，给幼儿以完整的经验。农村幼儿园的主题教学活动全部是对现有教材的改编，下面选取 2 所幼儿园的一个主题活动，分析农村幼儿园单元主题活动背景下教学活动之间的关系。

---

① 王春燕，秦元东. 幼儿园课程概论 [M]. 北京：高等教育出版社，2019：196.

表 2-12　两所幼儿园主题活动设计

主题名称	时间	活动内容	园所
环保在行动（大班）	第一周	数字娃娃、小熊砍树、玩纸盒、环保小卫士、安全教育	H幼儿园
	第二周	护绿行动、绘本欣赏、身边的一次性物品、鳄鱼、安全教育	
春天到了（大班）	第一周	惊蛰、魔法一分钟、朵朵春花、春天、安全教育	
	第二周	小猪噜噜的家、七色花、勇气、种子的旅行、安全教育	
成长趣事多	6月份	健康：好玩的皮球、皮筋跳跳、牛奶歌 语言：子儿，吐吐、调皮的太阳 社会：我长大了、小山羊找快乐、防溺水安全 科学：沉下来，浮上去、好玩的纸船、快乐数字朋友、我的手电筒亮了 艺术：快乐的小蜗牛、布娃娃的房间、手偶故事会、学做解放军、叶子上的毛毛虫、森林真热闹、娃娃的花裙子	D幼儿园

上述三个主题活动背景下的教学活动是从山大教材改编而来，这里所谓的"改编"是指幼儿教师对原有教材进行筛选和重组，第一、第二个主题将原有四周的活动筛选后，成为两周的活动，而且每周四次活动，周五执行的是省里统一要求开设的安全课程，在筛选的时候，关注到了五大领域的内容，实现了领域的"均分"，筛选后的活动之间具有一定的关联性。该园教师在选择的时候，考虑到了在主题统一背景下选择利于开展的活动；第三个主题则是将原有教材内容进行了筛选和重新设置，部分内容被删除了，又增设了一些教学活动，除了艺术领域，其他领域均有改动。幼儿教师认为这些活动与主题有关联，又比较容易开展，而活动间的关联并不在教师考虑的范围内，所以经常会出现拼盘的现象。

（二）对农村幼儿园教学活动设计的分析

从形式上划分，幼儿园教学活动以集体教学为主，是幼儿教师有目的、有计划开展教与学的活动。与农村幼儿教师访谈时发现，他们基本把教学活动等同于上课，默认其组织形式是集体活动，农村幼儿教师在教研、备课等活动中主要的精力便放在了教学活动上。研究者选取23篇幼儿园教学活动教案，下面将从活动目标的制定、活动内容的选择及活动过程的组织三个方面展开分析。

1. 教学活动目标的制定

教学活动目标是整个教学活动的起点和归宿，对教学活动的开展起到指引的作用，本研究中对幼儿园教学活动目标制定的评价主要从完整性、适宜性、开放性三个方面展开。

首先从目标的完整性来评析教学活动目标。布卢姆在《教育目标分类学》中将教学目标划分为情感与态度、认知、动作与技能等三个维度，这三个方面重点从幼儿心理发展的角度去划分，有助于关注到幼儿的全面发展，正如联合国教科文组织在《学会生存》中指出"把一个人在体力、智力、情绪、伦理各方面的因素综合起来，使他成为一个完善的人，这就是对教育基本目的的一个广义的界说"[①]，对这三方面的关注便是突出培养完整幼儿（见表2-13）。

表2-13　幼儿园教学活动目标的完整性统计分析表

树状节点	参考点数	自由节点	参考节点
一维目标	2	认知	1
		情感	0
		技能	1
二维目标	12	认知+情感	2
		认知+技能	3
		情感+技能	7
三维目标	9	认知+情感+技能	9

从表2-13统计可以看到，一维目标的参考点数有2个，二维目标的参考点数为12个，数量最多，三维目标的参考点数为9个，可以看到幼儿教师已经关注到幼儿多维发展的需求，因此，在其制定目标时不会仅强调

---

① 联合国教科文组织，国际教育发展委员会，教育科学出版社. 学会生存——教育世界的今天和明天 ［M］. 北京：教育科学出版社，1996：225.

单一方面的发展。在本次教案分析中，一维目标典型案例为体育活动"木兰闯关"，其目标为"提高幼儿的钻、爬、平衡等身体技能"；二维目标中"情感+技能"的表述方式数量最多，如案例"能用完整的语言描述自己的妈妈，会用简单的揉圆、按压的方式进行花瓣的创作，能在创作的过程中感受愉快的情感"，虽然案例中出现了3个目标，显然第一个和第二个目标的表述都是技能目标，第三条为情感目标，其中第一条可以换成认知目标，但幼儿教师认为认知目标容易仅停留在知识的学习上，应该将其转换为幼儿自己的能力，更有助于幼儿的深入学习，这也就不难理解"技能+情感"目标表述方式更受欢迎的原因。

值得一提的是，在具体的教案设计中，幼儿教师往往会关注到情感和技能的发展，然而在调研周计划表中，有的农村幼儿园将各教学活动目标提炼出一二条放置在周计划表中，但对周计划表中目标分析发现，认知目标最多，而较少提及情感目标，可见，教案的撰写与幼儿教师的教育实践并非完全一致。

其次，从目标的适宜性来评析教学活动目标。适宜性是指年龄适宜和主体适宜。幼儿园教学活动目标的制定应该适合该年龄阶段幼儿的发展，又要具有一定的挑战性，让幼儿通过学习来提升原有经验。这正如维果茨基所提出的"最近发展区"，教学活动目标的制定应在适宜和促进幼儿发展的区域之内。本次调研中发现，农村幼儿园教学活动是对已有教材的筛选，在目标的表述方面会略有修改，但是基本内容及难度不会发生变化，并且幼儿教师一再表示，"每次教研时都会研讨集体教学活动，也会将其内容与《3~6儿童学习与发展指南》相对应，看看里面的内容是否适合幼儿"。所以，幼儿园教学活动目标的年龄适宜性是能保障的。然而这里可以再一进行深入思考，《3~6岁儿童学习与发展指南》中明确指出"切记用一把尺子衡量所有幼儿"，且各领域目标是对幼儿提出的合理期望，并不是统一标准，不同地域的幼儿有自己的发展特点，幼儿教师在制定目标时应该考虑是否适宜本园本班幼儿的实际发展水平。但农村幼儿教师很难达到这个层面的要求，在调研中他们经常会提出问题："这个活动适合中班吗？"在农村幼儿教师眼中，儿童是一个抽象的群体，他们善于从文件政策、书本、成熟案例中找目标，但不善于通过观察与分析幼儿的实际发展水平来制定目标。

另外，要注重主体的适宜，这指的是在组织与实施教学活动时谁占主体地位的问题。在教学活动目标的表述角度方面存在教师和幼儿两种角度，教师角度表述目标更多地表明了教师应该做的事情，突出了教师对整个活动的认识和主导作用，通常使用"使幼儿""帮助""培养"等词汇表述。幼儿角度表述目标则指明了通过开展活动，幼儿在活动中能获得的经验。将教师的视角从关注教什么转向思考幼儿学什么，这是一种教育理念的转变，通常使用的词汇有"体验""认识""感受"等词汇。通过对教案的分析发现，从幼儿角度表述的目标数量为17个，所占比例最高，幼儿教师在制定目标时较为关注幼儿在活动中能获得的经验，能将幼儿作为活动的主体；在同一节活动课中既有教师角度、也有幼儿角度的目标表述数量有5个，这就说明教师对活动主体的意识较为模糊；教师角度表述的目标数量仅有1个。整体来看，农村幼儿教师已经具备将幼儿作为活动主体的意识。

再次，从目标开放性来评析幼儿园教学活动目标。关于幼儿园活动目标制定的价值取向，存在行为目标、生成目标、表现目标三种取向。行为目标是对幼儿活动后具体行为表现的描述，较为关注活动的结果，且强调运用具体、可操作的语言表述目标。生成目标是随着教育情境的具体开展而自然而然产生的目标，它突出强调过程性。表现目标则突出每个儿童在具体教育情境中产生的个性化表现，它追求的是儿童在境遇中产生的异质表现。不同目标的价值取向使得活动目标的开放程度略有差异（见表2-14）。

表2-14　教学活动目标制定的不同价值取向统计

树状节点	参考点数	自由节点	参考节点
行为目标	28	掌握知识	16
		获得技能	11
		学习故事内容	1

树状节点	参考点数	自由节点	参考节点
生成目标	14	感受	10
		探索	3
		尝试分享	1
表现目标	15	用语言讲述	7
		用动作表现	2
		多种形式表现	6

行为目标的表述较为关注活动后的结果，强调运用具体可操作性的词汇表述目标。幼儿教师可以清楚明确地知道活动后幼儿行为发生的变化，对于幼儿教师来说具体可操作的活动目标让他们更为清晰地组织教学活动，但是行为目标较为关注结果却忽略了过程中幼儿自发的表现。在行为目标的表述中，"掌握知识"的表述数量较多，可以看出幼儿教师较为关注幼儿知识的获得，"获得技能"在美术活动和体育活动中表述的数量较多。表现目标表述的数量为15，位居第二，说明幼儿教师较为关注幼儿个性化的表现，给予幼儿运用语言、动作、绘画等多种形式表现的机会，允许幼儿有不同想法和声音的存在，这也符合《3～6岁儿童学习与发展指南》中指出"关注到幼儿发展的个别差异"的基本要求。生成目标表述的数量为14，与表现目标的使用基本保持一致，也能反映出幼儿教师对过程的关注，注重引导幼儿在活动过程中吸引幼儿自主感受、亲身体验、实际探索。

2. 教学活动内容的选择

教学活动内容围绕教学目标而选择，是实现教学目标的重要载体。在选择教学活动内容时，幼儿教师应结合幼儿的年龄特点及学习方式来选择，关注到幼儿已有的经验和生活环境，注重教学活动内容的生活化；同时要注意活动内容应来源于生活，又高于生活。对幼儿来说，活动内容应具有挑战性，才能激发幼儿的兴趣，避免内容的重复性。因此，本研究将活动内容按照知识化、经验化、操作化、体验化四个方面进行统计分析（见表2-15）。

表 2-15　幼儿园教学活动内容适宜性统计分析

树状节点	参考点数	自由节点	参考节点
内容适宜	23	知识化	6
		经验化	5
		操作化	7
		体验化	5

幼儿园教学活动的知识化、经验化、操作化、体验化的频次基本相同，意味着农村幼儿教师认识到幼儿的独特学习方式，遵循"让幼儿在直接感知、实际操作、亲身体验中获得经验"的基本要求，在组织教学活动时会尊重幼儿的年龄特点，选取适宜的内容提升幼儿原有的经验。

《幼儿园教育指导纲要》中明确指出"各领域的内容应相互渗透"，因此，在分析幼儿园教学活动内容时，还要关注到教学活动内容的相互渗透性。农村幼儿教师在撰写教案时较为关注各领域之间的融合，如在语言领域时总会渗透故事道理的讲解，在语言活动"纸杯熊找妈妈"中总会渗透情感的讲解和体验；开展绘画活动时，在开始环节会丰富幼儿的知识储备，往往会实现科学与美术、社会与美术的渗透；在组织体育活动时会渗透合作、勇敢、坚持等精神的培养。个别教案出现了深度的融合，如在"名片设计"教学活动中，让幼儿认识名片，培养幼儿正确的自我意识，最后自己设计名片，实现艺术和社会领域的深度融合。

3. 教学活动过程的组织

幼儿园教学活动的开展会灵活采取多种方法，将抽象的知识直观化、形象化，将学习内容转为幼儿操作的对象或轻松的游戏活动，以实现幼儿乐于参与活动，获得丰富的知识和体验。

（1）分析教学活动中各领域的教学模式

教学模式是幼儿教师按照固定的程序开展环环相扣的教学环节，模式化的教学活动使整个教学活动程式化。在与幼儿教师访谈时，幼儿教师说到绘本阅读时便提及，"根据一些理论，总结出绘本活动的固定套路，如可采用分—总或总—分—总的模式，让幼儿教师学习这个套路，有了这个套路之后。幼儿教师就会觉得绘本活动比较好开展"，这里提到的"分—

总"或"总—分—总"模式在语言领域中较为常见。通过分析教案发现，语言领域基本上采用相同的教学模式，如语言活动"纸杯熊找妈妈"，第一个环节是导入环节，通过故事里面的一个小画面，激发幼儿的好奇心，提问幼儿"纸杯熊找不到妈妈了，怎么办?"通过画面和设疑的方式引出故事。第二个环节便是深入理解故事，结合图片分段讲述故事，让幼儿学说故事中的角色对话，体会纸杯熊急切的心情，展示画面，让幼儿猜测故事内容和情节，最后完整地欣赏故事，该环节主要任务是让幼儿理解故事内容，能复述故事。第三环节是情感提升，让幼儿体验纸杯熊找妈妈的情感。这是语言领域最常用的教学模式。

除此之外，其他领域活动也都有相应的模式。由于阐述每一个领域的教学模式内容过多，下面将简单总结各领域的教学模式（见表2-16）。

表2-16　农村幼儿园各领域常用的教学模式统计表

领域	常用模式
美术活动	导入—拓展幼儿知识经验—画法或制作流程的讲解—自由创作—展示交流
音乐活动	导入—感受音乐旋律—理解歌曲内容—学唱歌曲—创编或情感提升
科学活动	导入—自由探索—教师总结，经验提升—再次实验—联系生活
数学活动	复习导入—学习新知—多种形式复习巩固—联系生活
社会活动	导入—讲述故事了解其重要性—结合图片学习新知—设置情境，巩固新知—联系生活，再次提升
健康活动	热身运动—自由探索—教师示范，学习技能—设置情境，巩固练习—放松整理

从上述表格的分析来看，农村幼儿园教学活动环节的设计能反映该领域的基本要求，也能体现当前以幼儿为本的教学理念，能尊重幼儿在活动中的主体地位，关注到幼儿原有的经验，也能给予幼儿自由探索的机会，教学模式的设计较为合理，这与农村幼儿园使用教材和开展教研活动有密切联系。已有教材会提供教学活动设计的环节，幼儿教师只需对其进行修改即可，且农村幼儿园教研活动的主题往往是教学活动的开展，这也为撰写完善的教案提供了保障。

（2）分析教学活动中教学方法的使用

教学方法的有效使用能将抽象的知识具体化、形象化，将知识的系统学习与幼儿的生活发生联系，将教师的视角从关注教什么转变为幼儿如何学，将所教授的内容转变为幼儿学习的对象，以幼儿可接受、符合幼儿年龄特点的方式呈现。本研究从教学方法的类型和数量两个方面展开（见表2-17）。教学方法的类型以语言传递为主，主要有讲解法、讲述法、讨论法等；以直观演示为主的，主要有直观法、演示法、观察法、示范法、范例等；以动手操作为主的，主要有操作法；以直接体验为主的，主要有角色扮演法、情境创设法等；以游戏活动为主的，主要有各类小游戏（这里需要指出的是游戏法和角色扮演法具有包含的关系，角色扮演法是游戏法的一种类型，但同时，角色扮演法更加侧重的是体验情境、获得直接体验，因此，将角色扮演法归类到直接体验的方法）。教学方法的数量能体现教师对教学活动的思考，运用多种教学方法有助于将教学活动生动化、动态化、形象化，避免单一地灌输。

表2-17　教学方法类型及数量统计分析

树状节点	参考点数	自由节点	参考节点
教学方法的类型	54	以语言传递为主	24
		以游戏活动为主	3
		以直观演示为主	11
		以动手操作为主	6
		以直接体验为主	10
教学方法的数量	23	1~2种	6
		3~4种	16
		5种以上	1

从教学方法使用的类型来看，农村幼儿教师多以语言传递为主的方法，占比为44.4%，其次是以直观演示为主的方法和以直接体验为主的方法，所占比例分别为20.4%和18.5%，使用最少的教学方法为以游戏活动为主的方法，所占比例为5.6%。以语言传递为主的方法使用的较多，并

不意味着农村幼儿教师注重灌输，在统计时发现，讨论法使用的频次较多，教师在讲解新内容前会抛出一个话题，让幼儿自由讨论、说说自己的看法，说明农村幼儿教师非常重视幼儿已有的经验，尊重幼儿的主体地位。虽然说游戏法在教学活动时使用的偏少，但是以直接体验为主的方法中角色扮演法使用的较为频繁，且以直观演示为主和以直接体验为主的方法使用的较为丰富，可以看到教学方法选用能体现出对幼儿主体地位的尊重。

从教学方法的使用数量来看，69.6%的教学活动中使用了3~4种教学方法，5种教学方法被选用的比例仅为4.3%，选用1~2种教学方法的比例为26.1%，教学方法选用的数量主要依据教学活动的目标和内容，数量的选用并非越多越好。从教学方法的统计中可以看到，农村幼儿教师基本能考虑到教学内容，选用适宜的教学方法，如在语言活动"纸杯熊找妈妈"中，教师使用了讲解法、讲述法、直观法，侧重于故事内容的讲解和幼儿讲述能力的发展，能突出语言领域的关键经验；但也有个别教学活动中教师缺少对该领域关键经验的关注，如在组织体育活动"木兰闯关"中，教师重视体育活动的趣味化，采取了游戏法，让幼儿在闯关的过程中锻炼钻、爬、跑、平衡等动作技能，虽然整个过程中符合幼儿的年龄特点，容易吸引幼儿，但是却缺少对动作技能的重视，使得体育活动流于形式化。

（3）分析教学组织形式的选用

幼儿园教学活动组织形式主要分为集体活动、小组活动、个别活动三种。教学活动主要以集体活动为主，集体活动有自身的优势，效率较高，有利于突出教师的主导作用，但是容易忽略幼儿的个性化发展，缺少对幼儿兴趣的关注，相对来说，小组活动和个别活动具有较好的补充作用。对农村幼儿园教学活动案例分析发现，幼儿园最常采用的活动组织方式为"小组+集体"，幼儿分组讨论、教师进行总结，或者教师讲解、幼儿分组操作，这种方式能关注到教师和幼儿的双主体地位。

（三）对农村幼儿园教学活动过程的分析

教学活动的实施是指在具体情境中，教师如何将文本的活动设计付诸实践，研究者观摩了6节教学活动课，重点对活动过程中师幼互动、活动取向、活动效果等进行统计分析，研究结果如下。

1. 师幼互动

师幼互动是指在幼儿园中双主体之间相互影响的过程，也就是幼儿与教师在交往、交流过程中发生的关系，它是一种人际关系，在幼儿园一日生活的各个环节都会发生。既然是一种相互影响，就不应该仅仅是教师对幼儿的影响，或者是教师主动发起互动，还应包含幼儿对教师的影响，幼儿也是发起互动的主体①。

本研究结合王立樸②的研究，主要从师幼互动发起人、师幼互动的内容两个方面进行统计分析。

（1）师幼互动发起人情况分析

在教学活动开展过程中，教师和幼儿作为事件的参与人，是整体活动的主体，因此，幼儿和幼儿教师都可以是交往事件的发起人（见表2-18）。

表2-18　教学活动中师幼互动发起人统计表

师幼互动发起人	频次	所占比例
幼儿教师	327	69.3%
幼儿	145	30.7%

本次观察分析得到师幼互动总体数量为472次，幼儿教师发起的互动次数为327次，所占比例为69.3%，幼儿发起的互动次数为145次，所占比例为30.7%，可以看出，幼儿教师发起的互动次数远远高于幼儿，这与王立樸等人的研究结论保持一致，认为幼儿园教学活动中互动主体方面存在不对等的现象。从互动发起人的数量来看，幼儿教师在教学活动占主导地位，牢牢掌握着与幼儿互动的主动权，幼儿的行为则是受幼儿教师的指导，幼儿在教学活动中处于被动状态，很难体现其主体地位。

随后研究者对普通幼儿教师、骨干教师分别进行教学活动中师幼互动数量的统计。骨干教师是指园所公认的业务骨干，主要是年级组组长，在整个年级的课程规划和教学活动设计方面起到了主导作用。为了进一步了

---

① 刘晶波. 师幼互动行为研究—我在幼儿园里看到什么［M］. 南京：南京师范大学出版社，1999. 119.

② 王立樸. 幼儿园大班音乐教学活动中的师幼互动研究［D］. 上海：上海师范大学，2021.

解骨干教师和新手教师在师幼互动方面是否存在差异，本研究重新搜集了 2 名新手教师的 4 节教学活动作为资料，与原有骨干教师的 4 节教学活动相比较。新手教师是指工作 1 年之内的教师。骨干教师和新手教师在教学活动中师幼互动总频次分别为 431 和 305，可见骨干教师教学活动中的师幼互动数量高于新手教师。从互动发起人来看，骨干教师发起互动的频次为 256 次，所占比例为 59.4%，新手教师发起的互动频次为 216，所占比例为 70.8%。从频次上来看，骨干教师发起的频次要高于新手教师，但是并未形成显著性差异；从所占比例来看，新手教师发起的师幼互动所占比例高于骨干教师，其原因是新手教师能认识到师幼互动的重要，但为了掌控课堂，师幼互动的形式多以提问的方式开展，确保教师的权威性，而骨干教师则强调突出幼儿的主体地位，抛出问题，让幼儿自由思考、主动提问，课堂组织较为灵活。

（2）师幼互动内容分析

师幼互动的内容应该是由互动双主体发起，因此，本研究将师幼互动内容分为由幼儿教师发起和幼儿发起两部分。

首先，由幼儿教师发起的互动内容分析。由幼儿教师发起的互动内容主要有讲解、提问、纪律约束、评价、演示示范、让幼儿展示。讲解是指在开展活动时，教师对物品或知识进行的语言描述，让幼儿了解所学内容。提问是伴随活动开展的整个过程，可以是开放性的提问，也可以是封闭式的提问，提问的目的是多元化的，了解幼儿的已有经验，明确幼儿的掌握程度，吸引幼儿的注意力。纪律约束是指为保障教学活动的顺利实施，对违反规则的幼儿行为提出制止，以保持幼儿集中注意力。演示示范是指教师以自身为榜样，对所讲授内容进行动作演示，以让幼儿了解整个操作过程。让幼儿展示是指让幼儿展示自己的观点或作品，这里的展示可以是以语言的方式，总结自己小组或个人的发现，也可以是自己手工作品的展示，还可以是自己歌唱或动作的展示（见表 2-19）。

表 2-19　幼儿教师发起的互动内容分析

互动内容	频次	比例
讲解	25	7.6%
提问	109	33.3%
评价	34	10.4%
演示示范	56	17.1%
让幼儿展示	45	13.8%
纪律约束	58	17.7%

如表所示，师幼互动内容中所占比例最高的是"提问"，其所占比例为33.3%，这说明在师幼互动过程中，教师主要是通过提问的方式展开，语言互动可以避免单纯教师灌输，可以及时了解幼儿的掌握程度，以便调整教学活动的进度。而且在与农村幼儿教师交流过程中，一提到"在教学活动中如何与幼儿开展活动"这个话题时，农村幼儿教师首先想到的便是"提问"，这与赵慧颖①在研究手工教学活动中师幼互动主题的研究结论是一致的。在对农村幼儿教师发起的"提问"深入研究时，发现农村幼儿教师在提问时封闭式问题出现的频次较高，"你们想不想知道后来又发生了什么事情？""你们喜不喜欢这个故事啊？""你觉得这个纸是不是可再生资源？"农村幼儿教师虽然发起了较高频次的提问，但是封闭式的问题并没有激发幼儿深度思考，更多地起到了维持秩序、约束幼儿的作用。

其次是"纪律约束"和"演示示范"，所占比例分别为17.7%和17.1%。这说明在教学活动中幼儿教师经常会提醒幼儿参与到活动中，有时教学活动的开展不能有效地吸引幼儿注意时，纪律约束使用的频次就会偏高一些，有时是幼儿对活动充满了热情，积极主动地参与到活动中，每个幼儿都想回答问题或者上台展示，幼儿教师只能用纪律约束的方式，维持秩序，让个别幼儿展示。"演示示范"这一内容出现在不同领域所出现的频次具有一定的差异性，整体来看，体育活动、科学活动、语言活动和音乐活动出现的频次偏高一些，但是美术活动、社会活动出现的频率则偏低。王立樸对音乐活动中师幼互动的研究中发现，示范演示所占的比例为

---

① 赵慧颖. 幼儿园中班手工教学活动中的师幼互动研究 [D]. 保定：河北大学，2022.

21%，居师幼互动内容的第二位①。赵慧颖在手工活动师幼互动的研究显示，示范发生的频次为48，所占比例为9%②。不同领域出现的"演示示范"频次具有差异性，主要是与幼儿教师对各领域的认知有关。在语言活动中，幼儿教师会声情并茂地讲述故事，以给幼儿完整的感知；音乐活动注重歌曲的学唱，幼儿教师会范唱；体育活动中动作要领的学习必然会有幼儿教师的示范。一般来说，美术活动也会需要教师的示范，但是近年来，一直在强调不要给幼儿提供"范画"，导致幼儿教师在美术活动中较为犹豫，"我们在组织美术活动时不能提供范画，所以我们就不敢先画，再让幼儿画，但是有时我们自己也很矛盾，是不是任何美术技能都不能强调啊？"当幼儿教师出现犹豫时，在教育实践时最简单的处理便是放弃，所以美术活动中出现幼儿教师演示示范的行为频次越来越低。

"让幼儿展示"所占比例为13.8%。随着对幼儿主体地位的关注，农村幼儿教师在组织教学活动时越来越重视幼儿的原有经验和看法。"幼儿展示"不仅会出现在教学活动的结束环节，如组织教学活动"名片设计"时，让幼儿了解名片、设计名片，最后组织幼儿利用名片交朋友，展示自己的名片设计。幼儿教师在教学活动开始环节也会让幼儿展示，如在教学活动"快！春游啦"中，教师在活动一开始便会让幼儿分享自己想在春游时做的事情，并分组让幼儿展示交流。特别是近年来，幼儿园在园本课程建设时，每一主题的开展都会突出幼儿的主体地位，在主题网络设计前，会让幼儿和爸爸妈妈一起围绕主题进行大调查，通过调查了解幼儿感兴趣的事情，知道幼儿已有的生活经验，为主题活动的制定提供了依据和方向。随着大调查的普及，幼儿教师在组织教学活动时也会深受其影响，先让幼儿说说自己对该活动的认识，这种方式也越来越受到农村幼儿教师的认可并被付诸实践。

幼儿教师的"评价"所占比例为10.4%。教师发起的互动→幼儿回应→幼儿教师评价，这是教学活动常使用的策略，也构成了师幼互动的闭环策略。从评价的方式看，农村幼儿教师在使用评价时，往往会采用"××说得真棒""你太厉害了"等话语，也会使用类似"金箍棒，银箍棒，你

---

① 王立樸. 幼儿园大班音乐教学活动中的师幼互动研究［D］. 上海师范大学，2021：32.
② 赵慧颖. 幼儿园中班手工教学活动中的师幼互动研究［D］. 保定：河北大学，202：18.

最棒"等儿歌，但是该类型的评价会使幼儿为了得到表扬而回答问题，缺少针对性和指导性，时间久了，农村幼儿教师会发现，"幼儿对评价并没有持久的兴趣了"。从评价的内容看，农村幼儿教师主要针对幼儿回答的问题进行评价，但对幼儿作品、表演展示等内容缺少深入的评价，如幼儿教师普遍反映，"对幼儿美术作品，除了评价作品的颜色、创意好之外，其他的内容不知道该怎么评价"。可以看出，对幼儿作品展示的评价还是停留在浅层次方面，农村幼儿教师应加强各领域专业内容的学习。

所占比例最低的是"讲解"，其比例为 7.6%。在教学活动开展的过程中，讲解往往会在幼儿交流、回答问题之外开展，农村幼儿教师认为如果教师先讲解，那就是知识的灌输。因此，为尊重幼儿是自己学习的主人，教师往往会集中使用讲解，大部分时间让幼儿自由探索和表达，因此，这里出现的"讲解"所占的比例并不高，但是并不意味着所占用的时间不长，农村幼儿教师会在教学活动的某一环节，结合图片或故事，将本次活动所讲授内容一并讲解，因此，尽管"讲解"所占比例不高，但是时间仍然会很长。

其次，由幼儿发起的互动内容分析。由幼儿发起的师幼互动主要有寻求帮助、发表意见、告状、询问、展示交流等目的。寻求帮助是在教学活动展开过程中，幼儿当遇到困难时，寻求教师的帮助以促进自己的任务顺利完成。发表意见是在教学活动过程中，幼儿针对某些内容，结合经验提出自己的看法。告状是指在活动中受到同伴的侵犯或者看到同伴没有按照教师的要求去做，进而去告诉教师。询问是幼儿想要去做某些事情，去征求教师的意见，以便得到教师的认可。展示交流是将自己的手工作品、故事讲述、唱歌等所学内容展示或讲述给教师和其他幼儿，并不是寻求教师的帮助（见表 2-20）。

表 2-20　幼儿发起的互动内容分析

互动内容	频次	比例
寻求帮助	34	23.4%
发表意见	12	8.2%
告状	11	7.6%
询问	23	15.9%
展示交流	65	44.8%

从表中数据可知，幼儿发起的师幼互动内容所占比例最高的是"展示交流"，其所占比例为44.8%，幼儿愿意交流自己的作品，特别是当幼儿教师给予了展示交流的时间时，幼儿会主动要求展示。"寻求帮助"所占的比例为23.4%，特别是小班幼儿出现的频次高于中大班，这是由幼儿的发展水平决定的，小班幼儿小肌肉动作发展不成熟，遇到操作活动时经常会寻求幼儿教师的帮助，中大班的幼儿由于技能水平提高，他们遇到难题时会想办法，或者寻求同伴的帮助，寻求教师帮助的频次会降低。"询问"所占比例为15.9%，幼儿在操作活动、在讨论活动时经常会询问教师，主要内容涉及能否和其他小朋友一起做，能否使用不一样的颜色等问题，可以看出幼儿教师具有较高的权威性，幼儿担心自己的行为不符合教师的要求，在做活动前会主动地询问教师意见，教师允许后才会安心活动。"发表意见"所占比例为8.2%，这一比例偏少，可以看出幼儿教师在教学活动开展中占有绝对的主导权，整个教学活动的开展往往会根据教师预定的计划开展，在活动过程中幼儿即使有自己的观点，幼儿教师也很少给予机会表达，时间久了，幼儿默认了教学活动的开展应该是回应教师的问题，不需要提出自己的想法，在与农村幼儿教师访谈时，农村幼儿教师提到，"教学活动的开展时间是非常短的，每次教学活动的开展都想着多给幼儿一些知识，让他们学习，但是时间有限，就很难倾听不同幼儿的心声，（整个活动开展）就像赶场一样，快快地执行下一个环节"，农村幼儿教师能意识到集体教学活动也要关注幼儿不同的意见，但是客观因素会制约其实现。"告状"所占比例为7.6%，该内容所占比例最低，这并不意味幼儿能自己解决问题，而是在教学活动中，教师高控活动，会随时关注到幼儿有无遵守纪律，给予幼儿自由活动的时间较少，所以"告状"这一内容在教学活动中出现的频次较低。而且在教学活动中，幼儿教师对告状人往往也会采取不认同的态度。

2. 教学活动实施过程中的价值取向

教学活动实施过程的价值取向是指在具体实施过程中，幼儿教师如何处理文本与实施过程之间的关系。如果完整地按照文本即教案的内容来开展活动，这就是忠实取向；在按照教案内容实施活动时，能根据实际情况，灵活处理各种关系，对原有的教案进行调整，这就是相互适应取向；

在实施教学活动过程中，根据实际情况，创生出新的教学活动，这就是创新取向。本研究观察与记录农村幼儿教师实施教学活动的实际情况，再通过查阅教案，了解其具体的实施取向。

在这三种实施取向中，农村幼儿教师全部采用忠实取向，即按照教案设计的教学环节逐一开展活动。首先，农村幼儿教师非常重视教学活动，在活动实施前，会做好充足的准备。农村幼儿教师提到，"教案是我们整个年级组的教师在一起教研时精心准备的，我们会提前做好课件，按照原先设计好的内容进行上课"。农村幼儿教师通过教研活动，精心备课，准备材料，为有效实施教学活动提供了有力的保障。

其次，具体实施过程中会有个体差异性。集体教研的内容是教学活动整个环节的设计，但是具体每一句话应该怎样说，并没有明确规定，因此每一位教师都需要现场发挥。在设计教案时，有经验的教师会设计简案，只写出具体步骤，并未说清楚每一个知识点应该如何讲解，而新手教师则会将每一个步骤的具体语言都描述出来，教案内容是详案。所以，同一个年级组设计的环节，在具体实施的过程中，活动环节是一样的，但幼儿教师使用的语言会有差异，效果也会有区别；在个别环节设计方面，每位教师会根据自己的实际情况，有所变化。例如观摩了两位教师分别组织的大班美术活动——"多彩的玉米"，其具体实施过程如下。（由于本次观察记录是研究者用文字记录，下面展示的环节是根据幼儿教师所讲授的内容，并由研究者整理而来，而非教师撰写的教案）。

实例一：大班美术活动——"多彩的玉米"

环节1：认识玉米

（1）我们幼儿园食堂做的饭中有哪些是玉米做成。教师出示图片（爆米花、玉米排骨、甜玉米粒）。

（2）玉米是在什么时候收获的？在老家收获玉米后，我们会怎么做？教师出示图片：剥玉米，玉米堆（教师会描述玉米是怎么堆起来的）。玉米有什么颜色，教师总结有黑色的、黑白的、黄色的、彩色的。玉米的口感怎么样？玉米粒的形状是不一样的吗？（有的像长方形，有的像扇子一样，生的时候是一个样，煮熟了之后又是一个样）

（3）教师结合图片，讲解玉米的生长过程，幼儿观察图片，了解玉米叶的形状、玉米的结构。

环节2：引导幼儿绘画玉米

（1）出示多张范画，展示画玉米的具体过程，让幼儿观察玉米的形状是什么样的，玉米粒的排列，像站队一样，有的站得直直的，有时还会弯，就像小朋友排队一样，会有一点儿弧度。

（2）教师在黑板上示范，引导幼儿观察玉米和背景的颜色：玉米有的是颜色从浅到深，分别是黄、橙、红，背景是蓝色的（一个小朋友说是在海洋里），教师也提到了颜色深浅的对比。

（3）教师提出要求：在绘画时，要把玉米画得大一点儿，如果画得小一点儿的话也行，要画的数量多一些，但是不能超过3个玉米。

（4）发放玉米，让幼儿自由剥玉米，并重点引导幼儿观察玉米粒的排列和颜色，比如说瑞瑞剥出一个红色的，吉泽剥出一个黄色的。

环节3：幼儿自由绘画

教师发放材料，幼儿自由绘画玉米，教师巡回指导。

环节4：展示幼儿作品

教师让幼儿将作品贴在黑板上面展示，但并未评价作品。

图1　　　　　　　图2　　　　　　　图3

实例二：大班美术活动——"多彩的玉米"

环节1：认识玉米

（1）你们知道炖玉米、煮玉米、烤玉米、爆米花有什么不同吗？你们是怎么看出来的呀？玉米是什么颜色的？

（2）老师出示玉米实物（一个是未剥皮带着玉米须，一个是已剥好皮的），让小朋友说不同并且观察玉米。教师重点引导：皮包住了玉米粒（老师想引导遮挡关系）；玉米粒是一排排地排列在一起的，呈直线或弧线排列；玉米是圆柱形的。

（3）展示玉米的生长过程，了解玉米的生长环境和结构。

你知道玉米是怎么长出来的吗？介绍玉米根在土里，玉米长在玉米秆上，引导幼儿说说玉米须的颜色。玉米是什么时候丰收的？

玉米为什么要堆放？（晒干）教师总结：农民伯伯种玉米很辛苦，不管大玉米还是小玉米，我们都要吃。

环节2：引导幼儿学画玉米

（1）教师首先利用PPT课件出示画玉米的步骤，引导幼儿观察玉米的形状（水滴状、瓜子状），教师总结玉米粒排列是呈直线或弧线的，玉米的叶子是弧形的。

（2）发放玉米，人手一个，剥皮观察，进行画画。教师引导幼儿一层层地剥皮，先观察再画。教师提出要求：先画出来玉米的轮廓，一张纸至少画一个玉米。老师看到了一个小朋友画的玉米轮廓，向小朋友展示，说："明浩已经画出了轮廓，画得很好。"

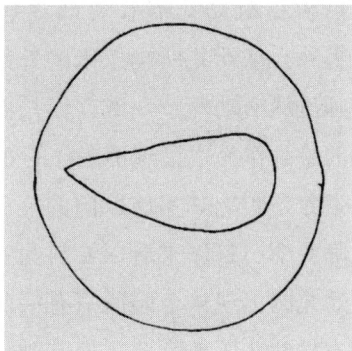

环节3：幼儿自由绘画

教师发放材料，幼儿自由绘画玉米，教师巡回指导。大部分小朋友将要画完时，老师提出可以装饰一下背景。在部分幼儿完成画画的时候，老师出示范画，只有一个幼儿看到老师的范画后进行了模仿。

环节4：展示幼儿作品

教师让幼儿将作品贴在黑板上面展示，并简单评价了作品。

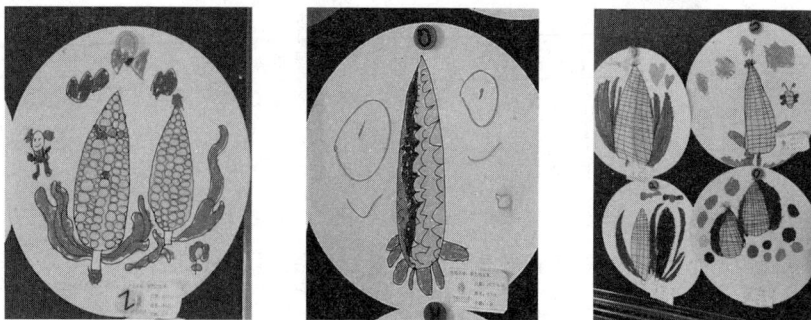

从上述两节教学活动实例可以看出，两节美术活动课的环节基本一致，主要教学环节为"认识玉米—引导绘画—自由绘画—展示"，每一环节的基本内容大致相同，但不同的是教师在实施每一环节中讲解的侧重略有差别，最终的效果也不一样。第一位教师组织活动时提到了玉米叶的形状，提到了玉米有玉米叶、玉米粒、玉米须，但并没有提及各自的位置，孩子在绘画时，便出现了随意绘画玉米叶的现象。在涂画背景色方面，第一位教师在幼儿绘画之前，便让幼儿欣赏了范画，让幼儿观察背景的颜色是如何由浅入深的，孩子在涂色的时候，一般都会采用多种颜色作为背景色；而第二位教师则是在幼儿自由绘画的环节，看到大部分幼儿都只画了玉米，背景为空白，然后再提醒幼儿需要装饰背景，幼儿选用了多种方式，而非单一地涂色。另外，从幼儿所画玉米的外部形状来看，教师的引导也略有差异。两位教师虽然活动环节一致，但是由于在讲解的时候侧重点有所区别，最终幼儿的绘画作品也呈现不一样的效果。

农村幼儿教师专业素养是影响其实施取向的关键因素。在前面调研结果中展示，农村幼儿教师的学历整体来看以专科为主，还有一部分是由小学转岗而来，部分农村幼儿园出现整个园所只有一两位学前教育专业教师的现象。在此背景下，农村幼儿园教育侧重保基础，保障农村幼儿接受有质量的学前教育，忠实取向便是较为适宜的选择。从上述对具体教学活动分析来看，农村幼儿园想要保障有质量地开展教学活动，教研活动仅仅停留在活动环节的设计方面是不够的，还应该让幼儿教师关注不同引导对幼儿的影响，通过现场观摩、分析视频等方式，了解教学活动开展中的每一个问题、引导语对幼儿行为的影响，进而关注自身的言行，提高教学活动的质量。

（四） 对农村幼儿园教学活动反思的分析

在组织与实施教学活动后，幼儿教师需要对整个活动进行"复盘"，重新思考原有的设计和实施过程，反思幼儿在活动中的表现以及原有设计中需要修改的环节和内容，以完善教学活动方案。在查阅农村幼儿教师撰写的教案时发现，农村幼儿教师会按照上级检查的要求，设计出完整的教学活动表格，里面包含了活动时间、章节、过程、反思等内容，所以撰写活动反思是农村幼儿教师必须完成的一项任务。本研究在这里用了"任务"这个词，主要是因为"撰写反思主要是完成上面的要求，其实活动结束了，也就算是本次活动完成了，可能自己当时（活动结束时）会想想这次活动中幼儿的积极性怎么样，幼儿有没有学会啊，但是不会立刻写出来，一忙其他的事情，当时的想法就忘记了，有时感觉到了幼儿并没有学会，但是自己也不知道应该怎么调整"。可以看出，农村幼儿教师将撰写活动反思作为一项任务来完成，而并未意识到其价值，或者对活动反思的撰写不知道该从何处着手。

熊川武认为，教学反思是教学主体借助行动研究不断探究解决问题的过程①，教学应该成为幼儿教师反思的重要内容，需要对过去已发生的教学活动进行反思。这里既可以有教育教学行为的反思，也可以有教育理念的反思，还包含活动内容、具体环节及实施过程的反思。幼儿行为反应的反思、活动准备情况的反思、活动目标的达成度反思、活动方法选用的适宜性反思、活动资源的合理利用反思等。下面例举农村幼儿教师撰写的活动反思，以深入了解其关注的侧重点。

案例1：中班美术活动——"蓝色的春天"的反思

蓝色的春天，除了生机盎然的树木外，孩子们眼中的蓝色春天也有不同的韵味。本次活动从孩子的兴趣点出发，提出问题后，孩子们根据自己的生活经验表达关于"蓝色的春天"的思考。特别是创作环节，他们的思维活跃、开阔。整个活动的内容选择和节奏是追随着孩子们的兴致而展开的。在活动中，孩子们积极投入，整个活动呈现出了热烈的氛围。

---

① 熊川武. 试析反思性教学 [J]. 教育研究，2000（2）：59-63，76.

一次好的活动一定是从孩子的角度出发而开展的。本次活动结束的时候，孩子们意犹未尽，很多孩子还想继续进行颜色的探索。这也使得延伸活动能够很好地开展。教师需要把孩子们的兴趣点不断地延伸和拓展，让他们一次次地获得峰值体验。

案例2：中班社会活动"风筝"活动的反思

孩子们在交流的时候，许多孩子说到了到公园广场放风筝，风筝给他们带来的欢乐和享受溢于言表。《纲要》中指出：要引导幼儿感受祖国文化的丰富与优秀，激发幼儿爱家乡、爱祖国的情感。于是，我抓住孩子们的爱好，设计了"风筝"这节活动课，让幼儿了解风筝的相关知识，知道风筝是中国人发明制作的，增加幼儿作为一名中国人的自豪感。在活动的过程中，我让幼儿了解风筝的起源，鼓励幼儿大胆地在同伴面前表述自己的情感，让幼儿感受我国民间艺术的魅力，增加民族自豪感。

上述两个案例中，农村幼儿教师在撰写活动反思时，容易将其泛泛而谈，较多地阐述了相关的教育理念，但是缺少对具体活动行为的反思。提及幼儿的行为反应，农村幼儿教师使用了"幼儿思维活跃、开阔""孩子们积极投入""整个活动异常热烈"等表述，只能表现出孩子参与的积极性，但并未描述出幼儿对哪些内容、哪个环节表现出了兴趣，也没有提及下一步应该做的内容。农村幼儿教师的活动反思还需进一步完善，转变农村幼儿教师的观念，让其明确反思的具体内容，以充分发挥活动反思的价值。

四、农村幼儿园游戏活动实施的现状分析

《幼儿园教育指导纲要》中明确指出，游戏是幼儿园的基本活动，游戏中蕴含着丰富的教育价值，幼儿在游戏过程中获得认知、情感、社会性等诸多方面的发展。在对农村幼儿园一日生活的安排调研中，游戏在幼儿园一日生活中占有较长的时间，幼儿园为游戏的开展提供了充足的材料准备。

(一) 游戏活动与课程

1. 幼儿园各活动之间的关系

游戏是幼儿喜爱的活动方式，也是幼儿重要的学习方式，游戏活动已逐渐受到幼儿教师的重视。美国学者朱迪斯·范霍恩（Judith Van Hoorn），帕特里夏·莫尼根·努罗塔（Patricia Monighan Nourot）等合作出版了《以游戏为中心的幼儿园课程》一书，强调游戏是幼儿园课程的生长点，认为以游戏为中心的课程是基于儿童成长的优势而非不足设计的，这有利于幼儿教师尊重幼儿，平等对待幼儿，让幼儿成为学习的主体。当然以游戏为中心的幼儿园课程并非放弃其他活动，而是要注意多种活动的平衡，见图 2-6。

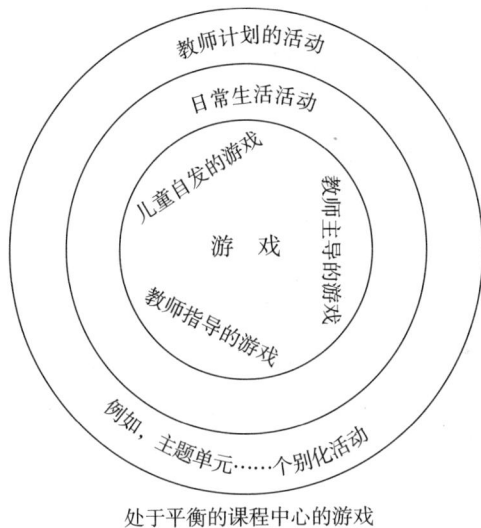

处于平衡的课程中心的游戏

图 2-6　游戏与课程①

从上图中可以看到，游戏活动与教学活动、日常生活活动并非孤立的，而是相互联系的，幼儿在游戏过程中不断地重复生活活动和教学活动，幼儿在开展角色扮演游戏、建构游戏等游戏活动时，其内容无不来自日常来自于生活及教学活动。幼儿的生活经验推动着游戏顺利开展，最为典型的案例是对农村幼儿教师撰写教案的分析，在教学活动过程的延伸环

---

① 范霍恩，努罗塔，斯凯尔斯，等. 以游戏为中心的幼儿园课程：第六版［M］.北京：中国轻工业出版社，2017：8.

节，农村幼儿教师总会提及将教学活动延伸到区域活动，让幼儿在区域活动中巩固或提升对本次活动内容的认识。可以看到游戏活动与其他类型活动密切相联。

值得注意的是，幼儿在游戏活动中重复生活活动，并非简单地"复制"。游戏是幼儿喜爱的活动，其突出特点是自主自由、充满愉悦的情绪，幼儿在游戏过程中具有充分的自主权和掌控权，外在的强制约束不能影响到游戏的开展。例如，幼儿在日常生活和教学活动中可以了解医生的工作，学习正确就医的流程，这是幼儿在学习成人社会中的基本规则，但是这一规则在游戏中却不用完全一模一样地照搬，幼儿在玩角色游戏扮演医生时，无须严格按照医生的做法开展游戏，"病人"也可以不走正常的流程。游戏中的规则由幼儿自己决定，幼儿拥有自主权。

2. 游戏是幼儿园课程的生长点

生成课程指的是幼儿在与周围环境互动过程中形成的，它不是现成的、直接拿来可用的"罐头式"课程，而是教师与儿童在一起活动时逐渐发现的，根据儿童的需要和兴趣不断生成的、动态的课程①。在这一理念的指引下，游戏活动便成为生成课程实施的重要路径。幼儿在游戏活动中的行为、言语往往展示出幼儿当前的兴趣点、发展水平，教师应观察幼儿在游戏中的行为，以此来拓展幼儿的学习，在此过程中幼儿园课程便随机生成。例如幼儿在区域活动——餐厅游戏活动中，发现前来光顾的顾客很少，怎么解决这一问题呢？教师引导幼儿共同商量解决问题的办法，结合生活经验，幼儿提出可以给其他区域活动的人送餐上门，通过宣传，一时间上门订餐的顾客络绎不绝；餐厅人数有限，有人需要去送餐，有人需要做饭，还有人需要记录大家的需求，有限的人数不能满足需求，幼儿想起可以做一个"空中自动送餐设备"，需要用什么线、线支起来的高度、怎么让餐具送过去还能再回来等一系列问题出现了。在解决问题的过程中，有时需要教师的参与，有时可邀请有经验的家长参与，有时是幼儿小组讨论得出结论，在一次一次解决问题的过程中，幼儿获得了发展，幼儿园课程也在悄然生成。

① 屠美如. 美国早期儿童教育中的"生成课程"[J]. 幼儿教育，2001（2）：22—23.

将游戏作为课程的生发点，需要注意的是，生成课程非常关注幼儿的需要和兴趣，但教育具有育人功能和社会功能双重属性，这些目的可以通过游戏形式来实现，但是在实现这些目的的过程中需要付出努力、意志，这些往往与游戏的自主、愉悦精神相悖，如果抛弃这些需要努力、艰苦学习的内容，或者将这种努力、艰苦的精神完全游戏化，用游戏精神取代，那么幼儿教育会形成一种独立于其他教育活动，或者独立于社会的"教育圈"，最终只会造成幼儿教育与其他教育之间的脱节。因此，在强调以游戏作为课程生发点、注重生成课程开发时，要注意到游戏活动中个体自由与外在约束的平衡。

3. 游戏精神贯穿课程实践的始终

对于游戏的认识可谓复杂，游戏是主动的，且以获得快感为目的，而众多研究者认为游戏具有自主性、自由性、愉悦性、无功利性、幻想性等特点，这些充分体现了游戏的"自由性"特点。但当单纯的自由游戏走进幼儿教育领域时，游戏的性质必然会发生变化，游戏除了"自由性"之外，还应具有"教育性"的特点，游戏必然会与一日生活、教学活动、课程发生联系。在教育实践中，课程与游戏联合的常见方式便是将游戏作为一种工具，在组织教学活动时增加游戏环节，将枯燥的知识形象化、生动化。摇身变成幼儿喜爱的形式，在这里，游戏是作为一种工具存在的，可谓"课程在前，游戏在后"，游戏是为实现课程的价值而存在的，但游戏自身的教育价值却被忽略了，游戏与课程并没有本质上的内在联系。

游戏具有自主自愿、真实体验、积极情感、开放性等多种特质，而这些恰恰是游戏的精神所在，也是幼儿园课程所追求的特质。幼儿园课程需要将游戏精神贯穿始终，在课程实施过程中，始终追随幼儿的需要、兴趣，关注幼儿在活动中的主体地位，使得课程真正顺应儿童发展与需求，尊重儿童，理解儿童，激发儿童积极投入课程的热情和主动性。游戏精神贯穿课程，使课程充满活力和生命力。因此，游戏与课程的融合，不仅是作为一种形式、手段、工具的方式融入，更为重要的是游戏精神与幼儿园课程的融合，其背后反映的是一种精神文化的融合，这也将拓宽游戏与课程融合的形式和内容。

值得注意的是，单纯关注游戏精神在教学活动的渗入，容易造成只停留在理论层面的重视，而缺少具体可操作层面的指导。因为游戏精神是一个相对空洞的词汇，只有理念上的指导，但是没有可以依靠的参照，这对幼儿教师的教育实践提出了挑战性。

（二）农村幼儿园区域活动设置的现状分析

区域活动的设置是指幼儿园活动室内外区域活动种类的设置，由于农村幼儿园通常将室内区域活动作为课程实施途径，因此本研究中主要针对室内的区域进行统计分析。幼儿园常见的活动区域有图书区、建构区、角色扮演区、美工区等。幼儿园设置区域种类时，需要考虑班级空间、幼儿人数、教育目标等多方面的因素。农村幼儿园活动室内区域设置见表2-21。

表2-21　农村幼儿园活动区域统计表

园所	班级	总数	区域名称
L幼儿园	小班	6	娃娃家、建构区、手工区、生活区、图书区、自然角
	中班	5	美工区、图书区、自然角、建构区、益智区
	大班	6	海底捞、自然角、棋类游戏、图书区、幼小衔接区、美工区
H幼儿园	小班	4	益智区、表演区、建构区、图书区
	中班	4	建构区、图书区、益智区、自然角
	大班	5	建构区、美工区、图书区、自然材料、生活区
M幼儿园	小班	5	益智区、娃娃家、美工区、建构区、图书区
	中班	4	美工区、图书区、建构区、益智区
	大班	6	图书区、扎染区、建构区、小学模拟区、自然角、编织区
D幼儿园	小班	5	益智区、娃娃家、美工区、建构区、图书区
	中班	5	美工区、图书区、建构区、益智区、生活区
	大班	6	图书区、建构区、扎染区、种植区、手工区、益智区

班级区域设置的数量并没有统一的规定，是根据每个班级的人数、空间场地、教育目标等多方面因素而制定的。在调研过程中发现，每个班级的幼儿人数为30~35人，仅有1所幼儿园的在园人数为25人。根据每个区域可容纳4~6人，每个班级区域设置的数量可为6个左右。从表2-21

统计可以看出，每个班级区域活动设置的数量在 4~6 个，所以从数量上来看，农村幼儿园活动区域的数量基本能满足幼儿开展区域游戏的需求。尽管有些班级数量偏少一些，但是这些班级个别区域设置空间较大、可容纳的幼儿人数较多，如 D 幼儿园中班的建构区提供了较多材料，将集体活动区域作为建构区，可容纳的幼儿人数较多，所以在区域游戏中不会出现拥挤的现象。

从教育目标来看，《幼儿园工作规程》中明确提出"幼儿园的任务是：促进幼儿身心和谐发展"。幼儿园教育活动应该促进幼儿德、智、体、美等方面全面发展，虽然没有明确规定幼儿园区域活动属于哪一类别，但是每个区域活动都会有所侧重，如图书区、建构区侧重智育，美工区、表演区侧重美育，角色扮演区侧重德育，体育的实现一般是通过户外活动区。从上面各个班级活动区域类型的设置来看，农村幼儿园活动区域基本能满足促进幼儿全面发展的需求，特别是个别班级比较侧重智育的培养，如 H 幼儿园中班设置了建构区、图书区、益智区、自然角 4 个区域活动，突出强调了智育的发展，但是忽略了美育和德育的培养。

从区域种类与课程的关系来看，幼儿园课程相对划分为健康、语言、社会、科学、艺术五个领域，各领域之间是相互渗透的，但是每个领域都会有知识的侧重点。幼儿园区域活动作为课程实施的重要途径，区域活动的类型必然会与五大领域之间有密切联系，如图书区与语言领域、美工区与艺术领域、建构区与科学领域、角色扮演区与社会领域等，不同区域活动类型的设置有助于满足幼儿园课程的实施。农村幼儿园常见的区域有图书区、自然角、建构区、美工区等，从数据和表格中可以看出，农村幼儿园区域活动设置与幼儿园五大领域之间基本匹配，能满足幼儿园课程实施的需求。但也存在重语言、美术、科学领域，缺少社会领域和音乐活动的设置。M 幼儿教师表示，"我们幼儿园要求每个年级都有不同的侧重，中大班的幼儿都不太适合玩角色扮演类的游戏了，我们一般会在小班设置""幼儿在玩角色扮演类的游戏时很容易重复游戏，总感觉可玩的情节比较简单，对幼儿的发展价值有限"，可以看出角色扮演类游戏在农村幼儿园中出现的频次较少，幼儿教师并没有意识到其对幼儿发展的价值。

值得注意的是，农村幼儿教师在设置活动区域种类时，会考虑到年龄阶段的需求，将其与幼儿园课程发生联系，这主要体现在大班活动区域类型的设置中。2个大班活动室内均设置了幼小衔接相关的活动区域。2022年全国学前教育宣传月的主题是"幼小衔接，我们在行动"，各省市教育行政部门高度重视幼小衔接工作，教育行政部门的助推使得幼小衔接成为每个幼儿园工作的重点，农村幼儿园也深受其影响，积极响应并在实践中落实科学幼小衔接工作。

（三）主题活动背景下游戏材料的投放分析

幼儿园区域活动投放的材料既有常规性材料，如美工区经常会投放橡皮泥、各种类型的纸张、颜料、剪刀等，建构区会投放大小积木、雪花片等；也会根据主题活动的内容随时更换部分材料，如当主题活动为"春天"时，幼儿园美工区投放一些树枝让幼儿装饰，会让幼儿制作春天的花瓶等，在图书区会投放与春天有关的图书。对农村幼儿园进行调研时发现，农村幼儿园区域活动投放的常规材料具有较高的相似度，农村幼儿园活动区域常见的材料如下所述。

1. 建构区

在建构区中，幼儿利用多种材料搭建各种造型，进而掌握了拼接、镶嵌、穿插等技能，结合自身对周围建筑、车辆等观察，将自己对这些事物的印象投射在搭建的造型中，可以说在游戏中，幼儿将现实印象和想象充分地结合在了一起。在调研农村幼儿园活动区域投放的材料时发现，建构区的材料可以归纳为三类，一类是可以进行垒高、架空、围栏等搭建的大小积木（图2-7）；二类是可以进行穿插的塑料材料，如雪花片、长管等（图2-8）；三类是废旧材料的利用（图2-9）。

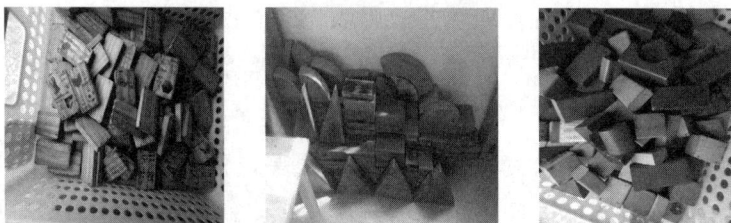

图2-7 积木

图 2-8　穿插类材料

图 2-9　废旧材料

2. 美工区

美工区是幼儿园常见且投放材料较为丰富的区域，幼儿在美工区可以进行绘画、装饰、折纸、剪纸、泥工等活动，既能提高幼儿的审美感受能力和表现力，还能锻炼幼儿精细肌肉动作的发展。幼儿对这一区域充满了热情，通过对各种材料的随意搭配，新颖而又夸张的造型跃然纸上，幼儿感到神奇而又惊喜。调研农村幼儿园发现，美工区的空间场地不太大，但是美工区的材料却是最丰富的，常见的材料和工具有折纸、画纸、橡皮泥、马克笔、油画棒、剪刀等，除此之外，还有一些面具、矿泉水瓶等，让幼儿体验立体造型之美，也会以提供绳子、毛线、茅根等，让幼儿自由编织，以锻炼幼儿的精细肌肉动作（图 2-10 至图 2-13）。

图 2-10　常用材料

图 2-11　立体造型

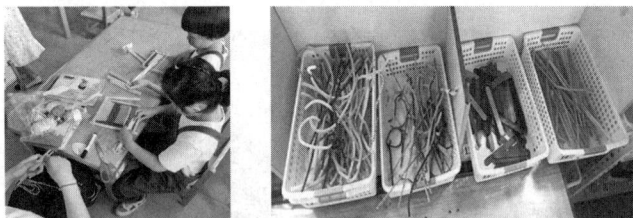

图 2-12　编织类型

图 2-13　自然与废旧材料

农村幼儿园绳类材料比较丰富，这往往成为该班级的特色课程。由于绳类游戏需要一定的技术支撑，幼儿刚开始接触时需要教师的引导，熟悉了制作方法后，幼儿可以根据自己的喜爱，自由制作。值得一提的是，调研中的 2 所农村幼儿园的美工区出现了与主题活动相关联的材料，如在立体造型材料中出现的粽子造型，便是在开展了主题活动"端午节"之后，在美工区投放了相关材料让幼儿自由描绘粽子，这时区域活动与主题活动发生了关联，有助于巩固幼儿对端午节的认识。

调研中发现，农村幼儿园区域材料中也常见自然与废旧材料的投放，较多幼儿园会将自然与废旧材料投放到美工区，也有 2 所幼儿园在建构区和户外活动区中投放了部分自然材料。整体来看，美工区常见的自然与废旧材料主要有小木棒、盛放鸡蛋的盒子、玉米棒、水果包装、小石头、纸盒子等，这些材料放置在美工区，对其进行装饰，或将其作为手工材料进行操作。然而，这些材料属于低结构材料，可以有多元化的操作方法，但幼儿教师往往只看其中某一功能，却忽略了让幼儿自主探究多种玩法的机会。在对这部分材料收集的途径进行访谈时，多数幼儿教师表示是将其作为任务让家长带来的，还有1所幼儿园表示是因为在园门口有一个废旧材料收集箱，家长可以随时将废旧材料投放到箱子里，但是时间长了，这个收集箱往往是空的，没有家长愿意在里面投放材料。在与幼儿教师共同反思其原因时，幼儿教师一致认为平时工作中没有让家长看到这些废旧材料在幼儿园中是如何使用的，没有让家长体验到成就感和这些材料的教育价值，因此打击了家长的积极性。

3. 益智区

益智区也是农村幼儿园常设置的一个活动区域，益智区主要是在桌面上开展的，幼儿在操作的过程中智力得到开发，知识得到了增长，将抽象、单调的知识具体化、形象化、趣味化，在愉悦的氛围中学习了知识。农村幼儿园益智区投放的材料主要有各类棋类游戏材料、与年龄段所要学习的知识有关的材料（图2-14至图2-15）。

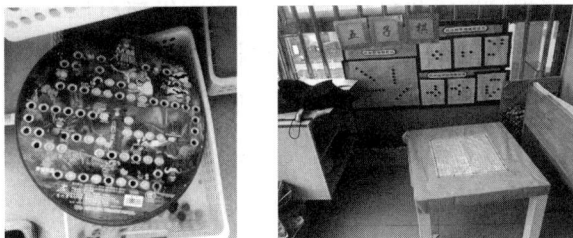

图 2-14　棋类游戏

图 2-15　各类型益智材料

农村幼儿园益智区中棋类游戏是在大班开展的，幼儿教师认为，大班幼儿的抽象思维发展起来了，智力水平有一定的提高，能遵守规则，已经具备了开展棋类游戏的条件，而且棋类游戏有助于开发幼儿智力，农村幼儿教师比较认同大班幼儿开展棋类游戏的价值。其他益智区材料多是与数学有关的知识，幼儿教师根据各年龄阶段幼儿所需掌握的知识，自制游戏材料供幼儿使用。

4. 自然角

自然角在农村幼儿园每个班级里都能看到，可以看出农村幼儿教师对自然角的重视。随着科学技术的进步，人们生活的空间似乎在缩小，人们越来越喜欢在网络上工作或休闲，即使生活在农村的幼儿，他们与周围自然接触得也越来越少；虽然周边生长了很多自然植物，但对他们来说却很少有时间和机会去接触。幼儿与自然环境接触得太少，使得幼儿对自然缺少敬畏之感，感官的发展也受到了限制。这一理念也深受幼儿教师的认可，农村幼儿园不仅在园内种植了各种植物，还会将动植物"搬"到教室内，让幼儿种植植物、饲养动物，以随时观察与记录，发展幼儿的观察能力，使幼儿了解植物的生长过程，认识动物的生活习性，进而培养幼儿热爱自然的情感。从农村幼儿园自然角种植的植物来看，主要有绿萝、多肉、大蒜、土豆、胡萝卜等，这些植物不具有致敏成分，比较容易养活，特别是大蒜、土豆的生长速度比较快，幼儿可以直接观察到其生长过程，还能进行土培、水培等，让幼儿感受到栽培方式的多样化（图2-16）。饲养的动物主要是乌龟、金鱼，这类型动物比较容易养活，没有特殊的气味和攻击性，深受幼儿的喜爱（图2-17）。

图2-16　动植物区

图2-17　植物观赏区

农村幼儿园会将自然角放置在活动室的某一角落，有的农村幼儿园会将自然角放置在靠窗的位置，以满足植物生长的自然需求，有的农村幼儿园会在活动室内专门开辟出一个区域，进行绿化布置，营造出一片"绿洲"的环境，可见农村幼儿园比较重视环境的创设。同时，每个自然角都设有观察记录表，每个班级观察记录表的样式略有差异，有的班级观察记录表为统一内容，幼儿只需在表格上找到对应内容画对号，有的表格格式统一但是内容需要幼儿自己填充，有的班级里的观察记录表只有一个表格，所有内容都需要幼儿自由记录。可以看出，农村幼儿教师极力发挥自然角的教育价值，利用观察记录表引导幼儿记录植物的成长过程，避免自然角成为摆设（图2-18）。

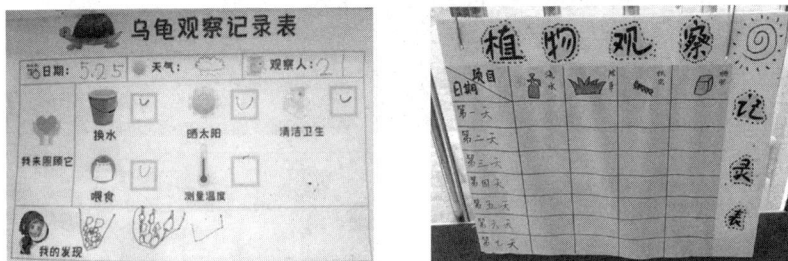

图2-18　观察记录

5. 图书区

图书区是农村幼儿园最为常见的区域，不论哪个年龄阶段的幼儿，其班级里面都设有图书区（表2-22）。图书区的主要功能在于培养幼儿阅读的兴趣，引导幼儿关注书面语言，了解图画与文字共同表达的意义，拓宽幼儿的知识视野。对于农村幼儿园来说，图书区似乎有着更为重要的意义。一位园长提到农村幼儿在家里阅读图书的机会较少，特别是留守儿童在家基本是没有人陪伴阅读的，然而阅读会影响人一生的发展，也会增大城乡儿童之间的差距。幼儿园要发挥补偿功能，在园期间让幼儿多接触书、接触好书。

表 2-22　各年级图书类型

年级	书名
小班	
中班	
大班	

　　从上表的图书类型来看，农村幼儿园图书区投放的图书种类较为丰富：有关于自我教育的书籍，如《我不怕打针》《我的选择我做主》《不可以歧视我》《不可以冤枉我》等；也有关于认知类的书籍，如《潜入大海洋》《恐龙系列丛书》《小心！有毒》《聪明的植物》等；也有关于对祖国的认识及爱国精神培养的书籍，如《我们的中国》《春茶》《刘胡兰的故事》等；还有关于班级的认识、与好朋友友好相处、亲情、情绪管理等各类书籍。多类型的书籍有助于促进幼儿的全面发展。但调查发现，在投放书籍时幼儿教师并没有将其与课程发生联系，也没有考虑到幼儿不同年龄阶段的差异，多是让幼儿自由从家里带来。

　　从图书区的环境创设来看，图书区仅有书架和图书，有 2 所幼儿园在图书区增加了一张桌子和一些纸、画笔，让幼儿在阅读图书之外，可以绘画图书内容或自制图书，但其他材料较少出现。在调研过程中发现，在区域活动时间内，自选图书区的幼儿数量较少，也有个别幼儿教师对此现象较为头疼。图书区比较安静，幼儿天生活泼好动，幼儿教师应该对图书区进行一定调整才能吸引幼儿，可以在图书区放置一些玩偶、头饰等材料，让幼儿阅读图书后，可以利用手偶或头饰与同伴一起扮演故事，也可以在图书区放置一些软垫等，增加阅读图书区的舒适度，还可以放置一盏台灯，可以调换不同光线，营造阅读氛围。

（四）农村幼儿园区域活动的特殊功能

农村幼儿园的特色课程在周计划表中并没有明确实施时间，多数是在区域活动时间开展，可以说，区域活动是农村幼儿园进行园本课程开发的重要途径。走进 M 幼儿园和 H 幼儿园时，园长介绍每个班级都会有自己的班本课程，有的班级是扎染课程（图 2-19 至图 2-21），有的班级是编织课程，还有的班级是美术课程，不同的班级有自己班级的特色。当提及这些班本课程如何实施时，2 所幼儿园教师均表示是利用区域活动时间，幼儿进行操作，教师随机进行指导，幼儿在操作的过程中体验到乐趣，在区域活动制作的各类作品可以与其他活动联合，在六一儿童节活动时进行义卖或者服装表演，将作品使其成为装饰品作为环境创设的一部分，让幼儿在各类活动中体验到成就感。

图 2-19

图 2-20

图 2-21

第三章
农村幼儿园课程实施的影响因素分析

一个课程的落地开花需要肥沃的土壤，在地化课程开发的主体是幼儿园管理者和幼儿教师，在地化课程实施的物质基础是财力支持、基础设施和地方资源，家长及相关政策的支持是在地化课程落实的保障，多方面的协调才能促进农村幼儿园在地化课程开发的高质量运行。因此，本章节将着眼于农村幼儿园课程开发的保障条件，在前期掌握农村幼儿园课程现状的基础上，进一步明确在地化课程实现的现实土壤，以便明确在地化课程在农村幼儿园实施的现实条件。

第一节　农村在地化资源的开发和利用情况

农村幼儿园在地化课程的有效开展需要地方资源的有效支持，农村幼儿园周围的资源是以物质形态或精神形态存在于幼儿教育之外的，只有经过幼儿教师的有效开发与利用，才能将潜在的资源转换为具有教育价值的课程资源。本章节从现状调研着手，诊断和聚焦农村幼儿教师课程资源开发中存在的问题，借以提出可行的教育建议，为在地化课程的开发明确重点和方向。

一、农村幼儿教师课程资源开发的现状

经过查阅资料，本研究将从课程资源认识、课程资源开发、课程资源利用三个方面展开论述，主要采用访谈法和观察法，访谈农村幼儿教师、园长对课程资源的认识，走进幼儿园各年龄段的班级，了解农村幼儿园开

发与利用地方资源的现状。

（一）农村幼儿教师对课程资源认识的现状分析

1. 农村幼儿教师对课程资源认识不充分

对课程资源的认识主要回答什么是课程资源、为什么进行课程资源开发等问题。通过调研发现，农村幼儿教师对课程资源的认识尚不清晰，农村幼儿园会邀请民间艺人走进幼儿园开展活动，也会带领幼儿园参观果园，还开展扎染、编织等系列活动，但当访谈时，幼儿教师普遍反映"不知道什么是课程资源，感觉课程资源很高深"。当幼儿教师缺少相关的认识，开发与利用课程资源便会成为幼儿教师的无意识行为，这种无意识行为并不会引起幼儿教师的反思，不利于对课程资源的充分利用。

在与幼儿教师交流后，课题组成员给幼儿教师讲解了课程资源的内涵。当让幼儿教师谈谈对乡土资源的认识时，农村幼儿教师更多的是例举了自然资源，认为乡土资源就是自然资源，并说明这些小树叶、小石子、玉米棒已经投放到了区域活动中，偶尔也提及了人文资源，但对于社会资源较少提及，即使他们已经开展了相关活动。

2. 幼儿发展成为课程资源开发的价值体现

在回答"为什么进行课程资源开发"这一问题时，8位幼儿教师均将课程资源开发的价值定位于促进幼儿的发展，"能帮助幼儿更好地认识周围环境，平时的活动很容易教师主讲，当课程资源引入后，就丰富了游戏材料，为孩子提供了一种具体情境，让孩子们可以自由探索和操作"。将课程资源开发的价值定位于幼儿发展是较为准确的，幼儿是课程实施的对象，但也是学习的主体，幼儿园教育活动的开展都应该以幼儿为主体，选择适合幼儿学习特点、易于被幼儿接受的方式和内容，这样能激发幼儿的主体地位。此外，还有个别教师提到，课程资源开发有助于幼儿园构建特色课程，该教师特别强调，"某某幼儿园就是注重课程资源开发，慢慢地就形成了自己幼儿园的特色，现在很多其他幼儿园都在向他们学习，名声就打出来了"。虽然这种观点存在一定的偏颇，但是，通过特色课程的建立，幼儿园能获得更多的财政和政策的支持，有利于整个园所的建设与发展，这也是农村幼儿园解决困境的有效对策。此外，课程资源开发的价值还在于促进幼儿教师专业素养的提高，但这一方面的价值，尚无人提及。

（二）农村幼儿园课程资源的开发情况

农村幼儿园课程资源开发是其利用的前提，课程资源开发指向的是对一切有可能促进幼儿发展，能与幼儿园课程、教学等发生联系的资源进行综合整理，幼儿教师通过梳理周围的资源，了解潜在的教育价值，以便在开展课程时能充分利用。

1. 对课程资源内容有了解但不深入

农村幼儿教师对课程资源的认识较为表浅，在谈及课程资源开发的内容方面，农村幼儿教师提及最多的是自然资源和人文资源，充分利用园长培训项目，对364名园长进行问卷调研，其结论显示：幼儿园开发自然资源和人文资源的均值分别为0.85和0.82。"我们比较重视幼儿的生活，生活中常用的一些废旧材料，我们对其进行装饰或改装，都会投放到我们的区域活动中。我们园所周围有很多的苹果树、葡萄树，我们也会带领孩子去观看，特别是田野里的小花，我们也领着孩子去观察"，农村幼儿园教师对自然资源的关注主要集中在对废旧材料的应用和周围植物的观察上，其他诸如气候、季节变换、动物资源等自然资源关注得较少。对文化资源的关注主要集中在民间艺术资源和民间游戏资源，但在访谈的时候，也出现一种情况，就是研究者在调研幼儿园课程时发现课程中有一些扎染、剪纸、编织等艺术资源，但是幼儿教师对课程资源开发时，不会提到这些资源，往往将课程资源定位于周边的自然资源，可见农村幼儿教师对课程资源开发的范畴认识较为偏颇。

通过解释农村幼儿园课程资源的内涵和范畴后，再让幼儿教师谈谈所知道的课程资源时，农村幼儿园教师会集中在对某类资源名称上的认识，"我们菏泽牡丹较为有名气，每年都会举办牡丹节，可以纳入课程资源。我们周围是田野，田野里有丰富的植物，也可以成为课程资源""我们园孩子的家里很多都是做木工的，一些木块可以拿到幼儿园，也可以邀请家长来给我们园展示做木工的过程，还有很多民间游戏都行，但是其他的内容，都不太了解"。从与教师的交谈中可以感受到，农村幼儿园教师能提出部分课程资源，但是对课程资源的范围和内容了解得较少。例如，牡丹是菏泽一张亮丽的名片，但幼儿教师对牡丹的认识仅停留在这是我们的文化、牡丹花什么时候开、来菏泽哪里看牡丹、牡丹特产等方面的认识，但对牡丹故事、牡丹种类、牡丹书画、牡丹诗歌较少了解。因此，即使幼儿园组织牡丹的课程，也只是停留在画牡丹和了解牡丹特产方面，其他方面的内容较少开发，粗浅的认识导致幼儿教师对课程资源的开发不自信。

在如何获得这些课程资源知识方面，农村幼儿教师提及最多的便是生活经验的积累，而对于这些课程资源方面的知识其他获取途径，往往是在职前培训中，传统的课程体系缺少相关教学内容，农村幼儿教师缺少获得系统知识的机会，职后培训也较少有相关内容的涉及，幼儿园教师也没有主动调查和查阅资源的意识和能力，导致农村幼儿教师对课程资源开发的认识较为薄弱。

2. 课程资源开发主体较为单一

幼儿园课程资源开发主体应该是多元的，既可以是幼儿教师，也可以是家长，还可以是社区工作人员，多方面人员之间相互合作、共同开发，避免"唱独角戏"。在调研幼儿园课程资源开发主体时，农村幼儿教师普遍反映家长是最好的合作伙伴，会充分调动家长参与的积极性，也能意识到社区工作人员可以参与到课程资源开发，但是往往不会利用，感觉与这部分人员缺少交流的机会。造成这一现象出现的很大原因是幼儿教师居住在城市、而在农村上班，这种"异地"生活方式，导致幼儿教师对本村或周围工作人员、周围环境了解较少，便少了对这一课程资源主体的认识。另外，还有少数教师认为，农村幼儿园的留守儿童较为普遍，看护儿童的主体是爷爷奶奶，所以与他们之间的沟通往往存在一定的问题，幼儿教师不会主动将其作为课程资源开发的主体。

（三）农村幼儿园课程资源的利用情况

课程资源的利用是指将开发的课程资源与教育活动相结合并进行实践。从前期对城市、乡镇、农村幼儿园"课程资源评估"方面来看，35.1%的城市幼儿园会进行评估课程资源，而乡镇中心幼儿园和农村幼儿园评估课程资源的比例分别为26.5%、20.6%，可以看到城乡幼儿园之间课程资源评估具有差异性。

1. 社会资源的利用方式分析

社会资源的内容非常丰富，既包含家长、社区工作人员等人力资源，也包含建筑场所等资源。经过访谈，幼儿教师将家长参与课程的形式划分为两大类，一是提供材料，二是参与活动，其中，提供材料出现的频次最高。幼儿教师会邀请家长提供区域活动材料，家长也会跟随课程的开展动态提供材料，以保障活动的有序开展。家长在参与活动方面，最常见的方式便是视频打卡。部分农村幼儿园非常注重家园合作，会每月定期开展亲子活动，而在这些亲子活动中，较多内容是跟随课程的推进而开展的，让家长走进幼儿园直接参与活动，但是家长走进课堂、进行辅助教学的方式偏少。

农村相关人员参与幼儿园课程的方式集中在三个方面，即提供资源场所、提供材料、直接参与幼儿园活动。直接参与幼儿园活动的频次最多，农村相关人员有农民、木工、裁缝等拥有各种技能的人，幼儿园会邀请村庄人员给幼儿现场展示各种技能；提供资源材料的方式也较为常见，但这往往是幼儿园要求的，也仅有少数幼儿园能意识到。中国农村是一个人情网络的集中地，幼儿园园长往往与当地居民较为熟悉，园长会利用自己的关系，将他们不用的材料投放到幼儿园中，或请求他们给予技术帮助。例如，H幼儿园资金支持不足，园长认识村里一个做木工活的人，便将其剩余的边角料经过加工和处理，放置到建构区，还专门邀请他们将其制作成积木。提供资源场所的方式不常见，农村提供的场所与城市有较大差别，一般集中在田野，带领幼儿参观或收获果实，其他场所并没有被利用。

2. 自然资源的利用情况分析

自然资源包含的内容较为丰富，农村幼儿园拥有的自然资源主要集中在田野，其他诸如水资源、矿产资源、森林资源等自然资源与地理环境有关，田野这一自然资源往往与其持有者相关，所以在自然资源和社会资源分析中会有重合分析的部分内容，但两者分别有侧重点。

在访谈中，对于自然资源的利用，农村幼儿教师提到最多的词汇便是"参观""秋游""采摘""制作游戏材料"。另外，通过观察幼儿园发现，自然资源经常会被用于环境创设，因此，可以将自然资源的利用分为三大类，分别为制作游戏材料、环境创设、参观游览。农村幼儿园对自然资源的利用主要集中在前两者，由于资金问题和现代教育理念对自然材料的重视，每所农村幼儿园的区域活动中都能看到自然材料，最常见的是树叶、树枝、小石头和玉米棒，农村幼儿教师认为这些资源比较常见，而且玩法多样，比较受欢迎。

在环境创设方面，只有部分幼儿园会利用自然材料，大部分幼儿园不会直接利用，"自然材料比较容易枯萎，需要经常更换"。农村幼儿园环境创设的更换周期较长，自然材料便出现了劣势，所以在环境创设中利用的频次较低，但也并非说农村幼儿园不注意自然资源。在走访观察的时候发现，为了便于保存，农村幼儿园会利用纸质材料代替自然材料而制成艺术品，农村幼儿园墙面上绘有二十四节气的图画，画面内容便是自然资源。"我们有时也会利用自然材料，主要是跟随课程而有变化，如我们有一次开展"蔬菜"主题活动，让幼儿带土豆来幼儿园，进行艺术创意展示，随后将幼儿创作的作品放置在走廊的窗台，作为环创的一部分"。可以看出，自然资源的利用还与主题活动的开展有关联。另外，还有一种情况出现的频次较少，仅在 1 所幼儿园出现。课题组成员与该园保持长期联系，该园一楼的环境创设始终以自然材料为特色，每个班级的门口上面都用麻绳、芦苇等装饰，但在最近调研时发现该园环境创设大变样，将全部的自然材料移除了。与园长交流时，发现是因为园长参加各类培训后，接触到了专家提倡的 1.2 米以上的墙面不用进行环境创设的理念，于是园长提出相应改革，走廊墙面上部留白，1.2 米处展示幼儿作品和教师制作的艺术品，园所自然材料便无迹可循。

3. 文化资源的利用分析

在访谈的 10 位幼儿教师中，有 7 位幼儿教师明确表示在班级里会开展扎染、编织民间美术活动。在观察幼儿园课程实施现状中发现，5 所农村幼儿园中有 4 所幼儿园都将开设的扎染、编织课程作为特色课程，并将其在区域活动中呈现，可以看出民间美术活动受到农村幼儿园的欢迎。"扎染的捆绑对孩子来说一开始有一定的挑战性，我就引导幼儿、示范给他们看怎么捆，慢慢地他们就非常熟练，孩子玩扎染可以随意涂抹颜色，欣赏颜色的多变，也可以用扎染作品装饰环境，我们户外有个专门的扎染区，都是用孩子们的扎染作品来装饰的""我们给孩子提供了许多编织的材料，你看看，孩子可以用编织做发卡，可以做胸针，还是用来装饰很多东西，今年过六一的时候，我们就用编织做了很多小饰品，让幼儿义卖，效果非常好"。可以看到，民间美术虽然有时会有一些技巧性的要求，但是也有幼儿自由发挥的地方。幼儿教师通过多样化的活动，感受到传统文化的魅力及其对幼儿发展的影响，所以经常会开展相应活动。研究者认为，民间美术之所以受到农村幼儿园的重视，并愿意开展系列活动，可能的原因是整个社会对民间艺术的重视，农村幼儿教师认同民间艺术的教育价值。另外，在民间艺术中，民间美术较受欢迎，其原因是幼儿教师通过简单的学习便能掌握民间美术的技能，且作品具有可操作和可见性，幼儿比较喜欢操作，且能将其展示给家长看。

受到幼儿园欢迎的文化资源是民间游戏。民间游戏的开展不需要太多的材料，一个空间、一支粉笔便可以开展跳房子游戏，一根绳就能开展多种类型的游戏活动，对于资金较为紧张的农村幼儿园来说，民间游戏是较为受欢迎的活动。在观察的 5 所农村幼儿园中有 3 所幼儿园有民间游戏活动，常见的民间游戏主要有跳房子、跳绳、丢沙包等。农村幼儿园民间游戏是在户外活动时间开展的，有 2 所幼儿园是分年龄阶段开展，这是由于受场地的限制，会分年级组让幼儿轮流玩民间游戏；1 所幼儿园采用混龄方式，鼓励年龄大的幼儿带领年龄小的幼儿玩，使得民间游戏的玩法更加多样。

整体来看，农村幼儿园非常重视文化资源的开发和利用，但是从利用的方式来看，每一项文化资源都是作为一次次单独的活动出现的，活动与活动之间并没有联系，各活动呈现碎片化状态，还称不上是民间艺术课程。另外，农村幼儿教师对文化资源的开发与利用不足，"文化资源包含哪些内容，我们大概能理解一些，但是并不是每个农村都有资源，就像剪纸、年画等这些技能懂的人很少，甚至找不到，而且现在这些文化氛围也不浓，感受不到村庄里有什么显著的文化"。可以看到，城镇化的影响已经渗透到农村人的生活，民间艺术在农村缺少了生存环境。虽然有些农村幼儿教师普遍反映这个问题，但是经过走访调研发现，有些地方有民间艺术资源，但是幼儿教师生活在城市，且缺少相关调查，并没有意识到资源的存在，如在走访定陶区幼儿园时，定陶区有一个皮影戏的传承人，该传承人经常在小学开展活动，但是当地幼儿教师并不知道该资源的存在。

二、农村幼儿园课程资源开发和利用出现的问题

经过前期的调研发现，农村幼儿教师已经对在地化课程资源进行了开发，并在区域活动、户外游戏、环境创设等方面进行了实践，也让农村幼儿园教师感受到了地方课程资源对幼儿发展的重要影响。但是农村幼儿教师对课程资源的开发停留在表层，对各类课程资源的利用往往关注到一次次活动，但缺少对活动与课程关系的思考。

（一）农村幼儿教师课程资源开发与利用的意识有待提高

农村幼儿教师对课程资源融入幼儿园的教育价值比较认同，但走访调研中发现农村幼儿园较少利用资源，其中一个重要原因便是对课程资源认识的表浅。农村幼儿教师对课程资源的范围和内涵把握的不准确，窄化了课程资源的内涵，对课程资源范畴的偏颇导致在开发和利用方面，仅关注到某些类型课程资源，却忽视了对幼儿有价值的整体环境构建。对课程资源不清晰的认识，也会导致幼儿教师在思考地方资源融入幼儿园时，认为周围环境没有什么特色，也就没有开展相关活动，这样就使得许多地方资源没有被充分利用。

（二）农村幼儿教师课程资源开发与利用的能力亟须增强

在课程资源开发方面，由于农村幼儿教师对各类课程资源认识较为粗浅，往往只关注自己熟悉的内容，而缺少对课程资源系统而深入的认识，以至于将课程资源融入幼儿园课程，也会只关注到教师理解的常见知识，但是缺少情感的培养、缺少系统的设计。同时，农村幼儿教师对生活中偶然的教育契机不关注，出现课程资源和幼儿生活"两张皮"的现象。另外，农村幼儿教师会将自身作为课程资源开发的唯一主体，在课程资源开发时会遇到各种问题，单一的主体难以有效解决各类问题，导致农村幼儿教师感受到课程资源开发很难，自身能力有限，对课程资源开发出现畏难心理，进而影响到教育实践。

在课程资源利用方面，农村幼儿教师采取的方式较为单一，只关注到了资源材料的支持，但有效利用的程度却不高，如自然资源内容丰富，但幼儿教师往往只关注到材料投放和环境创设。而且在实施过程中，幼儿教师是主体，缺少幼儿的参与性，更缺少对自然材料的深入挖掘，难以将自

然资源和课程发生联系。

(三) 农村幼儿园对课程资源的开发缺少系统规划

农村幼儿园对教师缺少课程资源开发的培训，农村幼儿教师职前对课程资源开发的接触较少，幼儿园的教研活动较多集中在教学活动，而缺少对课程资源的讨论，在课程资源开发时仅靠生活经验，而缺少系统调研，幼儿园也没有形成学习共同体以支撑教师开发课程资源，最终导致课程资源开发较为片面且流于形式。农村幼儿园对如何开发课程资源、开发哪些课程资源等都是以幼儿教师自愿为主，幼儿园较少从园所层面统筹规划，难以保障课程资源的有效利用。

三、对在地化课程资源开发与利用的启示

针对上述出现的问题，结合农村幼儿园的实际状况，下面将从教师培训、制度建设、构建平台三个方面提出有效解决策略。

(一) 加强对农村幼儿教师的培训

幼儿园课程资源开发具有较强的专业性，农村幼儿教师缺乏系统的课程资源理论学习，因此，要加强对幼儿教师的各项培训：从培训方式来看，可以构建"市—区/县—乡镇—区域"四级培训，采取网络培训和线下培训相结合的方式，以满足幼儿教师全员参与培训的要求；在培训内容方面，一是要加强国家教育政策方面的解读，让农村幼儿教师了解乡村振兴战略的内容和重要意义，明确把握课程资源开发的重要性，了解国家教育政策对园所因地制宜开展活动的鼓励，对幼儿园内外资源调动的支持，了解课程资源开发也是践行学前教育相关文件精神。二是要加强幼儿教师对儿童观、幼儿学习、幼儿园课程、游戏等相关理论的学习，让农村幼儿教师充分了解当前学前教育的理论知识，明确幼儿的学习方式，从理念上意识到课程资源开发与新时代课程理念保持高度的相关和一致，让幼儿教师明确理论与实践的关系，尝试运用理论分析实践。三是优秀案例解读，这一内容侧重实践案例，给幼儿教师可供参照的案例，让其明了课程资源开发的流程和路径，开阔幼儿教师视野，让幼儿教师清晰理论与实践的联系。

（二）健全相关制度建设

课程资源的开发不应流于形式，而应作为幼儿园课程建设中常态化的工作，有效的制度建设为课程资源开发提供了保障和支持。这里所指的制度应包含课程资源开发制度和激励制度两方面内容。

一是课程资源开发制度的建立，使农村幼儿教师明确了行动的方向和内容。虞永平教授指出"应在幼儿园的课程建设制度中规定课程资源挖掘和利用的主体、资源范围、使用空间、储备和更新要求和评价指标等，使这项工作有依据、有保证、有制约力量"①。农村幼儿园开展课程资源开发时应明确开发主体，形成以幼儿教师主体、家长与乡村专业人士多方参与的局面；应构建课程资源整理、分析教育价值、分类汇总、教育活动形成、教育活动反思等程序化的课程资源开发流程，让农村幼儿教师明确课程资源整理和实施的流程，保障课程资源有效开发和利用；应尝试建立评估机制，对课程资源开发过程随时评估，引导幼儿教师反思自身教育实践。

二是激励制度的建设。课程资源开发对农村幼儿教师而言是一项系统而烦琐的工作，不正确的认知会将课程资源开发作为一项额外工作看待。幼儿园可以建立展示平台，选拔优秀教师并让其讲述自己的课程资源开发故事，培养幼儿教师对课程资源开发的认同感。转变教师考核内容，将单纯的观摩授课转换为多元化考评，将课程资源开发作为考核的一项内容，有助于提高农村幼儿教师参与课程资源开发的积极性，促进课程资源开发常态化。

（三）构建课程资源分享平台

农村幼儿园师资力量有限，开发所有的课程资源不切实际，特别是农村幼儿园教师人数偏少，不利于课程资源的开发。而同一区域内的农村课程资源往往具有普适性，可尝试构建以区域为主的课程资源联动共同体，建立网络资源平台，每所农村幼儿园将其资源整理和汇总后，呈现在网络平台中，供区域内所有园所共同借鉴和使用。不同园所开发课程资源的种

---

① 虞永平. 幼儿园课程资源挖掘和利用的问题及解决思路 [J]. 早期教育（教育教学），2020（10）：4-6.

类、构建的教育活动思路不同，为区域内各个园所提供了不同的路径和策略，有利于农村幼儿园资源开发工作的有序开展。区域共同体可定期开展参观展示、教研等活动，园所之间相互点评，明确自身在课程资源开发中存在的问题，尝试构建今后的课程资源开发方向和策略，保障课程资源开发的高效进行。

第二节　农村幼儿园人员层面的影响

农村幼儿园在地化课程构建与高质量实施的关键在于教师和园长。在地化课程的开发和实施是一种自下而上的模式，并没有完善的课程方案照搬，需要课程实施者根据实际情境灵活地采取适宜实施方案。在前面的章节中已经对幼儿教师的基本情况进行了分析，本章节将重点分析教师认同感和幼儿园园长的胜任力，以此深入了解课程实施的影响因素，为构建在地化课程方案提供现实条件的支撑，以便在地化课程方案建立在现有问题和条件基础之上。

一、幼儿教师对课程改革的认同感

"认同感"从字面意义上看，是个体表达出的一种积极的态度，将其放置在教育领域，意味着教师需要对当前的教育改革持一种积极的认同态度，并在现实生活中践行，这便是幼儿教师的认同感。历史上，课程经过了多次变革，有时也会以失败而告终。当人们反思课程变革时，认为教师是课程变革的阻力，然而"常被视为是失败而无能的教育人员，被迫接受许多外来的改革方案。面对这些强加于自身的改革，教师在百般无奈中学会了对改革的冷漠和抗拒"[①]。课程方案的完美并不代表一定对实践产生较大影响，许多完美的课程方案并没有考虑到实践者，将一线教师排除在外，致使幼儿教师并未走进课程的构建，一直徘徊在课程理念和方案之外，在践行课程方案时得不到有效指导，最终只能对课程变革产生抗拒的

---

① 张嘉育.学校本位课程改革 ［M］.台北：冠学文化出版事业有限公司，2002：49.

心态。

幼儿教师对课程改革的认同感会影响到课程实施的效果。当前幼儿园课程开发主要以《3～6岁儿童学习与发展指南》为指导，到目前为止，该文件已经颁布了11年，但农村幼儿教师对《3～6岁儿童学习与发展指南》的理解和实践情况如何，本研究将选取数学认知这一内容，分析农村幼儿教师课程改革认同感的现状。

（一）研究对象

本研究从正在实施园本课程的3所农村幼儿园中选取30名幼儿教师，之所以选择实施园本课程而非在地化课程，是因为表述的需求和现实情况。对于农村幼儿园来说，园本课程的开发与在地化课程的构建在流程和思路方面具有相通性，两者的表述不一致，基本的指导思想存在较大的相通性，另外，目前调研的农村幼儿园知道园本课程，但没有听过在地化课程，即使他们的课程实践正是在落实在地化课程，也仍然认为他们是在实践园本课程，因此，为了清晰表达，这里将使用"园本课程"一词，选取的被试基本信息见表3-1。

表 3-1　被试信息统计表

属性	维度	人数	占比/%	属性	维度	人数	占比/%
任教班级	小班	13	43.3	教龄	5 年以下	16	53.3
	中班	8	26.7		6～10 年	11	36.7
	大班	9	30		10～20 年	3	10
学历	中师	3	10		20 年以上	0	
	大专	5	16.7				
	本科	22	73.3				

从上表中可以看出，3所农村幼儿园的教师学历多为本科，所占比例为73.3%，而专科及以下的人数为8人，所占比例为26.7%。由于近年来，农村幼儿园的新建园和改建园的规模与数量不断增长，新入职的幼儿教师大都去填充农村幼儿园的空缺位置，因此农村幼儿教师的学历逐渐提

高，这也从教龄中可以看出，5 年以下教龄的幼儿教师为 16 人，所占比例为 53.3%，而教龄 10 年以上的仅有 3 人，所占比例为 10%。

（二）研究工具

本研究选取杨馥嘉编制的问卷进行调查①，该问卷是依据李子建的"改革认同感"问卷改编而来。问卷分为教师认同感状况和教师对《3~6岁儿童学习与发展指南》的建议和期望两部分，其中教师认同感状态划分为五个维度，即基本态度、行为意向、主观标准、行为评价和感受到的支持。题型有单选题、多选题和排序题，以深入调查农村幼儿园对《3~6岁儿童学习与发展指南》数学认知领域的态度及行为倾向。

（三）幼儿教师对课程改革的认同感现状分析

1. 对数学领域的基本态度分析

《3~6岁儿童学习与发展指南》中从数学目标和教育建议两部分论述了数学领域的内容，在分析幼儿教师对数学领域的态度时以此为依据，从整体态度、目标内容的态度和教育建议的态度三个方面展开（见表3-2）。

表3-2 教师对数学领域的态度分析

项目内容	最小值	最大值	均值	标准差
整体态度	2.75	5.0	3.9	0.70
目标内容的态度	2.5	5.0	3.8	0.69
教育建议的态度	3.0	5.0	4.3	0.58

从上表中可以看出，农村幼儿教师对数学领域的整体态度、目标内容的态度、教育建议态度的均值分别为3.9、3.8、4.3，在3分（中立态度）和4分（态度积极）之间有两项，说明农村幼儿教师对数学领域的整体感觉和目标内容的态度不是很积极，而对教育建议的态度比较积极。

（1）对数学领域的整体态度

《3~6岁儿童学习与发展指南》中明确了数学领域的基本精神，并提出了各年龄段幼儿的典型表现和教育建议，以期为幼儿园教师提供可操作

---

① 杨馥嘉. 教师对中国《3~6岁儿童学习与发展指南》认同感研究——以数学认知领域为例[D]. 重庆：西南大学，2014（5）.

的指标。自2012年国家颁布该文件以来，幼儿教师对此文件已有了初步的认识，从数据中可以看出农村幼儿教师对该文件整体上比较认同，然而在不同维度上存在一定的差异（表3-3）。

表3-3　农村幼儿教师对《3~6岁儿童学习与发展指南》整体态度的具体维度分析表

内容	非常不同意人数、占比/%	不同意人数、占比/%	基本同意人数、占比/%	同意人数、占比/%	非常同意人数、占比/%	均值
将数学作为子领域	0	0	9 (30)	11 (36.67)	10 (33.33)	4.0
分年龄段描述幼儿的数学学习行为	0 (0)	0 (0)	4 (13.33)	14 (46.67)	12 (40)	4.3
设定的目标可以评价幼儿数学学习的标准	0 (0)	4 (13.33)	11 (36.67)	7 (23.33)	8 (26.67)	3.6
使用的语言十分浅显易懂	0 (0)	1 (3.33)	11 (36.67)	10 (33.33)	8 (26.67)	3.8

从上表中可以看出，幼儿教师比较认同分年龄阶段描述幼儿的典型行为，这样便给了幼儿教师以可操作的"抓手"，便于幼儿教师设计不同年龄阶段的教育活动。然后通过与教师访谈发现，农村幼儿教师并未真正把握各年龄阶段的基本要求，"有些目标比较容易理解，但有些目标太宽泛，不知道如何实现，有时知道目标是什么，但是不知道怎么用"，所以还需要进一步帮助农村幼儿教师解读文件精神，通过案例分析、观摩研讨等方式让农村幼儿教师了解目标在教育实践中的运用。农村幼儿教师认同将数学作为一个独立的子领域，这可能也受我国长期来数学作为主要学习内容的现实影响，也便于幼儿教师在实践中操作。从使用的语言来看，农村幼儿教师认同语言浅显易懂的比例为60%，基本认同和不认同的所占比例分别为36.67%和3.33%。可见，幼儿教师认同语言不是晦涩难懂，便于理解文件的基本表达内容。

对于目标可以作为评价标准这一选项均值为3.6，有13.33%的农村幼儿教师不认同，36.67%的幼儿教师基本认同，60%的幼儿教师比较认同，可以看出绝大多数教师比较支持，但是还有小部分教师不认同。《3~6岁儿童学习与发展指南》已经明确提出该文件中只是对各年龄阶段幼儿的发展提出了合理期望，切忌用一把尺子衡量所有幼儿，但是在教育实践中，部分幼儿教师却把目标表述作为了解幼儿年龄阶段发展要求的唯一指标，没有完全领悟文件精神。

（2）对目标内容的分析

对目标的分析主要是从合理性、难易度及代表性内容进行分析的，具体内容见表3-4。

表3-4　目标内容分析表

内容	非常不同意人数、占比/%	不同意人数、占比/%	基本同意人数、占比/%	同意人数、占比/%	非常同意人数、占比/%	均值
目标设定合理	0（0）	0（0）	6（20）	14（46.67）	10（33.33）	4.1
目标在于解决生活中的问题	0（0）	0（0）	6（20）	13（43.33）	11（36.67）	4.2
目标在于为入小学做准备	3（10）	10（33.33）	4（13.33）	7（23.33）	6（20）	3.1
要求幼儿掌握的知识难度比较适中	0（0）	2（6.67）	7（23.33）	12（40）	9（30）	3.9

从上表中可以看出，认同目标设定合理的均值为4.1，超过4分（态度积极）的状态；认同目标制定的难易度适中的均值为3.9，幼儿教师比较认同数学的目标在于解决生活中的问题。农村幼儿教师较为认同数学领域目标的制定，特别强调让幼儿感受到数学有用的重要性。"目标是为进入小学准备"这一选项的均值仅为3.1，选择"不同意"选项的所占比例为33.33%，选择"非常不同意"的所占比例为3%，选择"基本同意"的所占比例为13.33%，而选择"同意""非常同意"的所占比例分别为23.33%和20%，但较多的农村幼儿教师并不认同该观点。近年来，国家出台了各项教育措施，力图解决幼儿教育"小学化"的倾向，各级教育行政部门加大了防止"小学化"的宣传和监督力度，使得不能"小学化"的思

想深入人心。但是，农村幼儿教师似乎并不理解"小学化"的实质内涵，简单地将教知识作为小学化指标，该选项题干是为小学做准备，部分农村幼儿教师便将为小学做准备等同于"小学化"，因此较多的教师选择了"不同意"。可见，理念和教育政策的制定与其落实之间具有较大的差异，在教育实践中幼儿教师容易出现"非此即彼"的两极对立现象。

（3）对教育建议的分析

教育建议主要从态度和生活情境视角分析幼儿教师的态度。从数据（表3-5）中可以看出，农村幼儿教师比较认同创设生活情境来学习数学和在生活中培养幼儿的数学兴趣，其均值分别为4.5、4.4，可以说幼儿园教师在教育实践中非常关注数学与生活之间的联系，强调让幼儿在生活中感受到数学的有用和有趣，这与当前的教育理念保持高度一致，可谓生活化数学教育深入人心。农村幼儿教师认同教育建议有帮助的均值为4.0，幼儿教师普遍认为提出的教育建议具有可操作性，对教育实践具有指导意义，但仍有23.33%的教师对其态度低于理论值3分（中立态度）。

表3-5　教育建议的内容分析表

内容	非常不同意人数、占比/%	不同意人数、占比/%	基本同意人数、占比/%	同意人数、占比/%	非常同意人数、占比/%	均值
教育建议对教师有帮助	0（0）	1（3.33）	6（20）	13（43.33）	10（33.33）	4.0
通过创设生活情境来引导幼儿学习数学	0（0）	0（0）	1（3.33）	12（40）	17（56.67）	4.5
日常活动中关注幼儿数感和数学兴趣的培养	0（0）	0（0）	4（13.33）	11（36.67）	15（50）	4.4

2. 幼儿教师对数学领域的行为意向

这里提到的"行为意向"是指幼儿教师在学习《3~6岁儿童学习与发展指南》后，能否将其理念运用到教育实践，能否与他人分享该理念等（表3-6）。

表3-6　幼儿教师对数学领域的行为意向统计表

内容	第一位 人数、 占比/%	第二位 人数、 占比/%	第三位 人数、 占比/%	综合得分 人数、 占比/%
为幼儿创设生活情境下的数学问题	17（60.7）	3（10.7）	3（10.7）	7.27
提供充足且恰当的操作材料	2（7.1）	17（60.7）	4（14.3）	6.7
组织数学游戏活动	3（11.1）	3（11.1）	15（55.6）	6.07
将数学知识引入幼儿其他领域的活动中	2（8）	0（0）	1（4）	4.67
积极参与《指南》的园本课程开发工作	4（16.7）	1（4.2）	0（0）	4.4
将《指南》作为评价幼儿数学发展情况的标准	0（0）	4（16）	1（4）	3.5
向同事分享按《指南》开展数学教育活动的经验	0（0）	0（0）	3（12）	2.97
联系幼儿一日生活中的各种行为表现来评价幼儿数学认知的发展	2（7.7）	1（3.9）	0（0）	2.73
在周例会上提出依照《指南》开展数学教育活动的建议	0（0）	1（4.4）	2（8.7）	2.37

从上述调研数据中可以看出，"为幼儿创设生活情境下的数学问题""提供充足且相当的操作材料""组织数学游戏活动"是农村幼儿教师在教育实践中践行理念的主要行为意向，82.1%的农村幼儿教师将"为幼儿创设生活情境下的数学问题"和"提供充足且相当的材料"排列在前三位，77.8%的农村幼儿教师将"组织游戏活动"排列在前三位，其中，60.7%的幼儿教师将"为幼儿创设生活情境下的数学问题"排在第一位，60.7%的幼儿教师将"提供充足且相当的操作材料"作为第二位，55.6%的幼儿教师将"组织数学游戏活动"作为第三位。可见，让幼儿在生活中学习、在操作中学习、在游戏中学习的理念已经深入人心，幼儿教师已经尝试将这些理念贯彻到具体教育实践中。

"在周例会上提出依照《指南》开展数学教育活动的建议""向同事

分享按《指南》开展数学教育活动的经验""将《指南》作为评价幼儿数学发展情况的标准"选项得分偏低，这与让他人分享教育经验以利于接收多方面的信息，形成践行教育理念的氛围不符。农村幼儿教师在会上讨论《指南》的机会较少，致使部分教师并未完全领悟文件精神，导致在践行《指南》精神时发现各种问题。"联系幼儿一日生活中的各种行为表现来评价幼儿数学认知的发展"选项得分偏低，其原因在于农村幼儿园并未开展与评价有关的活动，在幼儿园教育活动中更加关注如何组织活动、选择适宜内容，但是活动后的效果并没有相应的指标体系去衡量，农村幼儿教师也缺少这方面的意识和能力，基本上是"活动结束就结束了"。缺乏活动后的反思和评价不利于教育活动质量的提升。自 2022 年国家颁布了《幼儿园保育教育质量评估指南》以来，引导幼儿教师要追求高质量的学前教育，对幼儿行为、对教育活动的评价逐渐成为幼儿教师日常工作的重要组成部分。在此背景下，农村幼儿教师如何评价幼儿和教育活动也成为亟须解决的重要问题。

3. 农村幼儿教师对数学领域的主观标准

主观标准是指个体所持有的行为期望，以及个体行为是否符合行为期望的准则和依据。本次调查参照杨馥嘉的划分标准，将幼儿教师对数学领域的主观标准划分为幼儿教师持有的数学领域的理念和教育实践中所反映的数学教育理念两部分来分析，具体情况见表 3-7。

表 3-7　幼儿教师对数学领域的主观标准统计表

选项	赞成占比/%	践行占比/%
A. 为幼儿数学学习创造生活情境	76.67	100
B. 游戏是幼儿数学学习的主要途径	90	83.33
C. 为幼儿提供丰富的可操作的材料	90	93.33
D. 重视幼儿数学兴趣和数感的培养	86.67	83.33
E. 将数学教育融入幼儿的一日生活	86.67	76.67
F. 教学方法上以教师的演示示范为主	36.67	36.67
G. 以幼儿数数、计算等数学基础知识技能的获得为主	36.67	23.33

从上表中可以看出，农村幼儿教师对《指南》中关于数学的理念较为认同，90%的幼儿教师赞成给幼儿提供丰富的可操作的材料和将游戏作为幼儿数学学习的途径，86.67%的幼儿教师赞成应重视幼儿数学兴趣和数感的培养和将数学教育融入幼儿的一日生活的做法，幼儿教师比较认同数学学习在游戏、操作和生活中开展，转变了之前单纯重视计数的错误观念，可以说农村幼儿教师的教育理念发生了新的转变。结合对幼儿教师自身行为的调研，研究者发现了一个意外现象，理论上应该是理念指导行动，但是从农村幼儿教师填写的数据来看，对"在游戏中学数学""在操作中学数学""在生活中学数学"理念的贯彻落实比实际观念所得分更高。为了解决这一困惑，研究者随机挑选了农村幼儿教师进行访谈。"《指南》中指出，要让幼儿感受到数学的有用和有趣，其实不光是数学领域，现在幼儿园都提倡生活教育、游戏化的组织，特别是自主游戏的开展。我们园有很大一部分时间都是让孩子自己在区域里玩，老师就利用孩子玩的这段时间制作了很多关于数学的玩具，让幼儿去操作。其实游戏和生活中的教育确实是做了很多，但是在做的时候我们也有一个困惑，那就是孩子在这种方式中到底学到了多少"。由于国家对农村幼儿教育的高度重视，农村幼儿教师有了培训和教研的机会，经常性的学习让他们了解到了当前学前教育的理念和相关政策精神，但是在实践中的一些困惑并未得到解决，他们只是在实践中自己摸索，因为问题未得到解决，所以对理念也是持一种观望的态度。

4. 践行数学领域理念的行为动机

行为动机指的是幼儿教师赞成或践行数学教育理念背后所认可的价值，本研究从对幼儿发展、提升自身专业能力、得到上级认可、获取家长支持等几个方面进行了调研（表3-8）。

表3-8　幼儿教师践行数学领域理念的动机分析表

选项	综合得分	第1位	第2位	第3位	第4位	第5位	第6位	小计
发展幼儿的数学认知能力	5.73	23 (76.67%)	6 (20%)	1 (3.33%)	0 (0%)	0 (0%)	0 (0%)	30

选项	综合得分	第1位	第2位	第3位	第4位	第5位	第6位	小计
提升我的专业能力	4.37	7（26.92%）	14（53.85%）	4（15.38%）	1（3.85%）	0（0%）	0（0%）	26
得到家长的支持	2.97	0（0%）	5（20.83%）	7（29.17%）	12（50%）	0（0%）	0（0%）	24
减轻幼儿的负担	1.63	0（0%）	3（16.67%）	2（11.11%）	6（33.33%）	1（5.56%）	6（33.33%）	18
二从上级获得表扬	1.4	0（0%）	1（7.14%）	7（50%）	1（7.14%）	1（7.14%）	4（28.57%）	14
减轻我的负担	0.93	0（0%）	0（0%）	0（0%）	1（7.14%）	12（85.71%）	1（7.14%）	14

从数据中可以看出，践行《指南》数学教育理念的动机是发展幼儿的数学认知能力，综合得分最高，为5.7，约100%的幼儿教师赞同该行为动机，并将其排列在前三位；96.2%的农村幼儿教师将提升自身的专业能力作为前三位，综合得分为4.4；50.1%的幼儿教师将得到家长支持的观点排列在前三位，综合得分为3.0，但无一人将其排列在第一位。除此之外，"减轻幼儿的负担""获得上级的表扬""减轻教师的负担"等选择的人数较少。农村幼儿教师普遍将幼儿作为教育活动的主体，教育活动的最终受益者指向幼儿发展。在与幼儿教师访谈时，农村幼儿教师普遍表示，职业的幸福感来源于幼儿的发展，看到幼儿在活动中的能力不断提高很欣慰。随着社会对学前教育质量发展的需求越来越高，对幼儿教师的专业要求也逐渐提高，高质量的师资队伍是实现高质量学前教育的关键，农村幼儿教师显然已经关注到了自身专业素质发展的需求。农村幼儿园存在竞争的压力，特别是随着城镇化的推进，伴随潮流去县城入园的幼儿较多，留在农村入园的孩子数量越来越少，这无疑对农村幼儿园的生存产生了较大影响，因此，农村幼儿园也较为关注能否得到家长的支持。

5. 农村幼儿教师感受到的外部支持

外部支持是农村幼儿教师在践行教育理念时得到的周围环境的支持。这里的支持既包括园内领导、同事之间的支持，也包含教育行政部门、家长等方面的支持；既有经验分享、交流培训等理念上的支持，也有参考资料等资源上的支持（表3-9）。

表3-9　行为支持各选项分析表

题目/选项	非常不同意占比/%	不同意占比/%	基本同意占比/%	同意占比/%	非常同意占比/%	均值	标准差
有经验教师的建议	0	0	16.7	46.7	36.7	4.20	0.7
幼儿园提供资源支持	0	3.3	10	53.3	33.3	4.17	0.7
幼儿园举办培训交流	0	3.3	10	53.3	33.3	4.17	0.7
园长重视	0	0	6.7	40	53.3	4.47	0.6
教师氛围	0	3.3	10	50	36.7	4.20	0.8
教育行政部门支持	0	0	10	56.7	33.3	4.23	0.6
教育专家支持	3.3	0	20	40	36.7	4.07	0.9
家长支持	0	0	20	36.7	43.3	4.23	0.7
出版机构支持	0	0	30	36.7	33.3	4.03	0.8
师资培训	0	0	23.3	40	36.7	4.13	0.7

从上述表格中可以看出，农村幼儿教师感受到的各项支持均值都在4分以上，高于理论值3分，说明农村幼儿教师能感受到园内外各方力量的支持，这也从侧面反映出农村幼儿园对该文件政策的重视，会经过经验交流、会议等方式让幼儿教师明确教育改革的趋势和学前教育的基本理念。从均值来看，农村幼儿教师感受到园长的重视得分最高，均值为4.47，说明农村幼儿园领导高度重视《指南》的文件精神。在与园长交流时，园长认为该文件是农村幼儿教师提高教育质量的"抓手"，甚至每年都会组织一次理论学习考试，让幼儿教师背诵《指南》并完成考核，因为不论是自主游戏还是园本课程的建构都是在践行该文件精神，农村幼儿教师专业素养有待提高，通过这种方式，可以让幼儿教师快速掌握各年龄阶段、各领域的基本要求，以保障农村幼儿教育的质量。

其次，农村幼儿教师感受到的支持是"家长支持"和"教育行政部门支持"，所得均值均为4.23。农村幼儿园面临生源压力，特别关注家长对幼儿园的态度，随着家长的年轻化趋势，现代信息技术的发达，农村幼儿家长越来越支持幼儿园的教育理念，这为幼儿教师践行文件精神提供了外部支持。教育行政部门较为关注学前教育各项文件政策的落实情况，经常在全区范围内开展集体教研会议、观摩活动，也会开展优秀案例评选、优质课评比等活动，通过各项活动的开展、参与，让农村幼儿教师深刻感受到落实《指南》政策的重要性，了解到落实教育政策的路径。

在农村幼儿教师感受到的外部支持中，"出版机构支持""教育专家支持""师资培训"这三个选项得分最低，所得均值分别为 4.03、4.07、4.13。整体来看，农村幼儿教师对这三个选项内容也是持积极乐观的态度，但相对其他选项，这三个方面给予的支持力量稍显薄弱。出版机构也出版了一些文件解读、数学领域相关的书籍，如《3~6 岁儿童学习与发展指南案例式解读》《幼儿园数学领域教育精要》《数学领域关键经验》《学前儿童数学发展学习与发展核心经验》等书籍，在学前教育期刊中也会呈现数学活动案例。在走访幼儿园时，发现农村幼儿园基本没有供教师参考阅读的相关文献资料，阅览室仅有绘本供幼儿阅读，幼儿教师更多的是在小红书、微信公众号中了解其他园所经验，他们也不知道如何在中国知网、万方等期刊中查询优秀案例和教育经验分享。在"专家支持"方面，农村幼儿教师认为专家离自己幼儿园很远，高校教师更多的是从事理论研究、实践调研，较少参与到具体活动设计，当高校选取幼儿园作为教研基地，幼儿教师能明显感受到高校教师对本园课程的引领，但这种引领很多时候停留在幼儿园管理层面，具体的一线教师较少与他们直接面对面接触，所以感受到的支持相对来说，比较少一些。在师资培训方面，近几年面向农村幼儿教师的培训机会逐渐增多，每年都会有省市区级等不同层次的培训，但是每次参与培训的幼儿教师相对来说比较集中，经常听园长说到，"幼儿园教师能参与的培训还是挺多的，特别是一到放假时间，培训会更多，但基本上都是集中在个别教师，其他幼儿教师没有机会参与"。但是每个幼儿园都会有自己园所的培训，特别是现在线上会议逐渐增多，有时园长也会让全体教师集中学习。

6. 影响农村幼儿教师践行数学教育理念的因素

影响农村幼儿教师践行数学理念的因素诸多，本研究将从园内因素和园外因素两方面来分析。园内因素包含园所氛围、培训课程、园长态度、园所提供的资源等，园外因素主要有家长态度、教育行政部门、媒体宣传、专家指引等因素。通过调研发现，综合得分位列前四位的分别是园内践行《指南》的氛围（6.6分）、相关培训课程的开展（6.37分）、园长的态度（6.1分）、家长对数学学习的态度（5.27分）。75.1%的农村幼儿教师将园所氛围列为影响因素的前三位。园所氛围的形成有助于幼儿教师之间相互学习、相互分享经验，在这种环境中幼儿教师很容易融入实践队伍，这也对幼儿园的管理者提出了具体建议。在访谈时也发现，农村幼儿教师特别好学，他们非常渴求掌握系统的课程开发理论，在开发和建设园本课程时，总希望找到相关理论支撑，但是由于自身学历所限，所拥有的理论知识有限，他们对自己的教育实践充满了疑惑。调研数据显示，55.2%的农村幼儿教师认为师资培训课程是影响数学理念落实的重要因素，将其列为影响因素的前三位。72%的幼儿教师将园长的态度作为前三位的影响因素，其中排在第一位的所占比例为52%，园长在会议中多次强调、在实践中鼓励和支持幼儿教师践行《指南》，增强了帮助幼儿教师践行《指南》的信心，园长的积极态度会让整个园所的考核制度、评价标准、物质支持等都有所倾斜，会给予幼儿教师较大的精神和物质上的支持。

在综合得分中，排最后三位的分别为出版机构提供的教学参考资料与教具、社会媒体及教育专家的宣传、教育专家等的亲临指导与交流，所得均值分别为2.43、2.87、3.23。这些因素全部是幼儿园的外环境，可以看出农村幼儿教师比较关注园内因素的影响，园外因素更多地涉及幼儿园管理者层面，他们直接感受到的影响要少一些，与上面他们感受到的支持是保持一致的（表3-10）。

表3-10　影响幼儿教师践行数学教育理念因素的统计表

	综合得分	第一位	第二位	第三位
园内践行《指南》的氛围	6.6	5（17.86%）	12（42.86%）	4（14.29%）
相关教师培训课程的开展	6.37	1（3.45%）	7（24.14%）	8（27.59%）
园长对《指南》的态度	6.1	13（52%）	3（12%）	2（8%）
家长对幼儿数学学习的态度	5.27	4（14.81%）	2（7.41%）	8（29.63%）

	综合得分	第一位	第二位	第三位
教育职能部门的重视	3.8	3（12%）	1（4%）	2（8%）
幼儿园提供所需的教师专业书籍与设备	3.4	2（8.7%）	1（4.35%）	1（4.35%）
研发者、教育专家等的亲临指导与交流	3.23	1（4.55%）	3（13.64%）	2（9.09%）
社会媒体、教育专家的宣传	2.87	1（4.35%）	0（0%）	0（0%）
出版机构提供的教学参考资料与教具	2.43	0（0%）	1（4.55%）	2（9.09%）

（四）对实施在地化课程的启示

通过对农村幼儿教师课程改革认同感进行分析，可以发现农村幼儿教师较为认可数学领域的教育理念，对幼儿"在游戏中学习""操作中学习""生活中学习"的理念深表认同并在教育实践中践行该理念，这为农村幼儿园在地化课程的构建和实施打下了良好的基础，也为本研究构建在地化课程方案提供了可参考的建议。

1. 在地化课程方案应具体明确

在调研农村幼儿教师对《3~6岁儿童学习与发展指南》的贯彻情况及态度时，农村幼儿教师明确表示该文件中的教育建议具有可操作性，提出的各年龄阶段特征具有指导意义，这也影响着农村幼儿教师对该文件的认同感，这与《指南》出台的背景有一定的关系。但是通过本次调研发现，农村幼儿教师更多的是从理念上理解该文件精神，对于一些具体的建议或目标表述理解得不深入，有时不知道在实践中如何落实，甚至在实践中会出现错误的认识，例如《指南》中对幼儿在各年龄阶段典型行为的认识，该文件明确表示切忌用一把尺子衡量所有孩子。但是在教育实践中，幼儿教师可能认为教学目标是教育活动中必须实现的一环，因此要求所有幼儿都必须达成目标，虽然幼师有时也会对目标的难易度产生怀疑，进而影响到幼儿教师对课程改革的认同感。因此，在今后课程方案的构建中首先要注意在地化课程理念的宣传，让农村幼儿教师牢牢把握住在地化课程的基本理念、整体框架、实施路径，从理念上认同在地化课程。其次要制定在地化课程操作手册。在地化课程方案的构建要结合具体的教育实践，提出不同路径下具体的实操案例，以便农村幼儿教师理解在地化课程方案的内容，明确在不同情境下在地化课程的多种实施方式。最后，在地化课程方案构建专家要参与到农村幼儿教师的集体教研中，让农村幼儿教师看到在地化课程理念在实践中落实的过程，因为"看得见"的学习有助于幼儿教师反思自身教育实践，助推在地化课程落地生花。

2. 提升教师专业素养以助推在地化课程的实践

从历次课程改革来看，由教育行政部门助推的自上而下的课程改革失败的主要原因是没有充分调动幼儿教师参与到课程开发与建设中，因为幼儿教师是教育实践质量高低的关键影响因素。而研究者在实践调研中发现，农村幼儿教师普遍表示自己对《指南》文件的理解不充分，自身专业素养亟须提升，对一些教育建议和目标内容的表述也是处于一知半解的状态，在践行的过程中会采取文件中提出的策略，但是也往往停留在表面，更加注重形式化，而非实质内涵，因此会出现幼儿教师认为自己在践行各种方法但是并不赞成该方法，因为农村幼儿教师不能从外在形式中看到幼儿的学习行为，看不到幼儿的发展，这就需要提升农村幼儿教师的专业素养，引导幼儿教师参与到在地化课程方案的构建。其实，《3~6岁儿童学习与发展指南》中给予了幼儿教师较大的参与权，该文件的目标表述和教育建议具有全国普适性，这就要求每所幼儿园教师都应根据自己园所可利用资源、幼儿发展状态、外部支持等多方面因素，灵活地、因地制宜地开发与建设自己的园本课程，但这无疑对幼儿教师的专业素养提出了更高的要求，也是农村幼儿教师在落实文件政策时会退缩的原因。

在地化课程是一种自下而上的课程开发模式，需要农村幼儿教师的全程、全方位参与。在地化课程从开发到实践再到反思与完善，应该赋权给农村幼儿教师，而前提是注重提升农村幼儿教师的专业素养，具体策略可包含以下几个方面：一是集体教研。鼓励实施在地化课程的农村幼儿园，每周定时定点定人开展在地化课程方案研讨，为了调动所有幼儿教师的积极性，每次教研的主持人可发生变化，让每位幼儿教师都有机会分享自己的课程故事，感受到在地化课程中幼儿的变化和能力，感受到教师专业引领的重要性。二是鼓励园所教师每月共读一本书。学习是个体不断完善自己的有效途径，学习的过程是不断发现问题、解决问题的过程，农村幼儿园可以在园内建设一个"图书吧"，给幼儿教师学习提供保障。另外，在共读一本书时，幼儿教师要结合自己的教育实践，反思书中提出的各种观点和建议，进而反思自己的教育实践。这种理论与实践相结合的方式，有助于帮助农村幼儿教师形成系统的学前教育理论知识，助推在地化课程的有效落实。当然书籍的选择要紧扣在地化课程的需求，儿童观、教育观、乡村教育、环境教育、文化教育等多方面的书籍，有助于拓宽幼儿教师的视野。三是助推农村幼儿教师成为研究者。《幼儿教师专业标准》中明确提出，"针对保教工作中的现实需要与问题，进行探索和研究"，但在现实中，农村幼儿教师认为研究是很高大上的事情，远离自己的教育实践，不敢尝试开展教育研究。为此，实施在地化课程可以鼓励农村幼儿教师进行微课程研究，选择实施方案中的某一个小问题开展讨论，提出解决的方案，帮助农村幼儿教师厘清研究过程，培养幼儿教师参与研究的兴趣和能力。另外，高校教师也可以与农村幼儿教师合作开展研究。

3. 积极获取外部支持以促使在地化课程有效实施

农村幼儿教师对课程改革的认同感受园长的态度、园所氛围、课程培训、家长态度等外部条件的影响较大，充分地利用这些条件有助于在地化课程的有效实施。

首先，园长应转变管理方式，重视在地化课程的实施，将积极态度和制度化措施相结合。在地化课程是一种自下而上的课程开发模式，也意味着幼儿教师要参与课程开发与实践的整个过程，园长要转变"一言堂"的局面，赋权给幼儿教师，让他们有发言权、决策权，在在地化课程的开发与实施上拥有自主权，在幼儿教师开发课程遇到困难时要给予其鼓励和支持；同时，要完善原有的幼儿园考核制度、评比内容，让幼儿教师切实感受到在地化课程受到园所的重视。

其次，幼儿园应构建交流平台以促进教师间相互学习。园所的氛围能够潜移默化地影响幼儿教师的教育实践，幼儿园应构建园所资源共享平台，平台可以是网络平台，幼儿教师可以定期上传收集到的在地化资源，设计在地化课程方案，录制幼儿行为和游戏过程，以及幼儿教师的活动反思等资料，供全园幼儿教师讨论和学习，也可以是线下展示平台，在幼儿园公共空间区域提供一个展示板，定期选出优秀案例供其他幼儿教师模仿和借鉴，同时通过集体教研的方式形成园所氛围，助力幼儿教师的专业成长和课程的有效落实。

再次，幼儿园应积极获取教育行政部门和专家的支持。教育行政部门可以给予政策、财政和宣传等方面的支持，农村幼儿园应适当地邀请当地教育行政部门工作人员到幼儿园参观，了解该园的课程理念及实施状况，让其充分了解当前农村幼儿教育面临的困境、做出的努力、下一步的工作计划，以便为教育行政部门制定本地区农村幼儿教育规划打下基础，使其对农村幼儿教育的支持更具有针对性，同时对该园课程做了宣传，让更多的幼儿园了解在地化课程的实施理念及园所发展，让园长和幼儿教师获得成就感和幸福感。教育行政部门应开展系统的师资培训活动，让更多的幼儿教师有机会参与各种类型的培训。专家应更多地给予专业上的指导，帮助农村幼儿教师切实地解决实践问题，农村幼儿园应主动与当地高校合作，也可以借助教育行政部门的力量与高校形成发展联盟，定期邀请高校教师参与到课程的开发过程中。

最后，幼儿园应积极争取家长的支持。农村幼儿园面临生源压力，入园人数会直接影响到园所的发展，在地化课程的实施应争取家长最大的认同。农村幼儿园应通过举办各类活动让家长了解当前学前教育的理念，了解幼儿的学习方式，了解幼儿在游戏、生活、操作中学习的价值，转变家长原有的观念，让家长认同当前理念，愿意参与到幼儿园各项活动中，不仅要给予家长参与各项活动的机会，更要赋予家长参与课程、教学的权利。只有充分调动家长的积极性，幼儿园课程实践的土壤才会更加肥沃。

二、农村幼儿园园长的胜任力

苏霍姆林斯基说，一个好的校长，就是一所好的学校。一个优秀的园长必能影响到幼儿园的发展，幼儿园在地化课程建设离不开优秀园长的领导。近年来学前教育受到党和国家的高度重视，幼儿园数量不断地扩充，新建园和扩建园的规模和数量在逐年增长，对园长专业素养的要求也越来越高。我国先后出台了《幼儿园工作规程》《幼儿园园长专业标准》等相关文件来规范园长的工作职责和管理权限，以提升园长的管理能力，其中，园长的胜任力研究为审视园长所应具备的品质提供了理论依据。

（一）农村幼儿园园长胜任力的现状研究

王贺立[①]在其博士论文中将幼儿园园长的胜任力划分为个人品质、管理品质、领袖品质和专业品质四个方面。个人品质又分为工作取向、灵活性、自我调控、自信心4个维度；管理品质分为关爱教师、关系建立、民主、团队领导4个维度；领袖品质分为预见力、监督控制、规划能力、成就导向4个维度；专业品质分为儿童取向、培养教师、学习精神、专业知识、反思5个维度。这些内容的划分为了解农村幼儿园园长的胜任力现状提供了理论依据。

1. 个人品质

个人品质是园长作为独立个体，其自身所具备的行为特性，主要分为工作取向、灵活性、自我调控、自信心4个维度。工作取向是指园长对待幼教事业的态度；灵活性是指园长与他人或团队工作时适应新环境的能力，或者根据活动实际情况随时调整工作的能力；自我调控是对自我情绪的调节能力；自信心是指对自己在工作中所做出的规划或行为充满了信心。在与园长访谈的过程中，园长提及最多的内容便是"工作取向"相关内容，"我非常热爱幼教这一职业，每次看到孩子幸福的笑脸，看到年轻老师的进步，我都感到非常幸福""幼教这一行业其实是非常辛苦的，基本上每天都需要加班，我经常在晚上七八点钟才能回到家，但是我非常喜欢这个职业"。这些访谈让研究者看到园长对幼教事业充满了热情，感受到园长每次谈到园所的发展时的热情洋溢，从话语和工作状态中能看出园长的积极态度。"幼儿园教师一般都没有什么问题，大家的工作氛围挺好，很少出现争吵什么的，主要是有时个别家长会因个人理解与老师发生争执，我需要去安抚教师和家长的情绪，我在幼教行业工作二十多年了，处理这些事情还是比较有经验的"。经验丰富的园长自我调控能力和灵活性比较强，他们能处理好各种冲突带来的一些不良情绪，也能看出经验丰富的园长对自己工作能力充满了信心，但是一些年轻的园长则对自己的规划能力、各种冲突的解决充满了担忧，认为自己还是没有足够的经验和能力去应对各种问题。

---

① 王贺立. 幼儿园园长胜任力：模型构建、作用及促进因素 [D]. 长春：东北师范大学，2022.

2. 管理品质

园长作为幼儿园的领头人，需要处理好人、事、物等多种要素的协调与管理，在与园长访谈时重点是从关爱教师、关系建立、民主、团队领导4个维度展开的。在谈及"民主"相关内容时，由于目前农村幼儿园的财务制度、膳食制度等都是公开透明的，所以这方面园长普遍提及的比较少，至于决策权力的民主，指的是少数幼儿园骨干教师会参与到幼儿园课程的规划和园所发展的规划。园长认为，"我们园老师发展水平差别很大，也不用全部教师参与，个别能力强的带领其他老师发展就行了"。访谈中的5位园长都非常关注团队建设和关爱教师，认为一个园所发展最关键的就是教师成长。为了促进园所教师整体专业素养的提升，园长一般采取梯队式发展，选取2名左右的卓越教师作为业务主任，带领全园发展，每个年级组派1~2名业务能力较为突出的骨干教师，由他们带领各年级组发展，每个班教师的配备基本遵循"老带青"的模式，促进不同层次的教师发挥各自力量。这种团队领导能充分调动幼儿教师的积极性，其管理模式基本为乡镇中心幼儿园所采用，但他们也面临一些挑战。在调研中，有1所幼儿园地理位置离市里较远，园长提道，"我们会挑选业务能力强的老师作为团队带头人，进行课程建设和规划园所的空间设计，但是好不容易培养起来，随着他们结婚生子，都会想着去市里住，就会找找关系，借助各种机会调走了，再来一批年轻老师，我们还得重新再培养，这个团队建设就是这样一直在建设中"。该园长表示了自己的无奈，地理位置的局限使得该园的团队建设一直在路上，不利于幼儿园教育质量的提升，这也需要引起相关教育行政部门在招聘新教师和调整教师岗位时做好相关政策保障。

在关爱教师方面，园长谈论的时间较长，调研的5位园长中有4位园长是女性。相对来说，男性园长更多地谈论给予教师较大的自主权和决策权，而四位女性园长则喜欢谈论关爱教师的话题，谈到与幼儿教师的关系时，园长表示自己就像母亲一样看着每一位年轻老师的成长（农村幼儿园年轻老师占多数），"有时年轻老师家里会有一些事情，我会主动地和他们交流，帮助他们调整情绪""年轻老师受到家长的影响较大，有时会有各种情绪，有时解决家长冲突的方法不对，我都会和他们交流方式方法"。园长不仅关心幼儿教师在专业方面的成长，也较为关注他们个人在生活中遇到的问题。女性园长在谈到与教师的关系时都表现出和蔼可亲，会主动关心教师的事业和生活中的成长。

3. 领袖品质

俗话说，"火车跑得快，全靠车头带"，一个优秀的管理者会合理地规划园所发展，对园所的发展有较强的预测能力，能制定合理的制度保障园所健康发展。从整体来看，农村园长的领袖品质亟须提高。调研的五位园长全部是由小学转岗而来，他们并非学前教育专业，对学前教育发展的预测及把握较为欠缺，除了其中1位园长能管理幼儿园业务发展之外，其他4位园长均表示业务发展全靠业务园长及业务主任，他们只负责管理制度与各方面的关系协调。所以，幼儿园发展只有初步的发展方向，而这个方向往往是临时决定的，"有一次参加会议，觉得生活教育理念挺好，加上我们现在的社会大环境，应该关注到幼儿的发展"。园长缺少统筹规划园所发展的能力，往往是一次参加培训学到了一些理念，便在幼儿园里开始实施，过段时间政策又提出一个热点话题，幼儿园再增加一项内容，每个活动的开展时间都不会太长，导致业务园长和业务主任工作较为繁忙。

园长的监督控制能力较强，他们非常重视幼儿园的安全管理工作，幼儿园户外设置设备的使用和维修制度、区域活动开展等各项事务责任到人。园长还会经常到班级里，查看是否存在各种安全隐患。每所幼儿园的教师考核制度较为完善，在查阅农村幼儿园档案资料时，能清楚地看到教师考核制度文件，"这些制度也是逐年在调整，以前非常重视技能，在考核时会设置技能展示，现在突出游戏案例分享，以适应大环境的转变"。这些考核内容也是征求园所教师团队的意见，逐年完善起来，能充分调动幼儿教师的积极性，同时要求幼儿教师加强学习，以不断提高自身素养。

4. 专业品质

专业品质主要凸显出园长作为一名教育者应有的角色担当。其主要内容包含儿童取向、培养教师、学习精神、专业知识、反思这五项内容。儿童取向是一种稳定的品质特征，这与性别、学历、专业、管理年限等不相关。调研的5位园长最常说的一句话就是"都是为了孩子嘛"，园长较为关心幼儿成长，经常在入园时与孩子打招呼、交流，走进班级里与孩子交谈，其中1名园长能叫出园里很多孩子的名字。在组织活动、环境创设、园舍规划时，园长最常提到也是为了孩子的发展着想。

培养教师主要是指园长有培养幼儿教师的愿望，愿意给予幼儿教师成长积极的指导。有研究者发现，培养他人是鉴别新手园长和专家园长的关键①，研究者与园长访谈时其结论基本与其保持一致，1 名园长具有较为扎实的专业知识和专业学习的热情，可算是专家型园长，较为关注对不同层次教师的培养，而其他 4 名园长工作年限也较少，加之专业所限，他们并非关注教师的培养，更多的是将培养教师的任务放给业务主任或业务园长，让其在团队建设中逐渐培养，也缺少相关的制度支撑。与此相关，园长的反思能力、学习精神、专业知识也是与园长发展所处的阶段有关系。国内外研究者将园长的职业发展阶段界定为三个时期，初任期、胜任期、专家期，不同时期园长的学习精神、专业知识、反思能力具有显著性差异。研究者在与幼儿教师访谈时发现处于专家型园长的人数较少，基本都在初任期或介于胜任期期间，幼儿园园长在反思能力、专业知识、学习精神方面亟须提升。

（二）对实施在地化课程的启示

1. 引导园长关注自身成长

园长自己的努力是其成长关键所在，在地化课程构建要运用各种方式激发园长的内源性发展需求。在调研中发现，园长的学习主要停留在参加培训活动和经验分享，较少通过阅读书籍、查阅文献资料等方式；可以鼓励园长制订一个学习计划，结合园所发展中出现的问题，选择相应的学习内容，并结合网络课程的学习，着力提升园长自身的专业知识，以充分发挥教育者的角色。园长也要加强反思，定期对自己的工作计划、园所规划、规章制度、团队建设等进行反思，以随时调整园所发展方案和课程发展的方向。园长也可以与其他园长交流、与一线教师交流、与专家交流，探讨在地化课程实施方面的困惑，综合多方面的声音调整自己原有的思路，以提出更为合理的园所发展方向和构建适宜的课程方案。

2. 构建园长成长平台

园长的成长离不开外部环境的有效支持，外部环境可以给予园长成长精神、制度和资源上的保障。园长的培训方案近年来才开始受到重视且日

---

① 雷妍. 上海公办幼儿园园长胜任力模型研究 [D]. 上海：华东师范大学，2014.

趋完善，这为园长发展提供了良好的学习环境。园长通过定期参与各项培训获得管理、心理、教育等方面的专业知识，增强了园长的胜任力。教育行政部门也应建立完善的评价制度和激励机制，帮助幼儿园园长明确自身存在的问题，探寻解决的方案，合理规划自身的成长。更为重要的是建立学习共同体，由教育行政部门牵头，分区域或分层次组建由园长、教研员、高校教师组建的学习共同体，帮助园长借助各种资源，学习各园所经验，以明确自身成长的方向。

3. 内外联动促园长成长

系统理论显示，单一的要素起着非常重要的作用，但是各要素之间关联、协调构成一个整体，将会发挥更大的作用。园长的成长需要激发内在自我发展的动机，也需要外在因素作为其落实的着力点，因此，实施在地化课程方案时，要尝试构建一个"内外联动机制"，既注重园长内在成长的需求，构建适宜的工作环境，也需要外部给予政策、制度、共同体的支持。

第三节　幼儿园文化层面的影响

一、幼儿教师文化的类型划分

哈格里夫斯从内容和形式两方面考察了教师文化。内容方面的教师文化指向在特定的范围内教师集体所特有的价值、信念、习惯等，这些内容通过教师所说、所做显现出来。形式方面的教师文化则通过特定范围内教师之间的人际关系模式和联系方式显现出来。哈格里夫斯从形式视角对教师文化展开了论述，将教师文化划分为四种类型，即个人主义文化、派别主义文化、自然合作文化、人文合作文化。个人主义是指教师羞于与同事合作和不愿意接受同事的批评，教师之间并没有合作共事的要求与习惯[①]。教师自然合作文化是教师在日常生活中自然而然地生成的一种相互开放、信赖、支援性的同事关系，自然合作文化和人文合作文化之间具有本质的

---

① 邓涛，鲍传友. 教师文化的重新理解与建构——哈格里夫斯的教师文化观述评 [J]. 外国教育研究，2005（8）：6-10.

差别。教师在具有自发性、自愿性、发展取向性、超越时空、不可预测的文化特征下，自然而然地发生了合作行为，这是一种自然合作文化。然而在实践中，合作文化会受到强制性因素的干扰，将自然合作文化扭曲为人文合作文化，通过特定程序规定教师之间相互讨论，以提升自身素养。派别文化是指整体教师划分为不同的团体，每位教师只为自己团体奉献，而不与其他团体之间交流。这些不同教师文化类型的划分，为分析农村幼儿园文化氛围提供了理论依据。

二、农村幼儿园文化的现状分析

从校内外资源开发与利用、园本课程的构建来看，幼儿园已经开始和他人进行交流，不再处于"个人主义文化"和"派别主义文化"的类型，已经走进"人文合作文化"类型，会主动与园内外相关人士交流，共同实践课程。但是，仅凭问卷法不能判断幼儿园是否已经进入"自然合作文化"的状态中，因为无论判断这种合作是教育部门或园长强制要求合作，还是幼儿教师主动与他人合作，因此，本研究采用观察法和访谈法了解农村幼儿园文化的真实状态。

通过调研发现，在哈格里夫斯描述的教师文化类型中，人文合作文化、个人主义文化和自然合作文化在农村幼儿园里都可寻见其踪迹，其中人文合作文化出现的频率最高。"如果推行学校本位课程仍然采取结构功能论的价值观，依循工学模式的发展历程，强调工具理性的手段与目的的关系，那么教育工作者肯定是从事着令人感到孤寂且无助的专业"[1]，幼儿园开发园本课程需要调动多人力量，形成教育合力，这样才能使得课程有效实施。农村幼儿园也会制定团队式的课程开发方案，这里的团队文化更多的是人文合作文化，即由农村幼儿园管理者根据年级需要或幼儿教师能力发展将其组建成一个小组，每个小组成员都承担不同的任务，以利于幼儿园课程方案的落实。在这种合作方式下，幼儿教师以被动执行任务的方式参与到课程开发与实施中，不能有效调动幼儿教师的积极性。"我们幼儿园是有合作的，园长提出要实施生活化课程，我们设计新的活动方案，

---

① 李子建，杨晓萍，殷洁. 幼儿园园本课程开发的理论与实践［M］. 北京：人民教育出版社，2009：136.

组织几个骨干老师开展研讨活动，每个老师都有自己的任务，但是与其他老师的交流比较少，因为平时都在带班，交流的机会比较少一些，很多时候就是见面打个招呼""幼儿园里女老师比较多，容易计较一些小事，也时常有一些勾心斗角的事"。可以看出，幼儿园想要形成相互帮助、团结的文化氛围也并非一件易事，管理者依靠行政指令让团队往往只有责任划分，而不能让幼儿教师感受到团队的归属感。

受教师性格等方面的影响，幼儿园也存在个人主义文化的现象。在访谈 M 幼儿园时，该园的管理者和老师一致认为本园的园所氛围较为宽松，幼儿老师想要做的事情，园所管理者会尽最大可能地提供帮助和支持。有时个别教师的性格较为要强且很独立，"开发课程时会有自己的想法，如果园长或业务主任提到的课程不适合我们，我就会和她辩论，我会有我自己的看法和计划"。可见，宽松的氛围给了幼儿教师自由的空间，每个教师都有自己的性格特征，形成了自己独特的文化类型。

农村幼儿园开发在地化课程需要教师形成团队，共同开发资源，构建课程方案，完善教育活动，但受幼儿园管理体制、人事关系、教师性别等多方面因素的影响，农村幼儿园教师缺少交流的机会，并未形成较为明显的合作共同体。因此，农村幼儿园在实施在地化课程时，应定时开展集体教研，该教研应尽可能吸收全部教师参与，不同教师根据年级或活动方案的制定有不同的小组，共同探讨方案的制定，并将谈论结果与他人交流和展示，让每位教师都感受到被尊重，体验到成就感；也可以由幼儿教师组建团队共同开展项目活动或微课题研究，在解决真实问题的过程中形成合力，构建良好的园所氛围。

第四节　幼儿园外部力量的支持

教育家苏霍姆林斯基曾提出："只有学校教育而没有家庭教育，或只有家庭教育而没有学校教育，都不能完成培养人这个极为细致、复杂的任务。最完备的教育是学校教育和家庭教育的结合。"可见，家长参与子女教育受到高度的关注。1990 年，英国学者布朗（Brown）撰文称，英国教育的发展正在进入"家长主义"的"第三波浪潮",即世界教育从 19 世纪末的第一波"大众化浪潮",过渡到 20 世纪前叶的"精英主义"浪潮,逐渐进入到一个孩子的教育越来越依赖家长财富和愿望,而非他们自己的能力与努力的时代①。可见,家庭、幼儿园、社区之间有效合作的路径探索与模式构建已成为当前教育的重要话题。

一、不同时期家园合作的不同模式

关于家园合作的内容和形式,我国关于幼儿园相关政策中一直以来都有论述,在不同时期,政策对家园关系的认识和职责要求各不相同。

单向服务:幼儿园是服务者,家长是福利享受者。中华人民共和国成立之初,百业待兴,社会急需大量劳动力开展社会主义建设工作,幼儿园在此期间承担起解放劳动力(特别是母亲)的职能。1952 年《幼儿园暂行规程(草案)》指出:"减轻母亲养育幼儿的负担,使母亲有时间参加政治生活、生产劳动、文化教育活动等。"随后《国务院关于工矿、企业自办中、小学和幼儿园的规定》《内务部、教育部、卫生部关于托儿所、幼儿园几个问题的联合通知》等文件进一步明确了幼儿园为家长参加工作提供便利的职责。此时,幼儿园类型出现多样化,如全日制、寄宿制、半日制等,幼儿园教育凸显出了社会职能,家园合作的重点是围绕着社会主义建设而展开。家长扮演着"福利享受者"的角色进一步确定。《幼儿园暂行规程(草案)》中还提出了"家长代表会"的形式,指出家长代表会的任务为协助园长进行园舍修建、充实设备以及改进园舍的工作,家长具有初步参与幼儿园管理的权利。家园关系在此期间基本确定为幼儿园为家庭教育服务,家庭是福利享受者,拥有更多的时间参与到社会建设、工作管理中。

双向联系:幼儿园是教育主体,家长是参与者。自党的十一届三中全会以来,我国进入以经济建设为中心的社会主义发展的新时期,城镇幼儿园继续承担起服务家庭的任务。受科教兴国战略方针及"优生优育"观念的影响,幼儿教育受到重视和社会关注,家园合作关系及家长在幼儿教育中的地位被重新梳理和关注。1979 年,教育部印发《城市幼儿园工作条例(试行草

---

① Phillip, B. The "Third Wave": Education and the ideology of parentocracy [J]. British Journal of Sociology of Education, 1990 (1): 65—86.

案）》明确提出幼儿园要注意同幼儿家长经常保持联系，帮助家长对幼儿进行正确的家庭教育。这一时期家长由福利享受者转变为"初级教育者"，家长初步参与到幼儿园教育工作中，更多的是配合幼儿园工作的开展。双方由之前的单向关系转变为双向互动关系。幼儿园也逐渐重视家长的反馈，听取家长的意见，通过家长了解幼儿的性格、能力、习惯等，认识到双方的相互理解和配合，更有利于幼儿的发展。

协同育人：双方合作伙伴关系建立。20世纪80年代末期，家长付费、社会举办的幼儿园逐渐取代了单位举办的福利性幼儿园，家长和幼儿园之间的关系发生了巨大的转变，家长之前对幼儿教师可谓是言听计从，现在家长更为关注付出后的教育回报，开始关心幼儿园教育质量，幼儿园和家庭的关系随之发生转变，幼儿园和家庭共同承担起教育幼儿的职责。《幼儿园工作规程》中指出，"应当建立家园联系制度"，包括定期开展家长会、举办家长开放日、接受家长咨询、建立家长委员会等，家园合作的形式多样化，增强了家长参与幼儿园教育的积极性，双方逐渐形成了以教育幼儿为中心的合作关系，这一关系被明确表述是在《幼儿园教育指导纲要》文件中。该文件提出"平等的合作伙伴关系"，家长和幼儿园具有平等的教育地位，而且家长还具有参与到幼儿园教育管理工作的权利，如家长是幼儿园教育的评价主体，家园的合作伙伴关系第一次从政策文件中被明确提出。随后，家园合作的范围进一步扩大，合作的力度进一步加大，《九十年代中国儿童发展规划纲要》中指出，"发展社区教育，建立起学校（托幼园所）教育、社会教育、家庭教育相结合的育人机制，创造有利于儿童身心健康、和谐发展的社会和家庭环境"，幼儿园、家庭、社区协同共育的模式拉开了序幕，《幼儿园工作规程（试行）》（1996年）、《幼儿园教育指导纲要（试行）》（2001年）等文件提出要加强与社区的密切合作，要支持社区的教育活动，也争取社区参与到幼儿教育活动中来，这对家庭、幼儿园、社区三者之间合作的理念得到认可和强化，但三者之间合作的形式、内容等具体内容仍未明确化。

进入21世纪以来，社会经济的迅速发展及对儿童认识的深入，人们更加重视儿童发展及儿童教育，促进儿童的全面发展已经深入人心，家庭与幼儿园之间的联系更加紧密，只有两者协同育人、形成合力，才能促进幼儿的全面发展，两者在幼儿发展中的地位不可忽视、不可被取代。

《国务院关于当前发展学前教育的若干意见》《全国家庭教育指导大纲》《关于指导推进家庭教育的五年规划（2011—2015 年）》《幼儿园工作规程》（2016 年）等相关文件的颁布，突出强调了幼儿园、家庭、社区三者之间协同共育的理念，并提出了建立家园联系的各种制度，以落实协同育人理念，如定期开展家长会、建立家长委员会等制度，并定期向家长公布食谱、收费标准和项目、推动家长有效参与幼儿园重大事项决策和日常管理等内容，将幼儿园的任务之一"为家长工作提供便利"修改为"向家长提供科学育儿指导"，幼儿园要向家庭宣传科学的教育理念和方法，突出幼儿园在幼儿教育专业性、科学性和对家庭教育引领的地位。

从政策发展的视角看，家长在家园合作中的角色发生了较大的变化：首先是家长由配合者转变为合作者。中华人民共和国成立以来学前教育发展较为迅速，在不同的时代背景下，学前教育根据社会建设与发展的不同需求发挥其作用，学前教育从工具性价值到本体性教育价值的回归，使得人们越来越关注幼儿教育的质量发展，而家长的教育意识和在幼儿教育中的地位，也随之发生变化，家园合作已成为幼儿教育高质量发展不可缺少的重要路径，家长由"局外人"转变为教育者。其次，家长参与的范围和内容逐渐扩大与加深。家长在幼儿教育中由"失语"状态转变到拥有更多的职责和权利：一方面是家长有参与幼儿园管理和监督的职责。《国务院关于当前发展学前教育的若干意见》提出要建立社区、幼儿家长共同参与的幼儿园管理和监督机制，在其他文件中也明确了建立家长委员会等制度推动家长参与到幼儿园重大决策和日常管理等工作中来。另一方面，家长拥有评价幼儿教育的权利，家园关系发生真正转变是在付费的社会举办幼儿园成立之后，家长关注教育付出的回报，幼儿园也接受家长意见的反馈，在《幼儿园教育指导纲要》中明确提出家长是幼儿园工作的评价主体之一，明确了家长在幼儿园工作中的重要地位。

二、优秀经验中的家园合作"共同体"

瑞吉欧教育体系十分重视幼儿园与家庭、社区之间的合作，形成了以社区为基础的管理模式。这种管理模式的产生一方面是所有成员都具有平等权利的意识，对于公共事业都有参与的意识和能力；另一方面是经验的总结。第二次世界大战结束后，妇女联合会、"反抗斗士"组织等合作组织与联盟机构采取行动措施参与到城市的建设中，致力于教育质量的提升和福利性服务的提供，这种参与涉及社会全员参与，人们取得了合作的成功经验，为管理模式的产生奠定了基础。历经多年的演变，以社区为基础的管理模式最终合法化，该模式能充分发挥各种资源的教育价值，而避免行政或官僚对学校教育的影响，促进了幼儿教师、家庭与社区之间的沟通与联系，突出强调了家庭教育是幼儿教育不可缺少的一部分。参与式管理的第一个范例是"幼儿园—城市委员会"组织，该委员会旨在创设一个教师、家长、市民、社区邻里都能参与管理的学校。在这里，人们能根据自身所长参与幼儿园管理和教育，不仅丰富了幼儿园教育资源，有助于幼儿园教育质量的提高，而且能确保幼儿的权利。随着时间的推移，"城市与儿童委员会"的作用发生了变化，其作用已经从行政管理（如入学登记、收费）与政治决策（如新的服务和中心）等转向真正地服务于家庭和教师。在此背景下，瑞吉欧教育体系特别关注家庭参与幼儿教育，认为家长没有参与到学校教育中来的责任在于学校，学校不能忽视家长对学校教育的参与，学校应采取积极的策略吸引家长参与到学校教育并使其获得积极的体验。

家长参与幼儿园教育的主要形式：①不同年龄的班级会议。该会议主要由教师和家长共同讨论班级活动、教育指导、活动总结与评价等，会议一般是一年举办5~6次，时间通常在晚上或者大部分家庭都有空暇的时间，鼓励全体家长的参与。②小组会议。会议每次会让部分家长参与，其主要是针对有特殊需要的家庭和儿童，每年举办多次，尽可能每一个家庭都有参与的机会。③个别家长和教师的研讨会议。该会议一般是一位家长或教育者针对某一问题或需求而举办的会议，能对儿童教育中出现的某一问题进行深入的讨论。④主题会议。该会议是由家长和幼儿园共同举办，面向所有幼儿园开放，会议一般会有一个主题，如儿童焦虑、父亲角色等，每个参与者都可进行辩论，每个人都能倾听到不同的观点。⑤专家见面会。该会议以讲座或圆桌讨论的方式举办，能拓展参与者对主题内容的认识。⑥工作会议。该会议旨在为促进学校发展提供可操作的途径，如对教室的环境、材料的维护和修缮进行讨论。⑦"实验室"会议。家长和教师一起参与各类操作活动，如折纸、木偶表演等，充分体现"做中学"的教育理念。⑧节日与庆祝活动。该类活动主要的参与者可以是教师、儿童、家长、社区人员等，庆祝的主题可以是"孩子的生日""一个爷爷的来访"等。⑨其他可能的活动，如远足、野餐等，也可邀请家长参与到幼儿园的一日生活中，让其体验幼儿和教师在园一日的生活①。

从瑞吉欧教育体系家长参与的理念与实践操作类型中，我们可以看出家长参与的范围较为广阔，家长不仅作为教育者参与幼儿教育活动的开展、材料的提供、儿童问题的谈论与解决等，而且参与幼儿园的管理活动，如对幼儿园环境的布置与完善，幼儿园教师的聘任等，家长不仅可以参与到幼儿园举办的各类活动或会议中，还可以作为会议的发起者，针对一些问题，主动举办研讨会议，共同解决儿童的问题。

在全方位参与的背景下，我们看到的是幼儿教育中家庭教育与社区教育的重要地位，更为突出的是幼儿教育担当起引导家庭教育的重任。现代的研究成果表明儿童的发展对其终身发展具有重要意义，而且这一观念已被社会所认可。家长对优质的幼儿教育表现出高度的渴求，但这种责任感和渴望往往由于没有充足的经验和科学的教育理念而变为沉重的枷锁，让父母陷入深深的焦虑之中，尽管对儿童发展抱有高期望，但父母自身的理念和经验都是匮乏的，很多父母没有做好准备。面对这一现状，幼儿园承担起宣传教育理念和传授方法的重任，幼儿园成为家庭、社区进行教育交流的场所，这也是家长参与到幼儿园教育活动的重要目的之一。在这一过程中家庭与幼儿园成为以儿童发展为核心的合作伙伴。

三、农村幼儿家长对家园合作的需求分析

在收回的 344 份问卷中，母亲填写问卷的人数为 261 名，占 75.87%，父亲填写问卷的人数为 80 人，所占比例为 23.26%，有 3 名幼儿的奶奶参与了问卷的填写。所选用的研究工具为吴海龙编制的《幼儿园家长家园合作需求问卷》，问卷内容包含基本信息、家长了解教育幼儿知识的途径、影响家园合作的因素、家长对家园合作的态度及家长的家园合作需求等方面的信息，其中家长对家园合作的需求主要包含心理调适需求，教养孩子

---

① 爱德华兹，甘第尼，福尔曼. 儿童的一百种语言——转型时期的瑞吉欧·艾米莉亚经验[M]. 尹坚勤，王坚红，沈尹婧，译. 南京：南京师范大学出版社，2014（3）：129-130.

知识和技能需求，沟通与社交需求，家园合作方式需求，家园合作内容需求，家园合作频次、时间、地点方面需求六个维度① （图 3-1、图 3-2）。

（一）家长对家园合作态度的分析

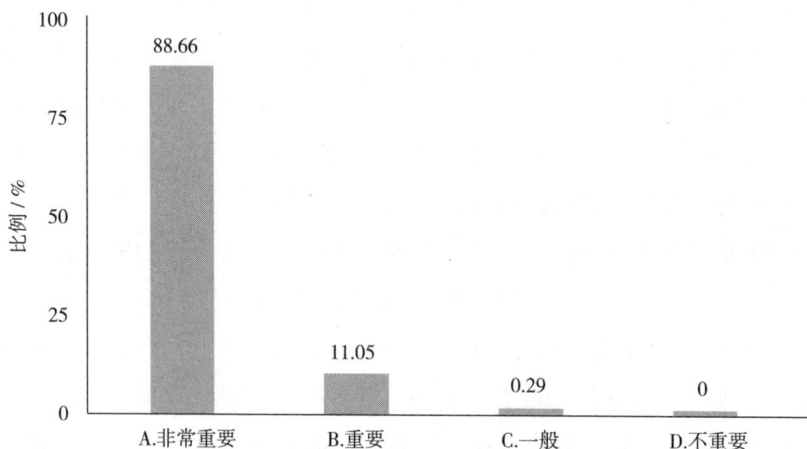

图 3-1　家园合作对孩子成长的重要性

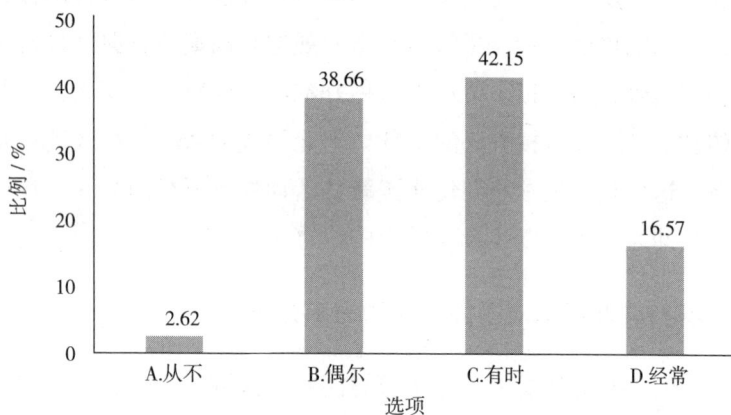

图 3-2　是否会主动与家长沟通

从上图可以看出，家长对家园合作的态度较为积极，88.66% 的家长认为家园合作是非常重要的，11.05% 的家长认为家园合作重要，说明家长认同家园合作对幼儿发展具有积极的促进作用。然而尽管家长认同家园合作

的重要性，但是家长主动参与家园合作的情况也是非常少的，仅有16.57%的家长表示会"经常"与幼儿教师沟通，42.15%的家长会"有时"主动与幼儿教师沟通，38.66%的家长会"偶尔"主动与幼儿教师沟通，还有2.62%的家长"从不"主动与幼儿教师沟通。可见，尽管家长在家园合作中态度较为积极，但不会主动采取行为积极与幼儿教育交流，幼儿教师需要在家园合作中承担起主导者的角色。

家长认同家园合作的重要性，但在开展的具体家园合作活动时，仍有部分家长不出席，或者对一些家园合作内容存有"抱怨"之声，究其原因发现，89.83%的家长明确表示自己工作忙碌，没有时间和精力参与其中，在回答后面设置"我期望家园合作的时间能按照家长的时间进行调整"这一问题时（图3-3），77.61%的家长比较支持这一观点，14.83%的家长支

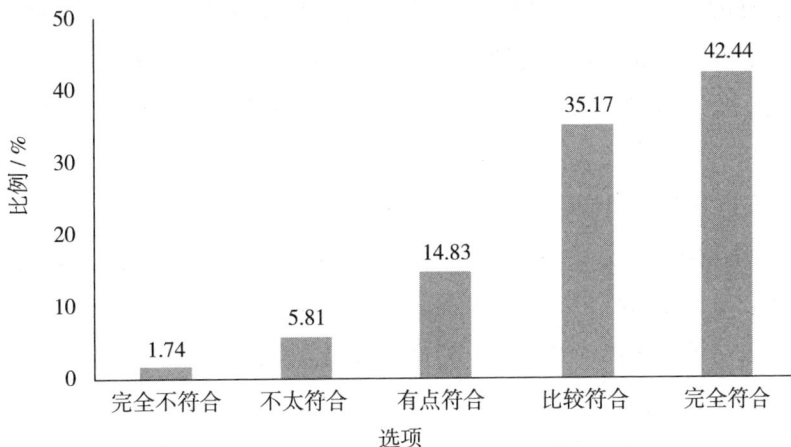

图3-3 期望根据家长时间调整家园合作时间

持这一观点，可见家长对家园合作的时间存有一定的意见。这就给幼儿园开展家园合作活动提出了建议，家长愿意参与各项活动，幼儿园在组织相关活动时需要考虑家长的时间，以照顾多数家长的实际情况，争取更多的机会让家长参与其中；60.17%的家长认为自己缺少育儿方面的知识或经验，在访谈的过程中，部分家长也提到了自己缺少育儿知识，对自己没有信心，因而不愿意参与各项家园活动，总认为只有经验丰富的家长才能参与幼儿园活动，因此平时参加家长会较为积极，但是需要家长参与幼儿园具体教育活动时，往往对自己没有信心。

（二）家长对家园合作角色的认识

通过调研发现4.2%的家长表示并不清楚自己在家园合作过程中的职责，30.33%的家长认为教师在这个过程中应该负主要责任，18.25%的家长认为教师和幼儿家长应该各负一半责任，7.23%的家长认为家长应该负主要责任。可以看出，多数家长认为家园合作的发起及开展过程主要是教师的职责，教师应该重视家园合作及采用多样化的方式邀请家长参与家园合作。同样地，在对家园合作中双方地位的认识方面，多数家长认为教师在家园合作中处于主导地位，家长处于辅助配合的地位；也有部分家长认为教师和家长都处于被动地位；仅有少数家长认为家长处于主动地位，教师处于被动地位。从合作过程中，双方所扮演的角色来看，多数家长认为自己是信息交换者的角色，仅有少数家长认为自己是合作伙伴，家长在与教师交往的过程中，认为教师是专业人员，对教育幼儿拥有绝对的权力、能力和责任，而家长在教育幼儿方面是缺少经验的，应该配合幼儿教师开展教育工作，所以家长是缺少自信的，在与教师交往的过程中，更多的是将自己放置在配合的地位上。

（三）家长对家园合作形式的态度

家园合作的行式多样化，既包含电话联系、接送时交流、家长会沟通、家长学校学习探访、家长咨询日交流等家园沟通形式，也包含亲子活动、家长进课堂等参与式活动。理论上提倡的家园沟通方式，在实践中一般都有涉及，但使用的频次会有一些差别。对于教师和家长来说，家长会、亲子活动、接送时的交流较为方便且容易实施，一直受到农村幼儿园的重视（表3-11）。

表3-11　家长期望的与幼儿园沟通方式统计表

序号	选项	完全不符合占比/%	不太符合占比/%	有点符合占比/%	比较符合占比/%	完全符合占比/%
1	我愿意主动提供家庭资源（如人力资源、物质资源等）	0.29	1.16	8.14	35.47	54.94

续表

序号	选项	完全不符合占比/%	不太符合占比/%	有点符合占比/%	比较符合占比/%	完全符合占比/%
2	我期望与幼儿园老师当面沟通交流	0.29	0.87	10.76	34.3	53.78
3	我期望与老师通过电话沟通交流	0.58	2.33	11.92	36.63	48.55
4	我期望与老师通过微信、QQ沟通交流	0.58	4.36	12.5	34.88	47.67
5	我期望通过家长开放日与幼儿园老师沟通交流	0.29	3.49	12.79	34.3	49.13

从表格中可以看出，家长比较期望的家园合作方式中提供资源和当面交流所占比例较高。"提供资源"选项是农村幼儿家长参与幼儿园活动的常用方式，幼儿园会不定期地要求家长带材料到幼儿园，家长认为这些材料有助于幼儿园开展活动，幼儿在操作材料中能获得更好的发展，一般情况下，家长比较配合幼儿园的要求。"当面交流"也是家长较为期盼的方式，互动仪式链理论认为有效的互动需要身体在场、设定界限、有关注焦点和共同的情绪体验，良好的"当面交流"能有效实现这四要素。在调研中99.71%的家长认为在与幼儿教师交往中，幼儿教师是比较热情的，这就为良好的沟通打好了基础。另外，家长普遍反映工作较为繁忙，幼儿放学一般较早，抽不出较多的时间与教师在接送时间进行交流，而且接送时间教师面对着较多的孩子和家长，交流效果并不好，微信或电话交流及时、快捷，可以利用空闲时间与教师交流，因此较受家长的欢迎。

互动仪式链理论非常注重身体在场，这是互动仪式链中非常重要的一部分。现在的信息通信技术较为发达，电话联系、微信沟通成为常用的家园沟通方式之一。从上表中可以看出，家长还是比较认可这种沟通方式，它最大的优势在于便捷，家长不论何时何地都能与教师开展沟通。但是在与教师交流时，幼儿教师对该沟通方式持保留态度，认为文字交流缺少语气、语调的表达，使得大家的解读呈现多样化，双方有时不能了解对方的主要关注点及态度，容易造成误解。

（四）家长对家园合作的需求

在访谈时发现，家长对幼儿发展的关注会根据幼儿年龄阶段的不同而发生变化，在与家长的沟通与联系中，主要涉及的内容是幼儿饮食起居及健康情况、幼儿在活动中的表现、幼儿的品行表现这三项，最少的是幼儿的学习情况。家长较为关注幼儿的身体健康，更多地认为幼儿园是充满快乐的地方，应该让幼儿尽情地游戏，家长在学习方面没有过多的焦虑。然而，这种情况较多地适合小班幼儿家长，大班家长对学习较为关注，与教师交流问题的核心也是幼儿学习注意力、学习习惯、知识点掌握程度等。另外，农村家园合作的内容会关注幼儿的全方面发展，但是关注内容较浅，对幼儿身体健康状况只会咨询有无身体异常，学习情况主要涉及有无回答问题，关于幼儿交往主要是咨询有无与其他幼儿发生争执，任务完成情况看有无得到小红花等，家长和教师交流时涉及的内容较为广泛，但是并没有涉及幼儿发展中较为重要的品质问题。

四、对在地化课程实施的启示

（一）转变家长教育观念，增强家长参与幼儿园的积极性

家园合作的最终目的是促进幼儿全面发展，只有教育形成合力才能有效地为幼儿营造一个良性发展环境。许多家长存有"在家归家长管，在园归老师管"的理念，认为幼儿在园期间应该是教师的工作职责，不应让家长参与其中。但是，教育是一个整体，幼儿良好行为的发展需要借助持久的、整体的力量，如良好行为习惯的培养、社会性发展、情绪情感的调控等，家长参与到幼儿园教育活动中，更能了解当前幼儿所接受的教育内容，家园形成一致的教育理念，才有利于幼儿的发展。

有些家长认为自己不是专业老师，缺少参与幼儿园活动的信心，因此幼儿园老师应该敏锐地捕捉到家长的心理特征：一方面通过开展家长学校、家长沙龙等形式让家长获得专业的教养幼儿知识，增强其自信心；另一方面，鼓励家长看到自身的长处和优势，充分利用自身的职业、专业知识等参与到幼儿园教育活动中，拓宽幼儿的视野，还可以让家长收集自己教养孩子的"小妙招"，与其他家长分享，让其亲身体会到"我也行"，进

而激发家长参与幼儿园活动的积极性。在此过程中，教师应转变观念，认识到自身在家园合作中所起到的主导作用，充分发挥自己的教育优势调动家长主动参与的积极性，认识到家长的优势资源和力量，形成教育合力。

（二）构建多种家园合作形式，增强家园联系的情感

从调研中可以发现，农村家长与幼儿园的合作主要集中在两种方式：一是便捷、灵活的沟通形式，如接送时的交流、电话或微信交流，这些交流能让家长及时、简单地了解孩子在园情况，但是由于接送时间有限，幼儿教师与家长之间的交流仅限于孩子这段时间的在园表现，而且沟通内容往往是针对出现的不良行为，不能帮助家长深入了解幼儿园的教育工作。二是家长被动参与幼儿园活动，最常见的形式是家长会。农村幼儿园一般会在每学期开学初召开一次家长会，按班级展开，其主要内容是介绍这一学期幼儿园教育工作内容，帮助家长了解幼儿园，但是家长会往往采取教师集中讲授的方式，很难了解家长的需求及帮助家长树立正确的教育理念。因此，幼儿教师应采取多样化的合作方式，调动家长全方位参与到幼儿园活动中。

首先，幼儿教师可以邀请家长参与课程资源的搜集。开发在地化课程首先需要对当地环境资源进行汇总与分析，由于较多农村幼儿教师生活在城里，对当地环境、历史并不了解，而许多幼儿家长，特别是幼儿的爷爷奶奶，他们熟悉周围的环境，了解当地的一些童谣，对农作物的种植有较多实践经验，还有一些幼儿家长自身就是手艺人，如有的家长会做衣服，有的家长会制作家具，有的家长会剪纸，处在各行各业中的家长丰富了在地化课程资源。因此，在开发在地化课程资源时，农村幼儿教师可先给家长发送邀请函和调查表，幼儿教师在调研在地化课程资源和绘制在地化课程地图时，可邀请家长一起参与调研和资源整理，还可邀请家长参与到幼儿园的教学活动中，邀请家长来园给幼儿讲授自己的职业，让家长了解幼儿园教育活动的价值，体验到自己能为幼儿园教育活动贡献一份力量的成就感，增强其参与教育活动的信心。

其次，定期开展多种形式的家园合作活动。家园合作的重要目的在于家园形成教育合力，共同促进幼儿发展，而有些农村幼儿教师将家园合作看作是满足家长的需求，或者是尽量让家长理解幼儿园，避免不必要的矛

盾产生。农村幼儿园具有生源压力，幼儿教师在组织活动时往往会思考家长能否认同，一些研究者在提及农村幼儿园"小学化"倾向时，其原因之一便是迎合家长的需求。所以，在地化课程的开发与实施过程，要着重转变家长的教育理念，通过家长学校、家长沙龙、一对一咨询等形式，帮助家长了解幼儿发展的规律和学习方式，给予家长可操作的教育建议，让家长能将其运用到生活实践中，使其发自内心地认同幼儿园教育观念；同时开展多样化的亲子活动，在活动过程中注意引导家长观察幼儿的行为，了解自己孩子的发展状态，让家长看得见孩子的成长，直面遇到的问题。

再次，注重家园合作形式的效果。互动仪式链理论认为，有效的互动需要身体在场、设定界限、有关注焦点和共同的情绪体验，亲子活动受到欢迎更多的是四种要素的满足，在活动中双方的情绪体验找到了共同点，在活动中充满着快乐，有助于家园双方的有效持续的联系。有些亲子活动为单方在场，活动效果大大降低，如在过六一节日时，教师精心组织了一些庆六一的节目，为了注重最后的表演效果，教师挑选了班级里部分优秀的幼儿参与表演活动，其他幼儿与家长作为观众参与到活动中，表面上是家长、幼儿及幼儿教师的身体在场，但是这里只是部分幼儿家长与教师、幼儿找到了共同的焦点，产生了共同的情绪体验，其他作为观众的家长则只是单方的观众，不在同一场域之内，难以产生情绪共鸣，在幼儿园规定的时间内观看与离开，对于这部分家长来说是一种煎熬，用兰德尔·柯林斯的观点来说，这部分幼儿家长是参与了一场"强迫性仪式"。多次举办这类活动是家长参与幼儿园活动积极性的一种消耗，这种经历会让家长产生厌烦，甚至形成一种不配合的状态。幼儿园在组织家园合作活动时，要关注到活动效果，采用灵活多样的形式，让家长与教师在相同频道内，获得积极体验。

（三）拓宽合作内容，提高家园合作的有效性

农村幼儿家长较为关心孩子的身体状态以及对知识的学习，而对幼儿的心理和社会性发展关注得较少，幼儿教师应通过与家长交流、家长会等方式让家长了解幼儿全面发展的重要性。当将合作内容窄化为知识技能的学习时，农村家长更多的是被动地参与到家园合作中。幼儿教师应拓展家长合作的内容，而不单单将家长作为配合者的角色，可以邀请家长参与到

教育活动的组织、提供各类资源、共同制作操作材料等活动中。当家园合作内容拓展时，双方才能产生共同信任，才能发挥教育合力的作用。另外，家长会是家园合作中最常见的方式，但农村幼儿教师将其仅仅作为讲授幼儿园工作计划的会议，使得活动缺少针对性，因此，在召开家长时可先进行调研，明了家长的需求和问题，并分门别类地采取不同沟通形式，解决家长的问题和困惑，以让家长认同教师的专业性，在参与合作活动中感受到其实用性和价值。

第四章
农村幼儿园在地化课程的构建

构建农村幼儿园在地化课程并不将其自成体系、自开炉灶，而是需要结合幼儿园园本课程开发的理念，直面幼儿园在地化课程实践中遇到的问题，将农村幼儿园在地化课程的构建建立在已有研究成果和实践经验基础之上，关注农村幼儿园周围可利用的资源，充分调动幼儿教师的积极性，运用共同体等多种形式，共同构建在地化课程。

第一节　农村幼儿园在地化课程构建的理论基础

任何课程的构建都需要理论的支撑，陈鹤琴的"五指活动"受到杜威的实用主义教育思想影响，张雪门的行为课程不仅受到国外诸如杜威实用主义教育思想、福禄贝尔和蒙台梭利教育思想的影响，还深受中国传统文化的影响，特别是王阳明的"知是行之始，行是知之成"的观点。在地化课程的构建也会受到当前教育思想的影响，在构建课程方案前，首先需要明确背后的教育理论，以使在地化课程的构建与实施有据可依。

一、核心素养理论

当今世界各国教育都聚焦人的核心素养的培养①。2014 年，核心素养在我国教育界开始受到关注，随后其教育理念逐渐受到人们的关注，2022

---

① 顾明远. 核心素养：课程改革的原动力［J］. 人民教育，2015（13）：17-18.

年我国基础教育课程进行了改革，颁布了学科课程标准，其理念便是核心素养在基础教育的应用，从此，核心素养成为基础教育课程建设的"顶层设计"。之所以核心素养越来越受到教育界的"热捧"，其原因是人们对教育质量的追求。对核心素养的认识，关键在于对"素养"一词内涵的理解，OECD（经济合作与发展组织）将素养看作是一种高级心智能力，包含知识技能与特定情境下心理资源的调动，也包含满足复杂需求的能力。欧盟将"素养"定义为"适用于特定情境的知识、技能和态度的综合"①，崔允漷指出"核心素养不是一个种概念，而是一个类概念，或者说它是一个族词"②，包含着知识技能、情感态度和能力三部分。研究视角的差异，对核心素养的理解也不尽相同。整体来看，核心素养应包含三个方面的特性：一是基础性。核心素养并非面向的是对某一阶段任务的完成，而是促进个体持续发展的动力，突出强调个体发展的持续性。二是实践性。核心素养的获得并非通过知识的学习，而是需要个体在情境中，面向情境，解决实践问题，在不断地操作和问题解决过程中，获得自身的发展，核心素养指的是知识的可迁移性、综合能力的发展。三是可塑性。核心素养并不是个体天赋能力，而是在后天教育、生活过程中不断实践、学习中获得的。

关于核心素养基本内容的研究，OECD 核心素养的基本框架着重强调了人与工具、自我、社会之间的关系。我国在广泛听取国际声音、结合国内优秀传统文化，面向教育实际，构建了以全面发展为起点，包含自主发展、文化基础、社会参与 3 大方面 6 大素养，即学会学习、健康生活、人文底蕴、科学精神、责任担当、实践创新。这一框架与 OECD 框架存在一定的对应关系。

核心素养在我国基础教育界受到了关注，并对课程改革起到了理念指导的作用，然而其并未对幼儿园课程产生直接影响，但其注重对学生实践能力的培养，注重提供真实情境，给予学生解决问题的机会和环境支持，与幼儿园课程理念保持了高度一致。特别是在强调"幼小衔接"的背景下，我国幼教研究者逐渐提出，幼儿园课程的发展应该与小学课程改革发

---

① 张华. 论核心素养的内涵［J］. 全球教育展望，2016，45（4）：10-24.
② 崔允漷. 追问"核心素养"［J］. 全球教育展望，2016，45（5）：3-10，20.

展保持理念上的一致，虽然二者在教学方法和模式方面存在差别，这是由于幼儿和小学生年龄特点所决定的，但教育目标和理念追求是相同的。

二、可持续性教育理论

联合国教科文组织于 2015 年发布了《反思教育：向"全球共同利益"的理念转变?》，并指出"可持续发展是教育的核心关切"，转变了之前将教育作为工具理性的认识，重新思考教育的本质，将教育看作是人的一项基本权利。所谓可持续性是指"个体和社会在当地及全球层面采取负责的行为，争取实现人人共享的美好的未来，让社会正义和环境管理指导社会经济的发展"[①]。可持续发展的教育面向的是正确处理好经济、环境、社会与文化四个方面的和谐发展，这些方面也是可持续教育的思维维度。经过多年的实践和探索，联合国教科文组织提出要突破 1996 年提出的教育"四大支柱"，增加"学会转变自己和社会"，并将其作为第五根支柱。

可持续发展教育的概念源于环境教育。随着实践探索的推进，人们对环境教育的认识逐渐发生了变化，早期的环境教育侧重于构建环境伦理，让学生的行为更加"环保"，然而一些研究表明，个体具备的知识与行为、价值观之间并没有直接预测作用。为此，相关研究者对环境教育的实践进行了层次方面的划分，见图 4-1。

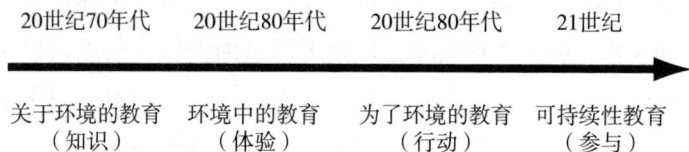

20世纪70年代	20世纪80年代	20世纪80年代	21世纪
关于环境的教育 （知识）	环境中的教育 （体验）	为了环境的教育 （行动）	可持续性教育 （参与）

图 4-1 环境教育模式的演变[②]

关于环境的教育侧重于了解与环境有关的知识，这有助于帮助儿童了解自然世界的复杂性，了解人与自然的关联，培养儿童自然的情感。环境中的教育，侧重于让幼儿亲身体验，将自然环境作为学习媒介和场地，以

---

① 朱莉，M. 戴维斯. 幼儿与环境：致力于可持续发展的早期教育 [M]. 南京：南京师范大学出版社，2018（8）：Ⅲ.

② 朱莉，M. 戴维斯. 幼儿与环境：致力于可持续发展的早期教育 [M]. 南京：南京师范大学出版社，2018（8）：19.

此获得自然领域的知识和技能。在自然场所中，幼儿对材料进行探索，如研究小蚂蚁、观察和绘画树叶、玩泥巴等，给予幼儿接触大自然的机会，培养幼儿的探索精神和对自然的热爱。为了环境的教育重视幼儿的行动，不仅关注幼儿形成的关于环境的知识、态度与价值观，还要让幼儿对社会现象做出判断，参与到决策活动中，以解决现实中的问题。在这里，儿童并不是以受害者或弱者的姿态出现，而是认为他们是有能力对生活中的挑战作出回应，正如朱莉指出"即使非常小的孩子也能够贡献他们的想法、力量和创造力，去应对和解决周围的问题"①。因为环境的教育包含了前两者的内涵，同时增加了公开的社会政治立场，重新思考着环境与人、与社会的关系，以期幼儿树立环境意识，并能从幼儿时期做起，对社会现实问题进行批判性分析，以尝试发表观点，解决实践问题，为社会环境的改变做出一份行动，这也是最接近可持续发展的理念。但要注意的是可持续发展教育并非仅关注自然环境，还包含社会、文化、经济等内容，四个维度的协调发展，才是可持续发展的真正框架。

可持续教育的理念为在地化课程的构建和实践提供了思想指导。农村幼儿园是乡村的一部分，幼儿生活在乡村之中，在地化课程需要让幼儿认识乡村，了解乡村的环境，同时应将幼儿作为乡村建设的一部分，将农村幼儿园与乡村建设发生关联，正如乡贤教育的实践，让农村幼儿园和幼儿教师成为乡村文化传承、乡村生态文明建设的重要宣讲人。将幼儿看作是具有能力的个体，让其积极地回应乡村生活的现实问题，为改善环境做出贡献。在地化课程的构建不仅围绕着幼儿对乡村自然环境的认识，还应包含文化、经济、社会之间的互动联系。

三、生活教育理念

我国学者陶行知先生提出了生活教育的理论。他认为教育应贴近生活，幼儿在日常生活中学习和成长，在生活中发展幼儿的创造力和解决问题的能力。陶行知先生提出"生活即教育"，反对学校机械地将教育和生活分开的状态，应将生活纳入教育的范畴，将生活和教育联系在一起，它

① 戴维斯著. 幼儿与环境——致力于可持续发展的早期教育 [M]. 孙璐，张霞，王巧玲，等译. 南京：南京师范大学出版社，2018：17.

们不是分离状态，而是一个过程的两个方面。"社会即学校"，不能将学校的教育功能取代所有的社会功能，这样做无异于将小鸟关进笼子里学习飞翔。真正的教育应该是扩大教育场所，敞开学校大门，让幼儿走进社会，将社会作为实践教育的重要场地，即小鸟学习飞翔应送其回归大自然。"教、学、做合一"是教学方法，幼儿的学习离不开具体的操作和实践，知识的掌握也并非仅靠讲解得来，将"教、学、做"三者结合一起，以"做"为中心，这样才能切实地实现教育和生活结合的理念。

对于生活教育理念的论述很多，如国外研究者仓桥惣三提出"通过生活、学习生活、面向生活"，幼儿在生活中以及在与环境、与人交往的过程中获得大量知识和技能。当我们想要走近儿童、了解儿童时，生活样态下的儿童则是幼儿教师观察的重点，幼儿园教育应该遵从生活教育化原则，不能像小学一样分门别类地将知识系统化和学科化，而应该让幼儿在生活中，通过亲身实践和体验，掌握生活的教育内容。生活分为"生"和"活"两个字。个体首选需要生存，维持生命状态，要让幼儿学会保护和锻炼，这也是幼儿园将健康领域作为基本内容的原因。在此基础上，强调要自由自在、有尊重与价值、快乐地活着。儿童作为生命的个体，是具有独立能力的个体，充满着对世界的好奇和改变世界的力量，幼儿需要体验借助自身力量而改变周围的力量，以获得成就感和自豪感，通过自己的努力和力量而获得自身的成长，这恰恰是生活教育给予的机会和认同。

需要注意的是，幼儿园在地化课程开发并不仅仅是自上而下，还会存在自下而上的方式。这些教育理念或哲学思想也并不都是幼儿园整体讨论完之后，大家认可后再去构建课程，它们存在于每个幼儿教师的脑海深处，经过学前教育专业的职前培养和职后培训，幼儿教师已经掌握了这些哲学思想和教育理念，并在教育实践中践行。通过不断的践行，逐渐形成独具个人风格的教育实践模式，并影响着周围的人，这时自下而上的哲学理想或教育理论便演变成园所文化或园所理念，所以，课程理念的形成并不是单一模式。幼儿园课程理念的形成使得在地化课程的开发有据可依，不再是幼儿教师"随着感觉走"，感性地开展课程建设，而是在一定的教育理论的指导下，有思想、有内涵、有理念地开展在地化课程建设。

第二节 农村幼儿园在地化课程
构建的整体思路

在中国知网上搜索关键词"在地化""幼儿园"，仅能搜索到"乡村幼儿教育在地化发展困境与突破路径""U-G-S 合作下乡村骨干教师在地化培养理念及行动策略"等相关文献，较少有完全针对农村幼儿园在地化课程开展的相关研究。去掉关键词"幼儿园"，搜集到了部分农村中小学在地化课程的文章，供本研究借鉴。但是，这并不是说明幼儿园不开设在地化课程、缺少相关方面的实践探索，在前面的论述中，我们可以看出在地化课程的实质内涵与幼儿园开展的本土化课程实践探索、乡土课程开发、地方文化融入幼儿园课程等相关表述有相似之处，在课程实践过程中很难有明显的界线之分，因此，接下来在对农村在地化课程的实践问题论述中，将结合农村幼儿园本土化、乡土课程、地方文化融入幼儿园课程等相关研究进行论述。

一、以图例展示在地化课程的主体思路

在地化课程基于当地实际而形成，着重培养幼儿、教师等对当地社区的尊重和热爱，也突出强调当地社区为农村幼儿园提供支持和学习环境。在地化课程是基于一方水土的、"新生态教育方式"，侧重幼儿园与社区之间的互动联结，是一种"基于地方的学校行动"①。基于此，本研究从理念与实践层面尝试构建农村幼儿园在地化课程框架（图4-2），以为幼儿教师提供可操作的方案。

农村幼儿园在地化课程的整体构建包含三个部分内容，第一部分是重新审视农村、幼儿园、幼儿、家长之间的关系，尝试构建以幼儿为中心的家园社协同教育共同体；二是厘清在地化课程设计形式，根据农村幼儿园师资力量及条件，突出强调构建微课程，以主题渗透、项目活动等形式组

---

① 汪明杰. 在地化教学：教育生态化转型的支点 [J]. 世界教育信息，2018（12）：13-16，24.

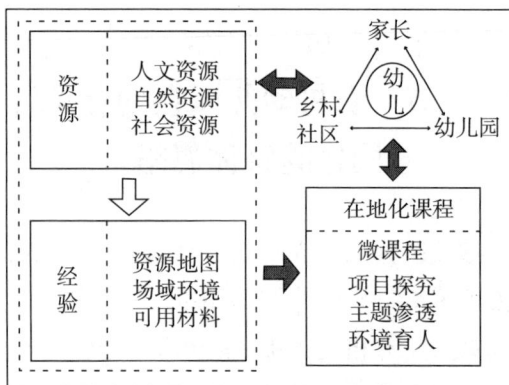

图4-2 农村幼儿园在地化课程框架

织课程；三是强调资源和经验之间的相互转化，绘制课程资源地图，尝试将其转换成为幼儿的经验，以促进幼儿发展。在接下来的章节中，将每一部分分别展开论述。

二、重构乡村、幼儿园与家庭三者之间的关系

在地化课程不仅包含幼儿园园本课程开发的基本理念，还受到其教育理论的影响，有其独特的课程开发理念，这些独特的课程开发理论主要围绕着乡村、幼儿园、家庭三者之间的关系而来。

（一）构建融通幼儿生活圈的在地化课程

在地化课程是农村幼儿园基于所处环境实际由内生发而成的课程模式，注重培养幼儿对当地环境的热爱，对乡村的归属感。在地化课程的建设是以幼儿生活圈为依托，重建乡村与幼儿园之间良好的互助关系。正如乡村振兴战略中指出，教育振兴是关键环节。而乡村教育的振兴却是乡村发展的稳定器。在地化课程构建首先要求教师重新思考幼儿园与乡村之间的关系，树立两者之间互助共赢的理念，在此背景下构建整体的在地化课程。在确定在地化课程目标时，幼儿教师要将幼儿园所处地域的环境知识、文化知识等融入进来，在能力方面注重培养幼儿动手操作和探究能力，在情感态度方面强调培养幼儿的乡土情怀，激发幼儿对自然环境的热爱和良好的归属感。在课程实施方面，幼儿教师一方面挖掘幼儿园的在地教育教学资源，将其整理和改编为幼儿能接受和理解的内容，激发幼儿对在地环境知识的学习，可以通过

集体教学活动、创设在地化墙面环境、提供在地化游戏材料等方式实现；另一方面，充分关注幼儿已有的在地环境知识和经验，在此基础上，将其和具体的活动相联系，让幼儿在操作、探究、体验等活动中将拥有的知识转化为能力，以促使幼儿深度学习的发生。

（二）提倡真实情境下的在地操演

幼儿通过直接感知、亲身体验、实际操作获得发展，在与环境交互作用中实现自身经验的增长，简单的静坐、听讲，或者集体讲授的方式并不能实现促进幼儿发展的目的。在实施在地化课程时，幼儿教师要善于将所期望幼儿掌握的在地化知识与幼儿的活动发生联系，这里所提的活动可以是让幼儿走出幼儿园，到田地里、到村史馆里、到村庄里等的活动，在这里让幼儿真实体验到村庄的发展，体验到植物的生长及其多样性，体验到各种工具的使用，体验到建筑的设计；这些活动也可以是让幼儿在园所里真实地探索和操作的活动，可以将在地化相关材料放置在幼儿园中，让幼儿自由操作，也可以邀请当地的艺人、农民、长者到幼儿园教给幼儿相关的操作技能，给幼儿讲讲村庄里人或物的故事，在此过程中使幼儿获得乡村认同感；这些活动还可以是提供幼儿真实操作的机会的活动，让幼儿参与到各种农事活动、村庄建设等方面的具体工作中来，让幼儿在参与乡村工作过程中获得成就感。

（三）注重在地化场域空间的协调

"场域"一词是法国社会学家布迪厄的代表性概念之一，他将场域界定为各种位置之间存在的客观关系的一个网络，强调从关系的角度思考问题。受布迪厄场域理论的影响，教育场域的概念逐渐被创造出来，并且逐渐流于人们日常生活的使用中。教育场域的使用既保存了社会学理论中的关系思想，也需要从教育视角重新审视场域概念。教育场域具有历史性和空间性，是一种时空构型，包含在各种关系状态中。教育场域往往存在两个方面：一是广泛的日常生活实践，二是以学校为载体的场域。不论是哪种性质的教育场域，幼儿在其中都需要经历与他人之间的交往。在交往和交流过程中，幼儿进行着人格的塑造、道德的完善，可以说在这些关系中蕴含着丰富的教育力量，这种力量并非仅存在专门结构的教育中，更为重要的是存在于幼儿日常交往过程中，布雷钦卡甚至认为学校教育只是一种补充。教育场域的概念能让我们重新思考教育的力量，这与我们日常生活中所认为"课堂才是教育幼儿重要场所"的观念是不同的，然而它让我们关注幼儿生活中的交往行为，关注幼儿日常生活的时空场域，为在地化课程的构建提供了崭新的视角。在构建与实施在地化课程时，幼儿教师一方面要重视正式的在地化课程的组织，也要关注非正式的活动，如幼儿日常生活交往，如幼儿在家中和家人的交往方式，关注幼儿所在村庄中隐性的日常生活文化，如何将这些日常生活文化与各种活动结合，如何处理这些日常文化与现代性之间的联系，成为了幼儿教师重点要解决的问题。另一方面，要注重横纵联系。纵向上注重的是各种活动之间的衔接，正式与非正式活动之间的时间和活动分配；横向上注重的是幼儿不同生活场域之间的联系，幼儿园、村庄、家庭是幼儿生活的直接场域，这三者之间的教育理念、生活方式、交往等都应成为构建在地化课程时需要思考的问题。

三、农村幼儿园在地化课程设计

幼儿园属于非义务教育，具有较大的灵活性，在课程开发方面，具有自主权，正如前面对农村幼儿园课程的调研显示，每所农村幼儿园开设的课程类型多种多样，既有基础课程，如根据省编教材开展活动，也有特色课程、游戏课程等，不同类型的课程丰富了幼儿的在园生活，有助于实现幼儿的全面发展。构建在地化课程需要处理好现有课程与在地化课程之间的关系，这一问题的解决在于如何将在地化课程资源和现有资源进行整合，这也是农村幼儿园在构建课程时遇到的常见问题。

（一）当前幼儿园常见的课程活动设计形式

在处理农村幼儿园在地化课程与现有课程之间的关系时，幼儿教师首先需要了解当前幼儿园常用的课程设计模式。整体来看，幼儿园常见的课程设计主要有单元活动和项目活动，两者都强调关注幼儿的完整生活，以幼儿为主体，构建适宜的课程方案。同时，两者之间在课程开发与实践方面也存有差异，接下来将对两者分别展开论述。艾斯纳从课程功能的角度出发，将课程划分为显性课程、隐性课程、悬缺课程，单元主题活动和项目活动都属于显性课程，由于幼儿园教育对象的独特性，幼儿园也较为重视隐性课程的建设，因此，下文将环境育人视为隐性课程设计的重要部分。

1. 单元主题活动

幼儿园课程曾进行过三次变革，其中两次变革都是强调以单元主题的方式组织课程。陈鹤琴先生在组织课程时提出了"整个教学法"，强调将幼儿所要学的内容整个地教给儿童，幼儿园课程的组织应该以幼儿生活为中心，系统地、合理地将内容编织在一起。后来，陈鹤琴将"整个教学法"改称为"单元教学法"。在 20 世纪 80 年代以后，我国幼儿园课程由学习苏联的分科模式转变为强调综合课程模式，单元主题活动的组织形式再次受到课程理论和实践者的重视，并一直沿用到现在。农村幼儿园所采用的省编教材的内容都是采取单元主题的方式呈现，所以幼儿教师对单元主题活动的设计并不陌生。所谓单元主题活动设计是指围绕着某一主题，打破学科之间的界限，将幼儿园教育划分的健康、语言、科学、艺术、社会五个领域有机整合起来，给儿童以完整的经验。当然，将五个领域统整在一起并非指平均分，而是依据主题性质的不同、幼儿兴趣点的差别等，有所侧重某一领域，避免人为地割裂某些内容。

幼儿园单元主题活动设计包含主题的选定、设计主题目标、编制主题网络图、设计具体活动方案四个方面。这些内容的呈现使得设计单元主题活动的思维外显，为农村幼儿教师设计单元主题活动提供了依据。首先是选定主题。主题常见的来源有季节、节日、幼儿兴趣及需求等，也可以围绕课程目标、周边资源来选择。在确定主题时，幼儿教师主要需要考虑以下问题：该主题可生发的活动有哪些，该主题是否具有多样的教育价值，该主题能否与幼儿的兴趣、生活发生联系，该主题的开展是否有充足的资源作为支撑，幼儿教师是否具有开展活动的能力和优势等等。其次是设计主题目标。从层级结构来看，单元主题活动目标属于单元目标，是年龄阶段目标的下位概念，又是具体教育活动目标的上位概念。制定的主题目标要与该年龄阶段目标保持一致，也就是说，在制定主题目标时，可参照《3~6 岁儿童学习与发展指南》，使单元主题目标适合幼儿发展的年龄特征，但又不能等同于具体活动目标，目标的表述可以宽泛一些。从横向结构来看，单元主题目标对整个主题活动具有导向作用，要关注到幼儿完整人格的培养，因此，在制定单元主题目标时要从认知、情感与态度、动作与技能多维度去确定目标。此外，主题目标还要关注到不同主题的特色及侧重点，在制定主题目标时往往会有所侧重。再次，编制主题网络图。主题网络图的编制是围绕单元主题目标而展开的，幼儿教师可以利用头脑风暴法，谈谈该主题可开展的教育活动，将各个教育活动进行分类整理，提取各活动之间的关联，组合成次主题，每个主题内可开展2~4个次主题，每一个次主题都围绕着一件事或物体展开。主题网络图代表着整个活动开展的脉络，在编制主题活动时幼儿教师要注意活动与活动之间的关联，还要均衡五个领域的内容，以实现培养完整儿童的目标。紧接着幼儿教师通过教研等多种形式设计具体的教育活动方案，以保障各活动开展的效果，同时，也要考虑活动实施的多元路径，主题活动不仅只有教学活动一条途径，还应该有环境创设、家园共育、区域活动等多条途径。

从单元主题活动设计的思路来看，预成多于生成，而且在教育实践过程中，主题活动的安排具有一定的挑战性，容易造成拼盘式的整合，而缺少活动之间的关联。随着教育理念的变革，单元主题活动也逐渐出现了以问题为导向的组织形式，这时项目活动的课程组织形式也逐渐出现，并受到幼儿园的高度认可。

2. 项目活动

项目活动受杜威教育思想的影响，它突出强调生成性、不确定性，强调儿童是自身学习与发展的主体，在开展项目活动时，儿童围绕某个主题进行主动探究。整个活动开展的轨迹是按照解决问题的逻辑而展开，通过观察幼儿的兴趣与需求，确定某一主题，利用头脑风暴法、拉近技术等编制主题网络。该网络的形成主要以问题为主，整个项目活动的开展便是根据问题的解决而逐渐展开，通过提供材料和支持，让幼儿明晰自己是问题解决的主体，幼儿思考并执行问题解决方案。幼儿通过建构活动、调查活动、戏剧扮演活动等多种形式开展深入探究，获得对事物持续而深入的认识。项目活动结束阶段往往会采用举办成果展览等多种形式展示结果和进行交流。

项目活动的开展过程往往带有不确定性，幼儿在解决问题的过程中会出现各种"意外"，而这些"意外"往往是生成新课程的契机，也正是在这种不确定性中，幼儿的主体地位得以充分发挥，幼儿在不断地操作、试错、交流中重新构建自己的认知结构，不断生发出解决问题的新思路、新想法。当然这种生成性和不确定性并不意味着幼儿教师不需要计划。在项目活动开展的前期，幼儿教师需要制定主题网络，正如瑞吉欧的教育方案中提出的在项目活动中，有三分之一是确定的，还有三分之二是不确定的，这里确定的内容是幼儿教师对该主题的教育价值的理解。幼儿教师在开展项目活动时，并非空着脑袋跟随儿童，而是"心中有目标，眼中有孩子"，对主题内的教育价值有清楚的认知，这样才能随时关注到幼儿的问题、困惑或兴趣中有教育价值的点，才能充分实现项目活动的育人价值，而不是为了活动而活动。

3. 环境育人

走进每所农村幼儿园，映入眼帘的便是充满特色的墙面环境创设和户外活动创设。但之前的墙面环境创设只是单纯地作为装饰，直到瑞吉欧教育提出"环境是第三位教师"后，墙面环境的育人价值才逐渐受到幼儿教师的关注。幼儿教师在进行环境创设时，遵循适宜性、幼儿参与性、动态性等多方面原则，以实现墙面环境的育人功能。随着教育理念的发展，当前墙面环境创设与幼儿园课程的建设又产生了一定的联系，当农村幼儿园在开发与建设园本课程时，幼儿教师会将幼儿在活动中的观点、意见、行为、言语等通过拍照、录像等形式记录下来，也会让幼儿运用自己的绘画语言表述出来，随后以活动开展为线索，选取适宜的幼儿作品和照片，运用多种形式将其粘贴在墙面环境中，以供幼儿、家长、教师等人员了解整个活动的开展情况，这时的墙面环境的创设被称为是主题墙。主题墙会随着课程的开展而发生变化，可以将幼儿园课程开展的整个过程记录下来。

随着童年学研究的出现，儿童主体地位受到前所未有的高度重视，从"儿童视角"看主题墙的创设成为部分研究者关注的话题，随之"儿童视角"下的"教师海报"应运而生。以往主题墙实质上更多的是教师的逻辑思路，虽然整个过程会有幼儿的参与，但是整体的规划主体仍然是教师，实施者主要也是教师，这无疑给教师增加了过多的负担，更为重要的是儿童的主体地位没有得到彰显。"儿童视角"下的教师海报则强调的是教师要从儿童视角出发，在主题活动准备阶段，以儿童的需求和兴趣为切入点，结合主题活动目标要求，教师与幼儿共同商讨主题活动，教师根据幼儿讨论的兴趣点和内容规划主题活动内容和开展活动的主线，在创设墙面环境时留有空白区域，等待主题活动的开展而随时增加内容，并跟随幼儿的兴趣点而逐渐构建出整个主题活动脉络。"儿童视角"下的教师海报遵循的是儿童心理发展逻辑，教师在创设主题墙面时大量留白，将儿童放置在主题墙面设置的主体，环境的创设由幼儿负责，给予了幼儿大量的自主探索时间和机会，幼儿在与教师协商时、在主动操作和参与中、与同伴交流观点时获得成长，建构对某一主题的整体认识，教师与幼儿共同推进主题活动的深入开展。

随着课程游戏化、游戏课程化等课程理念提出，幼儿园课程越来越重视幼儿的主体地位，越来越关注全环境育人的价值。除了"儿童视角"下的"教师海报"这一形式外，南京师范大学王海英研究团队又提出了"儿童海报"这一词汇，让我们再一次重新解读了环境创设与课程之间的关系。"儿童海报"是幼儿运用自己的笔触表征对事物的理解和活动轨迹的记录，运用动态的方式将其呈现，不拘于固定的展示墙面设计，而是以灵活、动态、多元的方式展示幼儿的探索过程。"儿童海报"是完全赋权给幼儿，让幼儿不断地梳理自己的思路，在活动过程中会有挑战和问题，幼儿通过一定的方式承担任务、完成问题的解决。可以说"儿童海报"不仅是幼儿活动记录的工具，而且是幼儿学习活动的重要组成部分[①]。从上述对环境创设的认识演变可以得出，环境创设不仅仅是作为装饰品，更多的是成为幼儿学习的一部分，与幼儿园课程的设计与实践密切关联。

(二) 农村幼儿园在地化课程组织形式

幼儿园常用的课程设计形式为在地化课程的组织提供了宝贵经验，不同的课程设计形式对幼儿教师和园所的要求具有一定的差异性，探索在地化课程设计，还须结合农村幼儿教师的现有水平，结合农村园所的实际条件，选用适宜的课程组织形式。

在构思在地化课程时，首先需要解决的问题便是在地化课程与原有课

---

① 王海英. 从主题墙到主题海报 [M]. 杭州：浙江教育出版社，2023：8.

程之间的关系。整体来说，两者存在分离和整合之分。所谓分离是指在地化课程与幼儿园原有课程并行，互补影响，正如当前农村幼儿教师普遍反映自己对园本课程开发不了解，为了保障幼儿获得有质量的教育，会使用省编教材，同时进行园本课程开发。所谓整合是指将在地化课程元素融入现有课程中，围绕某一主题，在制定目标和选择内容时，尝试从在地化资源中抽选出适宜的且与主题密切相关的内容。不论是整合还是分离的组织状态，具体实施的课程设计组织形式主要有三类，即以单元主题为核心的活动、以经验为起点的活动、以环境为载体的隐性课程。(图4-3)

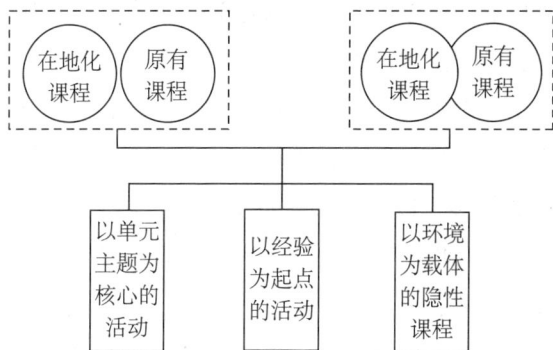

图4-3　农村幼儿园在地化课程的组织形式

1. 以单元主题为核心的活动

正如前面所提及的，单元主题活动是幼儿园课程组织常用的形式，农村幼儿教师对该种课程组织较为熟悉，容易在幼儿园实践在地化课程。以单元主题为核心设计在地化课程时，幼儿教师需要选取适宜的主题，主题可以是幼儿教师根据目标自己选定，也可以是以幼儿需求和兴趣为基点选定。围绕主题，幼儿教师结合整理的在地化资源，选定相应内容，形成系列活动。需要注意区分的是，在地化课程与原有课程的关系是分离还是整合。在分离的状态下，在地化课程与幼儿园原有课程是并行关系，单纯地将在地化资源以单元主题的方式统整起来。由于农村幼儿教师课程开发能力有待提高，分离的单元主题活动可以以微课程的形式出现，整个年级组共同推进。微课程可以以某一领域为主题，也可以以区域活动为主题，便于幼儿教师开展。但是，这种分离状态不利于幼儿获得完整生活，容易造成在地化内容与学习其他内容之间的人文割裂。

整合状态下的单元主题活动强调在地化课程与原有课程之间的内容渗透，需要对原有的课程方案进行修改，找到原有课程与在地化课程的关联元素，有时会用在地化内容代替原有课程内容，如解密植物王国时，会将在地化植物代替其他类型的植物，同样能实现预定目标，且内容与幼儿生活发生联系，这是较为理想状态下的在地化课程组织。然而，这对幼儿教师较具挑战性，幼儿教师既需要牢牢把握原有课程主题的目标要求，还需要熟悉在地化课程资源，以便随时找到两者之间的切合点。

可以将整合状态的单元主题划分为不同阶段来实现，以便幼儿教师能掌握其要领。先以五大领域内容的渗入作为切入点，将相关在地化资源以领域的形式存在，分门别类地放置到各个主题下，这种整合便于幼儿教师操作，且能激发幼儿教师自主开发课程的意识，但容易造成拼盘式主题活动的出现。随后进入五大领域内容相整合的方式，将各领域内容与在地化内容实现无缝接的衔接，以某一知识点为中心，将在地化课程资源融入，打破领域的界限，以帮助幼儿对某一内容获得全面了解，如在秋天主题里让幼儿获得丰收的体验，既可以有集体教学活动认识秋天的水果，也可以带领幼儿走进田野参观与劳动，还可以欣赏农民丰收的场景，进而认识丰收的工具，体验人们喜悦的情绪，通过系列活动，让幼儿体验到了秋天丰收的氛围。但是，这样很难分清哪些内容是在地化课程资源，哪些内容是原有课程，两者之间相互交融、难分彼此。最后阶段便是突破五大领域，实现与区域活动、户外活动、家园共育等多方面的融合，转变农村幼儿教师将集体活动作为课程实施唯一路径的观念。

2. 以经验为起点的活动

与以单元主题为核心的活动相比较而言，以经验为起点的活动突出生成为主，更为强调幼儿的主体地位。幼儿教师根据幼儿的生活环境，敏锐地觉察到幼儿兴趣背后的知识点，不断地给予游戏材料、时间等支撑，让幼儿在自主探索的过程中获得成就感和自主感，实现自身成长，正如杜威所提出的"从做中学"以及陈鹤琴先生的"做中学，做中教，做中求进步"。在地化课程资源本身就是来源于幼儿生活的场域，幼儿生活其中，更容易激发幼儿动手操作和探究的兴趣，成为幼儿学习的对象。在地化课程资源还包含园外丰富的情境，为幼儿提供了广阔的舞台，幼儿与在地化课程资源互动中实现发展。这一理念的具体课程组织形式便是项目活动，项目活动可以在区域活动中开展，可以在户外活动时开展，可以在环境创设中开展，也可以在家园联系和社区联系中实现。

然而，项目活动对幼儿教师的专业素养要求较高，农村幼儿教师开展项目活动时会遇到较多的问题，难以保障课程的高质量实施。因此，农村幼儿教师开展项目活动时可从三方面入手：一是建立教研共同体，成员可以包含幼儿园管理者、各班级教师、高校人员等，共同体成员定时进行研讨，开展头脑风暴、观摩幼儿具体活动，随时把握幼儿活动中有教育价值的内容。二是项目活动的开展可以在年级组选择一个班级先行，其他班级参与到教研活动中，了解活动思路及给予该班级支撑，待到成熟后，项目活动可以转为班本课程。三是农村幼儿园刚开始实施项目活动时，可以借鉴、模仿他园优秀案例，结合本班幼儿的实际情况，进行适当调整，以便农村幼儿教师有据可依，为其实施项目活动提供有力支持。

3. 以环境为载体的隐性课程

幼儿具有极强的模仿能力，幼儿园里花草树木、教师的言行举止、幼儿之间的嬉戏打闹都会影响着幼儿发展。幼儿园课程的核心目的在于培养人，幼儿园课程不仅存在于具体的、有计划的教育活动中，而且还存在于幼儿园环境创设中。从主题墙到儿童海报的发展可以看出，幼儿园环境创设显然并不仅仅是作为装饰品存在的，更为重要的是它与幼儿园课程的联系更为紧密，环境已经成为幼儿学习的重要内容。在地化课程开展的过程中，环境创设是幼儿教师不可忽视的部分，农村幼儿教师已经具备了环境育人的意识，走进农村幼儿园，在地化的资源在环境创设中随处可见，在活动区域能看到玉米棒、小石子、小树叶、竹编，在走廊里可以看到制作的牡丹、扎染等独具地方特色的艺术品。如果说农村幼儿教师已经进行了环境为载体的在地化隐性课程开发，那么他们目前正在做的停留于"参观展览式"的课程开发阶段。这里的环境创设与其说是培养幼儿热爱家乡的情感，不如说更多的是为了迎接参观，这些在地化资源在环境中的作用仅仅体现在装饰上，并没有与当前的课程发生联系，也没有成为幼儿探索的对象。当然，并不是说"参观展览式"的在地化环境创设没有价值，这使得在地化课程资源成为潜在教育资源，当幼儿教师有能力或园所条件成熟时，这些资源就能变成显在课程。

四、在地化课程资源的开发与利用

农村幼儿园在地化课程开发要重点处理好地方知识与已有课程之间的关系。在已有的研究中，地方文化融入幼儿园课程的资源开发与利用的文献资料，提出了可借鉴的策略，这些策略多是幼儿教师和幼儿园管理者的实践经验总结，也有些是研究者通过调研对幼儿园课程资源开发与利用的总结与提炼，这些可借鉴的资料为在地化课程的开发提供了宝贵的支持。

（一）对幼儿园在地化课程资源开发的理解

李子建等研究者从开发利用状态，将幼儿园课程资源开发分为现存课程资源、潜在课程资源和虚空课程资源①。利用同心圆图式表示（图4-4），最里层的为现存课程资源，是指现在已经开发并正在实践的课程资源，这时课程已经成为一个体系，被园所教师所认同。同心圆的中间层是潜在课程资源，是指幼儿园管理者或教师已经意识到该资源具有教育价值，但是由于能力、条件等原因并未将其开发成正式的课程，但在园所活动开展时，会有意识地进行部分内容的利用，但仍不成体系化，也没有进行系统的资源整理，对其资源的利用呈现碎片化的状态。同心圆的最外层是虚空课程资源，该课程资源对幼儿的发展具有影响，但是幼儿园管理者或教师并未意识到，一旦幼儿园管理者和教师意识到并对其进行开发，这部分课程资源的课程价值便会凸显出来，很容易成为幼儿园的正式课程。

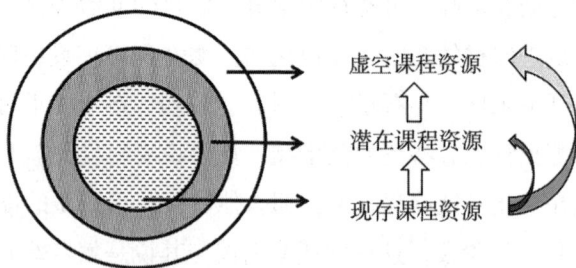

虚空课程资源

潜在课程资源

现存课程资源

图4-4　幼儿园课程资源开发状态

---

① 李子建，孙彩霞. 重新审视课程资源及其开发与利用：社会资本的观点［J］. 全球教育展望，2013，（9）：11-17，86.

幼儿园课程开发便是要解决如何将对幼儿发展有价值的各种资源统整起来，将其系统化，进行整体规划与设计，以便充分实现其教育价值。之前幼儿教师在开发与利用课程资源构建整体课程时，往往将焦点放置在如何将潜在课程资源转换为现存课程资源，但是在构建在地化课程时，不仅要关注中间层转向最内层，还需要关注虚空课程资源，根据不同资源与园所实际情况，将其转换为现存课程资源，当园所条件不允许时，也可转换为潜在课程资源，以备随时转换和利用。幼儿教师在进行在地化课程开发时需要思考如何统整这三个层面的课程资源。

(二) 在地化课程资源开发的类型

课程资源的分类是指按照一定的标准，将具有相同特点的课程资源归属在一起，这样便于教师的认识和掌握。这也就意味着不同分类标准，导致课程资源类别具有一定的差异。根据场所的不同，课程资源可以分为校内课程资源和校外课程资源；根据性质的不同，可以将课程资源划分为自然课程资源和社会课程资源。这些分类方式都为整理课程资源提供了不同视角，以便教师能全面把握在地化课程资源的范畴。《幼儿园保育教育质量评估指南》中指出，充分利用自然、社会和文化资源，共同创设良好的育人环境。整理在地化课程资源时，对其分类主要以此为依据，将其划分为自然资源、社会资源和文化资源。

1. 自然资源

在地化课程较为重要的一个理论基础便是可持续发展的理念，加强幼儿对环境的认识，使其掌握与环境友好互动的理念。我国农村自然环境优美、物产丰富、山川秀丽、河流纵横，具有丰富的可开发的自然资源。自然资源具体包含以下内容：首先是植物资源，如农作物、树木、花草，农村的植物资源较为丰富，既有常见植物，在其他地域环境中生长的植物，也有独具地域特色的植物，在本地域生长与周围的环境密切关联，而在其他地域则不常见，甚至有些植物资源会变为文化资源，如菏泽的牡丹，可将其作为文化资源来分类。其次是水资源，每一村庄流经的溪水、河流，水中微生物及动物、水流的变化都会成为幼儿园课程的重要内容。再次是动物资源，农村家禽家畜是幼儿经常接触的动物，田野里有丰富多样的昆虫，这些都是在地化课程宝贵的资源。另外，大自然的风雨雷电、天气变化、季节交替等自然现象与前面提及的自然资源相结合,丰富了幼儿对自然环境的体验和认识。

2. 社会资源

与自然资源的"自然性与自发性"不同,社会资源注重的是"人工性和自觉性"。在地化课程帮助幼儿建立与乡村的良好关系,着重培养幼儿的乡土情怀,让幼儿了解乡村社会资源是实现在地化课程理念的重要方式。农村社会资源主要包含各种场所、展览馆、各种职业的人等,具体有农村建筑、乡村小道、村庄场地、具有各种技能的人们、超市、集市、村史馆等,除了显性的社会资源,还包含隐形的社会资源,这些资源存在于农村人们的生活方式、交往规则、言语交流之中。

3. 文化资源

文化资源与社会资源具有一定的重合性,一些研究者在对课程资源分类时,并非将两者严格区分开来,本研究之所以区分开来,一方面是与学前教育相关文件的表述相一致,另一方面是农村文化资源较为丰富,且农村幼儿园课程资源开发时较为重视该部分内容。基于以上两点,在地化课程资源将文化资源和社会资源分开描述。在地化课程的文化资源既包含民间艺术课程,如剪纸、农民画、泥塑、柳编、童谣、民歌等,也包含撑四角儿、赶牛角、摸瞎、踢毽子、跳绳、跳房子、丢手绢、拾石子等民间游戏;既包含农村常见的节日习俗,如春节、山会、中秋节等,也包含当地的饮食文化等。除了这些常见的文化资源外,还需要适当地挖掘诸如黄河文化、红色文化等资源。农村文化资源较为丰富,在分类整理和使用时要注意其现代性与生活化,以方便与在地化课程的其他资源、与幼儿园五大领域内容产生联系。

需要注意的是,上面各类资源的呈现只是范围的描述,并没有具体的针对性,这有助于扩展幼儿教师的视野。农村幼儿园在地化课程资源开发时,幼儿教师应结合具体的地域环境,选择有代表性的内容,将其融入幼儿园课程,而不是所有内容都需要呈现给幼儿。

(三) 农村幼儿园在地化课程资源开发的思路

在地化课程资源开发主体应是多元化的,主要为幼儿教师、高校教师、家长及社区工作人员等,遵循"位置便利、适宜发展、类型多样、深度利用"的原则，构建初步的乡土资源网络。以儿童经验发展为目标规划乡土课程资源时有两条路径：一是从资源到经验，思考现有乡土资源蕴含的教育价值及中华精神，厘清这些资源与儿童经验之间的联系；二是从经验到资源，精准对标《3~6岁儿童学习与发展指南》中幼儿发展的典型表现，结合本班幼儿的实际情况，总结幼儿在乡土资源中可获得的关键经验，以此为基础，完善现有乡土资源，构建乡土课程资源库。整体来说，整理在地化课程资源的基本思路是明确选择资源的原则—教师与幼儿共同整理资源—筛选已有课程资源—形成最终课程资源（图4-5）。

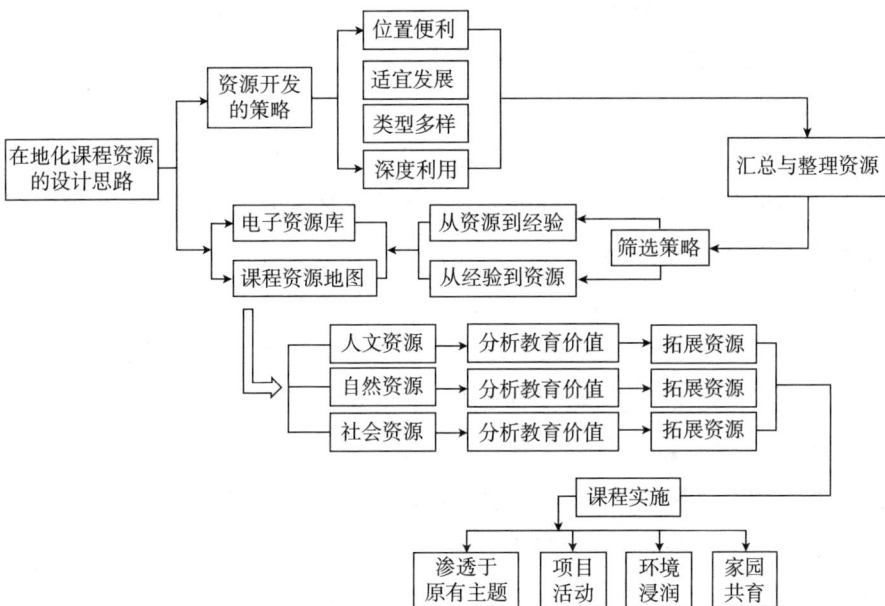

图4-5 在地化课程资源的设计思路

1. 整理在地化课程资源的策略

在地化课程资源较为丰富，知识覆盖面较广，存在的形态较为多样化，整理在地化课程资源往往就像大海捞针，无从下手。虽然农村幼儿教师对部分在地化资源较为熟悉，但理解程度较浅，知识面较窄，而且有部分潜在具有教育价值的资源没有被识别。因此，在整理在地化课程资源时，需要帮助农村幼儿教师明确整理原则，使其明了应该从哪些视角去寻找在地化课程资源，以为幼儿教师提供抓手。

首先，位置便利。在地化课程注重培养幼儿的乡土情怀。情感的培养并非靠单纯的知识传授，而是需要在生活实践中不断接触，潜移默化地获得。在地化课程的实践并不是仅仅将地方知识传递给幼儿，而是其来源于幼儿生活，并回归于幼儿生活。幼儿在生活实践中不断与周围环境互动，这时在地化资源转变为幼儿生活，潜移默化地影响幼儿行为，要实现这样的在地化课程理念，就需要幼儿不断接触在地化知识和环境。因此，在整理在地化课程资源时，首先要注意位置便利的策略，随时可以带领幼儿去参观、调查、表征，幼儿在地方环境中可以探索事物，可以操作材料，便于将园内和园外资源整合。

其次，适宜发展。发展适宜性教育的理念可谓深入人心，可从两个层面理解发展适宜：第一个层面是适宜。它指的是年龄适宜和个体适宜。幼儿教育内容的选择、活动的组织要适合幼儿年龄阶段特点，儿童的发展与成人之间并非仅仅是身材上面的差异，更为重要的是心理差异。心理学研究者论述了幼儿心理发展特点和规律，为幼儿教育提供了理论依据。同一年龄阶段里也存在个体差异，因此幼儿教育的组织要关注到个体发展的差异。第二层面是发展。幼儿教育不仅要重视适应幼儿的发展需求，更为重要的是促进幼儿在原有基础上有所提高，这种发展是全面的，而非仅停留在个别层面，如当前农村幼儿教育过于注重智育发展，而忽略了其他方面的发展，显然是不利于幼儿的完整人格培养。发展适宜性教育要求幼儿教师观察幼儿，了解幼儿的"最近发展区"，以便提供适宜的教育。农村资源较为丰富，自然资源、文化资源、社会资源内容广阔，有些内容较为深奥，不能被幼儿所理解和接受，而幼儿喜爱的一些资源，有时也包含复杂的知识，因此幼儿教师要善于取舍。例如农村植物资源较为丰富，这些资源可以成为幼儿园、小学、中学、大学等不同学段的学习对象，那么将其放置在幼儿园，不同年龄阶段的幼儿如何认识植物呢？幼儿教师需要结合本班幼儿的实际发展，以《3~6岁儿童学习与发展指南》为指导原则，整理出可供不同年龄阶段幼儿所认识和学习的资源，同时要注意全面发展，选择的在地化课程资源应该包含智育、美育、德育、体育等相关内容。

再次，类型多样。在地化课程资源的整理需要将农村现有资源转换为潜在的教育资源，农村的一花一草一木，溪水河流，都蕴含着教育价值。

在对农村幼儿教师调研时发现，农村幼儿园比较关注地方的民间艺术资源，如剪纸、编织、扎染等，这些资源受到幼儿教师的青睐，并将其作为特色课程，但是对农村幼儿园周围的自然资源、社会资源却采取置之不理的态度。因此，在整理在地化课程资源时需要帮助幼儿教师明确课程资源的内涵及所具有的教育价值，确定在地化课程资源的种类，以为幼儿教师提供具体操作的抓手，转变幼儿教师的认识。关于在地化课程的类型，上面章节已经论述，这里就不展开阐述。另外，强调在地化课程资源类型的多样化，将有助于农村幼儿教师反思如何实现幼儿的全面发展，纠正当前农村幼儿教育过于注重智育的现象。

最后，深度利用。整理在地化课程资源不能停留在汇总层面，而应该思考资源蕴含教育内涵，将资源转换为幼儿可接受的内容。这里提出深度利用并非要求幼儿教师对每一类型在地化课程资源了解的程度越深越好，晦涩难懂的深奥知识并不适合幼儿学习，而是指幼儿教师要善于转换在地化课程资源。实现在地化课程资源的深度利用，首先需要幼儿教师全面把握在地化课程资源的内涵。农村幼儿教师可以通过走访、查阅文献等多方面途径查找资料，全面了解每种在地化课程资源的内涵、类型、发展历程等，为开展在地化课程提供知识背景的支撑。其次要提倡趣味性。农村幼儿教师开展在地化课程时，往往会关注知识与技能层面的传授，如开展"走近建筑"的活动时，将重点放在认识建筑的结构，绘画建筑，也会给幼儿讲解建筑的发展历程，但是内容和形式往往以讲授为主，很难激发幼儿对建筑深入了解的兴趣，走马观花之后，便匆匆结束了活动。在地化课程资源转换为教育活动，应注重将知识趣味化、故事化，也可借助操作材料，让幼儿在亲身操作过程中感受其魅力，也可举办活动，让幼儿在亲身体验中了解在地化资源。再次注重操作性。幼儿深度学习的产生才会从真正意义上促进幼儿的发展。幼儿深度学习是指幼儿的学习以理解为基础，能促使幼儿对周围现象进行反思和批判思考，将学习知识纳入已有的认知结构，拓展幼儿的思维，又能将已有知识迁移到新情境，以解决实际问题。实施在地化课程时，应给予幼儿充分操作和自主探索的机会，将抽象的知识形象化、可操作化，可以在区域活动、环境创设中提供在地化材料，让幼儿操作、探索，解决真实问题。

2. 师幼共同绘制在地化课程资源地图

课程资源地图是指对幼儿园周围资源进行调研后，为了直观地呈现各种资源，绘制出一幅地图，上面形象地标注出可利用的自然资源、社会资源等内容。课程资源地图在幼儿园的使用，有助于教师直观明了地把握周围资源，根据实际情况，随时将资源转换为幼儿园教育活动。

（1）绘制在地化课程资源地图的价值

首先，帮助农村幼儿教师树立科学的资源观。课程的有效实施离不开对各种资源的开发与利用，资源是实现幼儿发展的物质形态。什么是课程资源，如何利用资源等话题一直是农村幼儿教师较为困惑的问题，尽管农村幼儿园周边有丰富的自然资源和社会资源，但他们却置之不理，究其原因是农村幼儿教师缺少开发课程资源的意识和能力。《幼儿园教育指导纲要》中指出幼儿园要"综合利用各种教育资源，共同为幼儿的发展创造良好的条件"，课程资源是幼儿教育的重要组成部分。农村幼儿教师在绘制课程资源地图时，需要厘清课程资源的内涵，查阅资料丰富对乡村社会的认识，开展教研活动，研讨"物质形态"的课程资源转换为幼儿经验的过程，让农村幼儿教师切实体验到课程资源在课程建设中的重要地位。

其次，为实施在地化课程提供"抓手"。绘制在地化课程资源地图时，农村幼儿教师需要对现有资源进行普查，对照幼儿兴趣、幼儿在不同年龄阶段的典型性表现，对照幼儿教育目标要求进行筛选，这样一来在地化课程资源才能实现从资源到经验的转换，而这一过程，也恰好是幼儿园在地化课程开发的前序准备。在地化课程资源地图将资源以立体化、多元化、动态化的方式呈现，幼儿教师在梳理课程资源时，能随机发现其中蕴含的教育价值，以此为基础，进而生发出各种教育活动，而这为在地化课程的开发与实施提供了有力的支撑。幼儿教师抓住某一类资源，以此为生长点，结合五大领域的基本要求，构建多种类型的在地化教育活动，这便生成了在地化课程。幼儿教师绘制在地化课程资源地图的过程，本身就是课程的推进，随着地图的绘制，幼儿与幼儿教师共同完善与修改地图，构建着自己对本地区资源的认识，运用绘画、语言等多种表征方式表达着自己对乡村和幼儿园的热爱，在地化课程的目标在潜移默化制作过程中得以实现。

再次，共同绘制资源地图是师幼在地化经验生长的基础。绘制在地化课程资源地图并非仅关注最终地图的样态，还应关注到绘制过程本身。绘制地图的过程，经历"搜集资源—绘制地图—整理资源—构建课程"的思路。经过教师与幼儿共同参与，幼儿教师往往能在其中经历或者发掘课程的生长点。例如在主题"有趣的面塑"活动中，幼儿与教师共同搜集面塑的起源、种类及艺术特征，寻找村庄中面塑传承人，整理村庄中面塑作品，访谈面塑传承人以汇总其艺术特征及技法，进而绘制成面塑资源地图，最终分别汇总关于面塑的知识并将其分级存放。整理与汇总面塑活动本身便是一个课程的推进过程，而在此过程中，幼儿遇到的难点和问题便是课程新的生长点，幼儿在制作和汇总的过程中实现自身的发展。

最后，绘制资源地图能助推区域内资源共享。在地化课程资源地图的建设有助于实现区域内幼儿园共建、共享、共用。在地化课程的实施是一个开放的过程，既可以邀请专家、家长、村庄工作人员、民间艺人等参与其中，各园所之间也应该形成发展共同体，共享区域内资源。在前期的调研中，我们发现村庄幼儿园往往呈现出小规模的趋势，每所幼儿教师人数有限，在此客观条件下使得在地化课程资源地图的绘制需要较长时间，也会成为农村幼儿教师的工作负担。而周围园所共同开发与绘制地图，不仅能提高效率，还能拓宽幼儿教师的视野；不同园所教师共同商议，有助于提供问题解决的多种方案，为在地化课程资源地图的绘制提供了有力保障。近年来，研究者关注到单纯的外源性财政投入不能有效地实现农村幼儿教育的高质量发展，内生性成长则是农村幼儿园教育提高的重要路径，农村幼儿园之间相互协商、共同商讨，区域内共同教研，是促进农村幼儿园课程质量提高的有效途径，在地化课程资源地图的绘制，则是园所之间交流的重要内容。

（2）如何绘制课程资源地图

根据不同划分标准，幼儿园地图资源的类型呈现出多样化。根据范围划分，课程资源地图可分为幼儿园课程资源地图、片区课程资源地图和区域课程资源地图；根据媒介形式，可分为纸质课程资源地图和电子课程资源地图；根据内容划分，可分为综合性课程资源地图和专题性课程资源地图。不同的类型为绘制课程资源地图提供了可借鉴的思路，根据范围和媒介的交叉，形成的课程资源地图包含的类型主要有以下几方面（表4-1）。

表 4-1　课程资源地图的类型

范围	纸质	电子
幼儿园	纸质版幼儿园课程资源地图	电子版幼儿园课程资源地图
区域	纸质版区域课程资源地图	电子版区域课程资源地图

整体来看，电子课程资源地图的绘制需要运用电脑操作各类软件，绘制的主体是幼儿教师。幼儿教师对各类资源进行整理，最终通过操作软件，将各类可利用的资源按照地理位置进行摆放。纸质课程资源地图的形式可以多样化，幼儿教师和幼儿都可以参与绘制。此环节绘制的资源地图的目的是让幼儿和教师明晰园内和园外各类资源种类及位置，在使用时便于提取，下面将详细介绍各类课程资源地图的绘制。

一是纸质版幼儿园课程资源地图。幼儿园课程资源地图是对整个幼儿园绘制的地图，教师和幼儿通过调查幼儿园户外场地、建筑设施等，绘制出直观的幼儿园内可利用的各类资源。幼儿和教师先走一走、看一看幼儿园内各个角落，熟悉幼儿园每个位置摆放的游戏材料、设施、动植物等资源，运用文字、图画、拼贴等形式绘制幼儿园平面图，见图4-6。

图 4-6　幼儿园平面图

幼儿与教师共同绘制幼儿园课程资源地图，这既是幼儿重新认识、深入了解幼儿园的时候，也是幼儿教师观察幼儿、了解其需求和兴趣的好时机，在这个过程中，教师和幼儿共同交流、讨论、研讨如何绘制地图，在此过程中，幼儿和教师会对园内资源有系统而深刻的认识。为了增强班级之间的资源共享，除了绘制一张幼儿园课程资源地图外，幼儿园还可以让每个班级的幼儿绘制出自己班级资源地图，将班级的游戏区域和材料利用图画、照片等多种形式展示，将其放置在园内大厅内展示，以便每个幼儿都能看到其他班里的材料，实现园内资源共享。

二是纸质版区域课程资源地图。在绘制区域课程资源地图时，需要考虑地理范围的问题。通过查阅资料发现，各个幼儿园在界定范围时，基本会采用以幼儿园为圆心，以一定的距离为半径画圆，即为应绘制的幼儿园课程资源地图，但每个幼儿园所选取的距离略有差异。有的幼儿园会选取3~10公里，有的幼儿园会选择1.5公里以内。为了确保资源的有效利用，本研究将幼儿园课程资源分为三环资源，即内环资源、中间资源和外环资源。内环资源为以幼儿园为圆心，以1.5公里为半径进行画圆，之所选择1.5公里是基于对幼儿参与活动的考虑。《3~6岁儿童学习与发展指南》中指出"5~6岁幼儿能连续行走1.5公里以上（途中可适当停歇）"，在这个范围内课程资源能随时对幼儿发出邀约，其课程资源可利用率会显著提高。由于农村地域空间较为辽阔，距离较近的田地种植的农作物往往是统一的，周围村庄也会有一些丰富的资源，因此设置中间资源，将相邻村庄的资源整合在一起，以拓展在地化课程内容。外环资源主要范围在本地市有特色的文化资源、自然资源和人力资源，如菏泽具有牡丹之乡、戏曲之乡、武术之乡、书画之乡等称号，培养具有地方身份认同感的在地化课程的实施，必然会与这些资源发生联系，使这些具有地域特色资源成为农村幼儿园课程开展的重要内容。

幼儿教师首先利用网络地图查找幼儿园1.5公里范围内的资源，全园教师商讨，绘制出简略地图，明了需要去调研的位置和内容；然后成立课程资源调研小组，其成员主要由课程开发人员组成，也可以邀请部分家长、幼儿参与其中，将调研小组划分为四组或两组，从不同方向对区域内资源进行实地勘查、走访调研，并设置调研表格记录信息，如位置、名称、类型、内容等，随后将地域范围扩大，了解菏泽本地市的特色资源。特别需要指出的是，表格内容的填写一定是建立在幼儿教师亲身走访调研的基础上，这样既可以保障资源的可信度，更为重要的是能拓展幼儿教师对地方知识的了解和地方文化的体验，培养幼儿教师的乡土情怀。最后，将各类资源分类整理，完善原有的课程资源地图，在上面标注名称及内容，其每一个名称里包含的具体资源，需要重新制定资源库。为了方便查找，资源库可形成三级目录，一级目录是按照自然资源、社会资源、文化资源三大类别，二级目录按照名称的首字母进行排列，三级目录里记录该资源内详细的内容。

三是电子课程资源地图。信息技术在日常生活中的应用较为普及，在绘制课程资源地图时，可以将其制作成电子版本，以便幼儿教师查阅与使用。在绘制电子课程资源地图前，需要对所整理的资源进行编码，以注明类别，方便随时查阅。在注明类别时，可采用各级资源目录名称的首字母，如苹果园是二级目录中果树中的某一类别，而果树的一级目录为自然资源，则苹果树的编码为"Z—G—P"。对课程资源分级整理后，便可将其标注在电子地图中。幼儿教师可利用百度地图或高德地图，截选幼儿园所在位置的地图，将其导入 Photoshop 等电脑软件中，将图片进行拉伸大小或调整比例，并在上面标注编码。电子资源地图能长久保存，修改或调整较为方便，但对幼儿教师的电脑操作具有较高的要求，农村幼儿园可根据实际情况使用。

（3）多方主体共同参与在地化课程资源地图的绘制

在地化课程是基于审视乡村、家庭与幼儿园三者之间关系的基础上提出的，注重培养幼儿对乡村的归属感，强调乡村与幼儿园的互动和联结，在绘制在地化课程资源时，可以邀请家长、乡村工作人员参与其中，让他们了解幼儿园在地化课程开展的状态，和幼儿每日活动轨迹，以便得到他们的支持。农村幼儿教师大多居住在城市，每天开车来到乡村幼儿园工作，缺少对当地资源的了解，较少与村庄之间交流，把之前"乡贤"的角色放置在幼儿教师身上已经缺少了生活条件的支持，这种疏离的状态使得幼儿园孤立地开展活动，得不到乡村人员的有力支持。在绘制地图资源时，家长和乡村人士的参与，会增加双方的联系，更为重要的是，可以提高幼儿教师对乡村知识和文化的了解，丰富在地化课程资源。

3. 走向儿童经验的课程资源

资源是指一定区域内所拥有的人力、物力等物质形态和精神形态的总称，其存在形态可以是自然资源、建筑设施等物质形态要素，也可以是存在生活活动、交往活动中的精神形态要素。幼儿园课程资源是为实现教育目标，促进幼儿全面发展，为幼儿园课程实施提供"行动指南"的各种人力、物力等物质要素和精神要素的总称。而经验指的是个体与客观事物互动中获得对客观事物的认识，建立事物与个体之间的关系，经验可以是感官直接获得，也可以通过个体反思而获得。幼儿经验是与周围环境、游戏材料发生作用过程中获得的。可以看出，课程资源是外在于个体而单独存在的，只有将其转换为幼儿经验，才能促进幼儿真实地成长。因此，幼儿教师必须转变只关注资源而忽略幼儿经验的观念，采用多种形式实现从"资源"到"经验"的转换。

（1）专题研讨，提升幼儿教师资源探究能力

理念影响行动，只有提升农村幼儿教师对课程资源和幼儿经验理论的认知，才能在课程实践环节中实现从"资源"到"经验"的切实转换。首先，通过阅读提升教师理论修养，可以采取"共读一书"的形式，幼儿教师之间交流感悟，也可以自己查阅相关文献资料，拓展对幼儿园课程资源、课程资源地图等内容的认识。阅读文献或书籍能让幼儿教师系统地把握课程资源的内涵，但如何将其落实到行动中，还需要聚焦问题、专题研讨。幼儿教师可以选取某一案例进行研讨，重新构建新的认知，实现理论到实践的转换。案例研讨前，幼儿教师先查阅相关文献资料，在教研活动中各位教师各抒己见，阐述自己在阅读和实践中遇到的问题，教研主持人汇总问题，梳理出典型问题，进行专项解答。随后将教师分组，各组呈现课程案例，讲述课程资源到经验转换的方式和具体实施方案，其他教师进行提问，由教研主持人梳理转换路径和遇到的困惑，为接下来的教研提供了新的话题，也为幼儿教师实践提供了可借鉴方案。

（2）集体审议，为资源转换成经验提供支持

农村幼儿教师对课程资源的认识停留在知识层面，对物质形态的资源转换为无形的幼儿经验，存在较多的困惑，集体审议课程资源将为幼儿教

师提供经验的借鉴。集体审议课程资源是指幼儿园成立课程教研小组，在整理在地化课程资源的基础上，对标《3~6岁儿童学习与发展指南》中幼儿各年龄阶段的典型表现，指出课程资源在不同年龄阶段的教育要求，以实现课程资源在幼儿园螺旋上升式地组织。例如，小中大班都开展认识树木的活动，小班开展"多样的树木"，让幼儿感受树木的形态、种类的多样、树木下的游戏等活动，中班开展"我和小树共成长"，大班开展"大树真好"活动。小中大班教师集体备课、共同研讨：同一课程资源在小中大班的不同教育的要求是什么，如何实现内容的梯度安排，这些课程资源如何与幼儿发生联系等问题。在集体审议中，每个年龄组教师都明了各年级活动的内容，为课程资源转换为幼儿体验提供了有力的保障和支持。

（3）研究儿童

幼儿教育界较为流行的一句话是幼儿教师应"心中有目标，眼中有孩子"。农村幼儿教师通过集体教研，对标《幼儿园教育指导纲要》《3~6岁儿童学习与发展指南》等学前教育政策的基本要求，牢牢把握幼儿各年龄阶段的教育要求，可谓做到"心中有目标"，然而教育的主体是幼儿，教师开展教育活动需要以幼儿的发展为前提，关注幼儿的需要、兴趣和发展水平。然而，这对农村幼儿教师较具挑战性，农村幼儿教师停留在提高教学活动质量上，观察幼儿，把握幼儿的兴趣点，从中提取出有教育价值的信息，这些话题需要农村幼儿教师有较高的专业素养。实现农村幼儿教师"眼中有孩子"的方式可以采取多样形式，如可以先让农村幼儿教师掌握儿童所应达到的发展水平，也就是把握《3~6岁儿童学习与发展指南》对不同年龄阶段的典型特征描述，也可以结合五大领域的核心素养，了解不同领域下对各年龄阶段幼儿发展的要求，在此基础上，筛选在地化课程资源，使其适应不同年龄阶段的要求，儿童在这里是抽象的存在。想要了解本班幼儿发展的实际情况，需要农村幼儿教师根据观察记录表、集体教研等形式，共同商谈，交流幼儿的行为及背后反映的心理水平。幼儿教师一起看儿童、读儿童，分享儿童的成长的点滴，这时儿童在教师眼中是鲜活的，是具有生命的个别存在。

4. 在地化课程资源的汇总

随着在地化课程的推进，农村幼儿教师整理的在地化课程资源会越来越丰富，种类和数量都不断增长，这时对幼儿教师来说，从复杂和数量庞杂的资源中快速提取出有用的信息，便会显得尤为重要。为了方便幼儿教师查找，促进在地化有效实施，建立在地化课程资源的索引和指南就显得尤为重要。前期构建的资源地图侧重于对地方资源的整理，主要内容包含资源名称、资源内容、位置和教育价值，经过一段时间的实践，幼儿教师对课程资源的利用有了一定经验积累，最终形成的课程资源地图应包含教育价值的分析，以便拓展教师的思维，这时课程资源地图包含资源类别、名称、内容、蕴含的教育价值、可开展的活动，课程资源地图索引为农村幼儿教师践行在地化课程提供了行动指南，最终以电子资源库的形式进行保存。

五、农村幼儿园在地化课程开发程序

幼儿园课程开发模式是一种"概念性的框架"，指明了幼儿园课程开发时应关注到的要素，同时阐述了具体可操作的步骤，为教师开发在地化课程提供了理论支撑与程序化建议。在地化课程开发既有自身独特的价值和内容，但整体的开发模式与当前园本课程开发模式保持一致。农村幼儿园在地化课程的开发，需要结合农村幼儿园的可利用资源和教师的专业水平，制定适宜的开发模式，以为幼儿教师提供指南。

（一）当前幼儿园较为流行的课程开发模式

1. 施瓦布的实践模式

20 世纪 60 年代前后，以布鲁纳为代表的"学科结构主义运动"掀起热潮，一些科学领域的专家参与到了教材的编写中，施瓦布作为一名生物学家、教育学家参与了本次课程的改革，但本场课程改革并未得到期望的效果。施瓦布对课程改革进行了深入思考，在总结课程改革失败的经验后提出了"实践取向"的课程模式。施瓦布连续发表了其他 3 篇"实践"系列论文——《实践：折中的艺术》（1971 年）、《实践 3：课程的转化》（1973 年）、《实践 4：课程教授要做的事》（1983 年），系统地建构了实践

课程开发理论，这"代表着课程领域发展历程中的分水岭"①。施瓦布直面结构运动课程改革中出现的问题，重构了实践课程模式，提出了"实践—审议—开发"模式，具体表述见图 4-7。

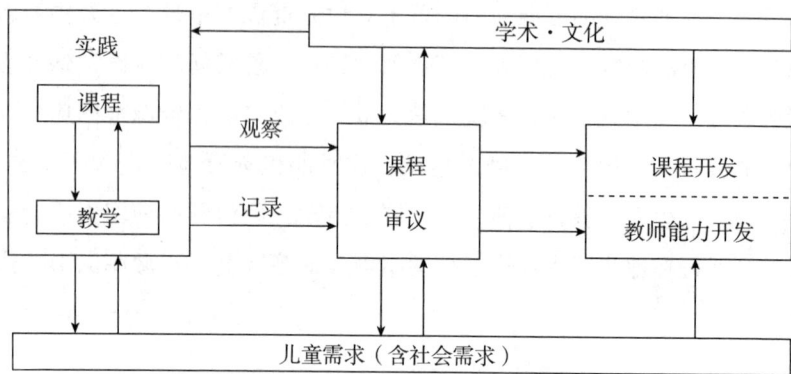

图 4-7 "实践–审议–开发"模式②

该模式并非课程内容决定儿童的活动，而是根据幼儿的需要与兴趣决定课程的有效开展。教师则是课程的实践者、开发者与决策者。课程审议则是在课程实践与课程开发之间的中介者。课程审议是教师依据观察与记录的内容对原有的课程实践进行思考，重新评估课程实践或者说是教材的价值，对原有的计划进行修改与调整。课程审议具有的特点主要有：一是提供多种解决问题的方法和方案。作为课程理论和实践的中介，课程审议使得幼儿教师以多种视角重新审视课程，也使各种观点与思想得以碰撞，产生多样化的课程实践方案；二是关注课程中潜在价值，由之前仅关注到知识传递或文化价值，转向对儿童的观察，以此为基础构建课程。三是课程审议具有集体和教育的特征。

2. 斯坦豪斯的"过程模式"

20 世纪五六十年代后，英国课程理论家斯坦豪斯针对目标模式的课程编制中出现的问题，提出了课程编制的过程模式。斯坦豪斯在《课程研究与课程编制入门》一书中提出了目标模式中存在两个问题，即误解了知识

---

① 姚小鸽，张俊列.西方近三十年来施瓦布实践课程思想的研究的新进展［J］.全球教育展望，2021（12）：32-46.

② 佐藤学.课程与教师［M］.钟启泉，译.北京：教育科学出版社，2003：35.

的本质和改善实践的过程本质。知识不是等待儿童被动接受的现有东西，而是儿童思考的对象。设计课程时，教师应关注到知识的不确定性，以鼓励幼儿充满个性与创造性的学习。斯坦豪斯指出教师不能被动地实践专家所制定的课程方案，而是在教育实践中发现问题、解决问题，在实践中通过问题解决以实现教育的改革与课程实践。

斯坦豪斯认为教育的最终目的是实现人的自由及创造力，教育的重要机制就是要引导儿童自由地探索知识。教师虽然需要明确教育过程中的内在价值标准和总体要求，但是这并非对教育实施后效果的唯一结果的预判和方向把控。教师要关注教室情景中出现的真实问题，转变角色，与学生共同学习和探索。为此，斯坦豪斯还提出了制定课程的五大原则：①教师应与学生一起在课堂上讨论、研究具有争议性的问题；②在处理具有争议性的问题时，教师应持中立原则，使课堂成为学生的论坛；③探究具有争议性的问题的主要方式是讨论，而非灌输式的讲授。④讨论应尊重参与者的不同观点，无须达成一致意见；⑤教师作为谈论的主持人，对学习的质量和标准负有责任[①]。这些课程实践的原则为在地化课程实践提供了可参照的方法。

3. 后现代课程模式

后现代主义对现代主义所普遍认为的确定性充满了质疑，认为我们的周围环境充满了不确定性和未知。在谈及理论与实践的关系时，认为理论不再先于实践，实践不再是理论的侍从，也并非理论的实践化，实际上是将理论奠基于并发展于实践。后现代主义提出了"新4R"的课程编制模式，即丰富性、回归性、关联性、严密性，为园本课程的开发提供了新的模式和思路。这种课程开发模式突出强调自下而上，幼儿园应根据文化、经济、环境等多方面的实际情况，构建适宜自己园所发展的园本课程。

4. 斯基尔伯克"校本课程开发的循环模式"

从前面三个课程开发模式的阐述可以看出，他们更加侧重的是课程开发的理论探索，阐述在课程开发时应关注的理念及其对实践的作用，而斯基尔伯克则重视教师在园本课程开发时应遵循的步骤。斯基尔伯克认为，

---

① 王春燕，秦元东. 幼儿园课程概论 ［M］. 北京：高等教育出版社，2019：28.

校本课程开发应包含五个循环的环节，教师需要首先分析学校的实际情况，确定课程目标，构建方案并实施，搜集资料以评价与反馈课程，对原有方案进行思考，再循环，按照该步骤重新开展。

第一个步骤是分析情境。教育是一个生态系统，周围环境与内部环境之间相互作用，共同发挥教育作用。在分析情境时，幼儿教师要关注到幼儿园内外两方面的环境。外部环境包含社区的教育价值、社会文化理念、家长的期望等；内部环境包含对幼儿生活经验、学习方式、学习能力等方面考虑，也包含对教师的价值观念与能力、期望与态度等内容，还需要对幼儿园的管理制度、文化氛围、资源环境等多种因素的分析。通过对环境的分析，有助于教师预判课程实践中可能出现的问题，并提出解决的策略。

第二个步骤是确定目标。根据情境分析的结果，幼儿教师拟定出适合学校的课程目标，并注意下列五点因素：①课程目标应指导幼儿教师学生学习及教师行动；②目标随教导与学习展开后应不断调整；③目标经由系统性地关联到更普遍的目的及教导与学习的实务，可获致合法性地位；④目标有各种不同的种类；⑤建构课程目标时应容纳教师、学生及家长。①

第三个步骤是构建方案。教师应结合上述目标，构建可行的教学方案，这里的教学方案包含教学活动设计、教材、人员安排及计划等。在构建教学方案时，斯基尔伯克提出了八条可参照的程序性原理：①学科之组合与链接；②学生的组合；③不同科与共同目标之学习关系；④教导内容之范围、顺序及结构；⑤空间、资源、材料及仪器；⑥教导及学习方法；⑦人员的需求与分派；⑧时间表及行事历②。这些程序性原理为教师构建教学方案提出了可参照性建议。

第四个步骤是解释与实施。解释指的是在课程实施前，教师结合相关的理论基础，对可能出现的问题进行预测，猜测各种可能出现的问题，以便能避免问题的出现或者及时解决相关问题。课程实施则指的是将构建的方案付诸实践。教师是保障课程实施质量的关键角色。

第五个步骤是评价与反馈。评价与反馈指的是教师在课程实践中搜集

① 郑晓萍. 香港幼儿园教师校本课程开发能力提升研究［D］. 武汉：华中师范大学，2019.
② 黄政杰. 课程改革的理念与实践［M］. 台北：汉文书店，1997：15-16.

相关资料，对实施的环节及要素进行评价，把握课程实施的质量及效果，以便对原有步骤、环节进行调整，帮助教师投入下一循环步骤中。在这里，评价的主体是多元的，可以是教师自我评价，在课程实践整个过程中不断搜集资料，解决困惑问题，对原有方案与实施过程进行评估；也可以是外部人员对课程进行评估，方便从不同视角改进课程。

《幼儿园教育指导纲要》中除去"总则"部分，从"教育内容与要求""组织与实施""教育评价"三部分进行阐述，虽然文件中并没有明确指出幼儿园课程开发需要按照这几部分展开，但是每一部分的详细论述，却指明了教师在课程开发时需要关注到的内容及思路，其表述的内容与以上课程开发模式保持理念上的一致性，这为幼儿教师开发与构建在地化课程提供了思路与依据。

（二）形成程序化的在地化课程构建方案

施瓦布反思学科结构课程模式，构建了"实践—审议—开发"的课程开发模式，提醒农村幼儿教师重视课程审议的重要作用。斯基尔伯克提出了"校本课程开发的循环模式"，明确了"分析情境—确定目标—构建方案—实施—评价"的程序，为农村幼儿教师开发园本课程提供了明确的思路。农村幼儿教师对课程开发存有畏难心理，他们不知道课程开发的程序，对幼儿园课程的认识较为粗浅，因此，农村幼儿园实施在地化课程时，应给予他们清晰明了的课程开发程序，越具体越具有可借鉴的意义，对农村幼儿教师越具有启发价值。在地化课程开发程序可借鉴已有的课程模式，以使其具有理论依据。

1. 分析情境

农村幼儿园在地化课程的实施并非对现有课程的翻版，需要幼儿教师利用当地的资源，构建新的课程方案。在明确课程方案之前，农村幼儿教师需要分析自身实际情境，这样才能使在地化课程落地生花。农村幼儿教师可借鉴 SWOT 理念分析具体情境，S（Strength）是指优势，农村幼儿教师思考当地幼儿园所具有的优势，包含可利用的资源、地域优势、特色优势等，这些优势将成为幼儿教师课程开发的有利保障；W（Weakness）是指劣势，也需要客观理性地看待农村幼儿园的不足之处，准确把握各种课程模式在幼儿园实践遇到的困惑，包含师资水平、财政投入、园所建设、家长参与等多方面因素；O（Opportunity）是指机会，分析农村幼儿园发展所具有的潜在价值和机会，特别是政策支持和教研活动的支撑等，这些为农村幼儿园在地课程实践提供了发展机遇；T（Threat）是指威胁，威胁并不是一种弱势或不足，而是周围环境给予的一种挑战，当充分利用时，威胁会转变为机遇，也有可能变成优势。运用 SWOT 分析法可以让农村幼儿教师对园所情境有深刻的认识。

通过情境分析，农村幼儿教师重点需要清楚地知道本园所教师专业素养、可利用的资源、外部支持情况，以便选择适宜的开发课程类型。当园所教师专业素养高且稳定、周围可利用的资源较为丰富时，农村幼儿园在地化课程可考虑生成课程方案，在整个园所实施，以形成自身园所的特色。当园所教师专业素养较为薄弱，在地化课程的实践可考虑预设为主，采取微课程的方式实施，在较小范围内有助于保障在地化课程有质量地开展。

2. 确定目标

幼儿园课程目标是分层次的，可分为课程总目标、年龄阶段目标、单元目标和具体活动目标四个层面，这是从纵向结构界定课程目标，它们之间层层落实，范畴逐渐缩小，下层目标是为确保实现上层目标，层级化的课程目标表述使得幼儿园课程目标有效落实。在地化课程方案的制定首先需要明确课程总目标，也就是回答通过在地化课程可以促进幼儿哪些方面的发展，即培养什么样的人的问题，在地化课程总目标应既包含普遍性目标，也应具有其独特目标的显现，如让幼儿认识在地环境，体验与环境互动的多种形态，培养幼儿乡土情怀，让幼儿体验获取在地经验的方法，提升运用知识解决实际问题的能力。

年龄阶段目标是在地化课程在小中大班内分别实现的教育要求。在地化课程的年龄阶段目标的制定，需要幼儿教师深刻领会《3~6 岁儿童学习与发展指南》的文件精神，同时结合不同领域中各年龄阶段目标的表述，准确把握小中大班幼儿的教育要求。在此基础上，幼儿教师分析在地化课程资源适合哪一个年龄阶段开展，同一课程资源在不同年龄阶段开展时的教育要求的差异表述，如对植物的认识，小中大班都可以开展认识植物的活动，小班将重点认识植物的多样性，中班则将侧重点放置在了解植物的生长过程和生长环境，大班则是植物与环境关系、植物的季节变化、传统文化中的植物等。

单元目标的呈现形式略有差异，以时间进行划分，可以是月计划目标和周计划目标，也可以是主题活动目标。不论主题是直接来源于地方资源，还是从原有主题中选取，单元目标的表述必须呈现出在地化课程的目标。每个主题活动目标都需与在地化课程目标相整合。

在实践过程中，经常会发现幼儿园教师在开发课程时，往往是先有活动后有目标，似乎目标的制定对幼儿园教师来说是一件很难且意义不大的事情。这主要是因为幼儿教师将注意力放置在活动上，有时会为了活动而活动，但活动背后的教育价值反而被忽略了，这也是将幼儿园课程定义为活动容易出现的问题。因此，在地化课程开发中，幼儿教师要把目标的制定放置在方案之前，以保障在地化课程有质量地开展。

3. 构建课程方案

为了实现上述目标，切实可行的课程方案是非常有必要的。课程方案需要考虑实施的具体细节，主要内容有明确的主题、每周计划、课程组织、教研时间、幼儿观察记录、课程审议人员、课程资源等。每个农村幼儿园都需要根据情境分析的情况，制订课程计划，该计划要求人员明确、时间具体、步骤明晰。如果是以预设为主的课程方案，农村幼儿教师在教研活动时，要明确到每一节教学活动的组织、每次户外实践活动的安排，幼儿教师也需要制定观察记录方式，明确教研时间和次数，以随时对计划的课程进行修改。以生成为主的课程方案，虽然不需要把每个活动方案都提前设计完善，正如瑞吉欧教育指出"三分之一是确定的，三分之二是不确定的"，选定主题后，要设计集体教研时间，通过头脑风暴，帮助各个班级教师明确主题蕴含的教育价值和可行的活动，以便幼儿教师随时捕捉到教育契机。生成课程需要幼儿教师随时关注幼儿的行为，在集体教研时要善于分享幼儿活动，以便明确下一步课程的走向。

4. 实施课程

实施课程是将园本课程计划付诸实践。农村幼儿园根据教师自身的水平和实际情况，灵活地选取忠实取向、相互适应取向和创新取向，但不论是何种取向，都要增加课程审议环节。施瓦布认为在课程实践过程中，需要观察与记录幼儿，通过审议，以构建新的课程。课程审议能让幼儿教师在实践过程中关注到幼儿，将自身定位于观察者、研究者、课程开发者等角色，而非仅仅是计划忠实的执行者。将原本认为观察与记录幼儿、开发课程是一项高深莫测的工作，转换为日常工作。课程审议的有效开展，有助于在地化课程的高质量开展，有助于转变教师的观念。为了保障课程审议的有效性，农村幼儿园可以形成区域共同体，共同开展研讨、案例分析，也可以邀请专家参与，对课程审议给予理念上的指导。

5. 评价与反思

在地化课程的评价应该以当前幼儿园教育评价的主要思想为出发点，采取多元化的评价方式。在评价功能的定位方面，农村幼儿园应该注重激励功能、发展性评价功能，激发幼儿参与在地化课程活动的兴趣，帮助教师完善已有课程方案；在参与评价主体方面，遵循教师自评为主的原则，鼓励幼儿、家长、农村工作人员等参与到评价中，让各方了解在地化课程活动，以便随时提供教育建议，多方共同参与评价有助于实现教育的合力。在评价方式方面，农村幼儿园采取过程性评价和结果性评价相结合的方式，可以通过拍照、录制视频、文字记录等多种形式记录幼儿的言行举止，记录活动的过程，也可以参照瑞吉欧教育将幼儿艺术表现视为图像语言，让幼儿通过绘画、泥塑、语言等记录自己的发现和活动的精彩瞬间，最终以档案袋的形式记录幼儿的成长过程。除此之外，幼儿教师还需要对活动过程进行反思记录。在学期结束后，农村幼儿园可以通过多种方式评估幼儿和课程，以明确课程需要调整的方向。除此之外，农村幼儿园还要关注对幼儿教师的评价，他们是课程实施的主体之一，其主要目的是提升幼儿教师的专业素养，需要制定详细科学的方案，针对幼儿教师的教学理念、儿童观、教学实施的状态等进行全面考核，其形式可以多元化，如讲解课程案例、分享课程故事、解读幼儿行为、公开上课等。

从分析情境、确定目标、再到构建课程方案、实施课程，最后评价和反思，整个过程并不是线性过程，而是一个持续不断修改和完善的过程，是一个持续循环的过程。农村幼儿教师在课程开发的过程中需要不断完善自身的理念，在实践活动中不断调整活动过程，以多种方式吸引家长和村庄工作人员参与其中，为幼儿营造一个和谐的在地化生态环境。

第五章
农村幼儿园在地化课程方案的实施

任何课程实践方案背后都有理论的支撑、整体框架的规划，前面章节论述了农村幼儿园在地化课程开发的理论和必要性分析，这些理论背景和框架为农村幼儿园开展在地化课程提供了章法和依据。本章节将选取农村幼儿园实践课程方案，结合具体实际案例，详细说明农村在地化课程开展的过程，以便为其他幼儿园或研究者提供可借鉴的思路。

第一节　农村幼儿园在地化课程实施的研究设计

一、研究的整体思路

本研究选取 3 所幼儿园，主要采用行动研究法，研究者参与幼儿园在地化课程实施的整个过程，从在地化课程资源的整理和分析，到教育价值的分析，再到课程方案的构建和调整，充分利用业界锻炼的机会，以幼儿教师的身份参与课程方案构建与实践过程。

（一）研究目的

（1）精准把脉乡土课程实践存在的问题，跳出"为农"和"离农"的二元教育目的，立足在地而又跳出场域，面向教育现代化，梳理在地化课程的普遍性和独特性，构建适宜的乡村在地化课程体系，助力乡村振兴战略的有效落实。

（2）了解农村幼儿教师在课程开发与实施方面遇到的困惑、课程资源的利用情况，走进农村幼儿教师真实教学场域，直面现有条件对农村幼儿教师课程开发的制约，以期找到提升农村幼儿教师课程开发能力的路径，切实提高农村幼儿教师的专业素养。

（3）增进幼儿对乡村知识的认识，使幼儿在与周围环境互动中体验乡土环境与自身的关系，培养幼儿的判断能力，促使幼儿迁移现有的生活经验和知识，解决在真实情境中遇到的问题，提升创造能力和问题解决能力，走进乡村环境，认同周围环境，进而培养幼儿的归属感和乡土情怀。

（二）研究对象和方法

本研究主要选取了3所农村幼儿园构建与实践在地化课程方案，其中1所农村幼儿园研究者全程参与。研究者借助业界锻炼的机会，以幼儿教师的身份参与在地化课程的构建，并全程参与幼儿园的教研活动，以随时把握课程实施中出现的问题，了解幼儿教师所思所想及解决问题的方法。这3所幼儿园都是我校合作单位，是我校的挂牌教研基地，园所与研究者经常开展教研活动，研究者熟悉每所幼儿园的业务主任和各年级的骨干教师，良好的关系、熟悉的氛围为本研究的开展提供了保障。

在研究过程中，研究者主要采用了调查法、行动研究法等方法，调查法主要目的在于了解幼儿教师、家长、幼儿园管理者对在地化课程开发的态度、对地方资源的掌握程度、对在地化课程方案构建的能力等；问卷法和访谈法相结合，能使研究者深入了解实际情况，分析其背后的原因；行动研究法主要运用于在地化课程方案的构建与实施全过程，研究者的亲身参与助推了行动研究，对实际问题的解决起到了主导作用，给幼儿教师提供了可借鉴的思路和模式。此外，研究者还对各种在地化课程资源进行了整理并总结经验，为推广在地化课程提供了基础。

（三）研究框架

本研究根据在地化课程开发的整体框架，从整理在地化资源入手，与农村幼儿教师共同整理资源及分析其教育价值，然后构建在地化课程实施方案，遵循"方案—实践—调整—再实践"的思路，最终整理整个过程，形成在地化课程方案，将其推广应用。具体的研究框架表述见图5-1。

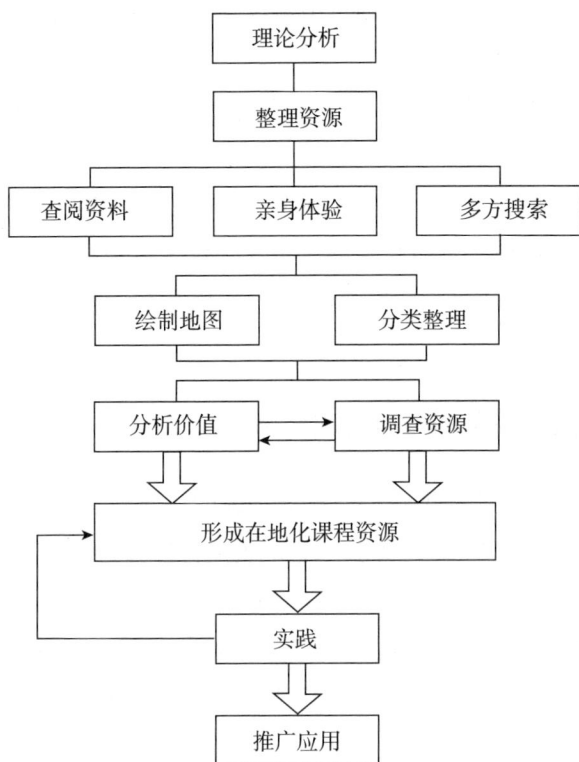

图 5-1 在地化课程研究框架

（1）整理之前进行调研和理论分析，一方面查阅文献资料，了解在地化资源的内涵和范围，另一方面了解农村幼儿教师、幼儿园管理者、家长对在地化课程资源的态度和认知情况，以找到理论的依据和实践研究的基点。

（2）通过查阅文献资料，广泛搜集当地课程资源，以幼儿园为圆心，以 1.5 公里和 3 公里为半径，通过亲身体验、走访调研等方式整理课程资源，对查阅的资料进行调整和完善。结合幼儿园教育目标和幼儿的年龄特点，精选查阅和调研的课程资源，绘制课程资源地图。

（3）幼儿教师、高校人员等共同分析在地化课程资源的教育价值，并分门别类课程资源，按照一定方式汇总，形成最终的课程资源库。

（4）结合幼儿的年龄特点、各年龄阶段教育要求的典型表现，确定在地化课程的目标，选择适宜的在地化课程内容，采取适宜的课程组织形式，注重从游戏、生活、环境创设中渗透在地化课程内容，构建完善的在地化课程方案。

（5）实践在地化课程方案，在实践过程中不断调整、修正现有课程方案。

（6）在修正的基础上，形成完善的具有可操作的活动案例集、系统化的课程方案，另选择 2 所幼儿园进行实践，在进一步完善的基础上，在其他农村幼儿园进行推广和应用，以发挥其辐射作用，促进农村幼儿园在地化课程的实践。

二、农村幼儿园在地化课程相关界定

（一）农村幼儿园在地化课程研究范围的界定

在地化教育并非一种由外到内的转化机制，而是在重塑乡村、幼儿园、幼儿、家庭之间关系，是基于互动的联结关系，是基于一方水土的生态教育。俗话说，"三里不同风，十里不同俗"，地域之间的差异造成了人们生活方式、习俗、观念等方面的差异，幼儿教育应是面向幼儿生活，基于幼儿生活体验的教育。幼儿园在地化教育便是基于农村幼儿园生活环境，在此基础上重塑各项关系。

在地化课程实践形式较为广泛，可以是引进地方素材，可以是在地化教学方式的采用，也可以是教育空间的拓展。从资源素材来看，本研究选取的幼儿园地处菏泽，整理在地化环境资源时将重点挖掘和整理菏泽本地资源，重点为以幼儿园 1.5 公里或者 10 公里为半径的周边资源，也会围绕菏泽地域资源开展活动。在地化课程深受实用主义、建构主义、后现代主义等思想的影响，与环境教育、文化教育、民主教育等相联系，在教学实践方面，重视直接感知、亲身体验、实际操作等学习方式，创设真实情境，让幼儿迁移知识和经验以解决现实问题。从教育空间来看，本研究强调将园内和园外相结合，园内外的人力、物力相互结合，共同为幼儿园课程实践提供保障。幼儿教师可以带领幼儿走出幼儿园，走进大自然、走进村庄，使幼儿在真实情境中获得直观体验。

（二）农村幼儿园在地化课程资源的界定

根据幼儿园课程资源类型的划分，本研究将在地化课程资源划分为自然资源、社会资源和文化资源三大类，这三类资源内容繁杂，单一例举有所偏颇且数量过多。特别是当在地化课程采取主题渗透方式组织时，对当地资源的选取会依据主题内容而随时更换，所以下面仅罗列使用频次较高的地方资源，呈现的资源多以类的项目出现。

1. 自然资源

关于自然资源的界定并不多见，似乎是习以为常的词汇，通常指的是纯天然的、非人文的资源，《辞海》中对自然资源的范围进行了界定，认为自然资源包含土地资源、矿产资源、水资源、生物资源、气候资源等自然物，这一类型的划分为在地化课程资源提供了搜集范围的依据。课题组以此为横向维度，以幼儿园空间范围为纵向坐标，搜集整理了自然资源，并将其分类呈现。

（1）幼儿园内自然资源

幼儿园种植的花草树木都是自然资源的重要组成部分。幼儿园还设有种植区，种植土豆、地瓜、菠菜、生菜等，每个班级会有属于自己的菜地，幼儿挑选种植的蔬菜，亲自种植、浇水、捉虫、收获，感受植物生长的过程，体验丰收的喜悦。还有些幼儿园会饲养小动物，如喂养鸡鸭鹅等家禽，或者饲养小鸟、孔雀等动物，虽然幼儿园地处农村，但是目前农村幼儿家庭中饲养鸡鸭鹅等家畜的户数并不多，且幼儿在生活中较少与之接触。此外，幼儿园还设有玩沙、玩水、玩泥巴的区域，这些都为幼儿提供了亲近大自然的条件。

（2）幼儿家庭的自然资源

由于受空间影响，农村幼儿家庭中自然资源并不丰富，农村幼儿家庭中的自然资源主要根据家长的兴趣爱好而存在：有些家长比较喜欢种植花草，花的品种较为丰富，给人以赏心悦目之感，让幼儿感受到自然之美。有些家长会饲养家禽或者宠物，这些都为幼儿接触动物提供了机会，幼儿体会到了敬畏生命、热爱动物的情感。除此之外，农村幼儿家庭的自然资源还包含自家的果园或田地，由于这部分内容与田野中的自然资源相重叠，而且在这里探索的是家庭中的自然资源，因此，将其放置在后面论述。幼儿教师可以邀请家长将家庭中的自然资源带到幼儿园，幼儿之间交流、分享资源。

（3）村庄的自然资源

本课题选取菏泽市某农村幼儿园，菏泽市地处平原，较少有山川、丘陵等资源，其村庄主要种植小麦、玉米、花生、大蒜、大豆等农作物，水果类经济作物的种植也是当地人们收入的主要来源，主要种植葡萄、苹果、草莓、西瓜等，也有一些采摘园，除了上述水果的采摘外，还有火龙果采摘园、樱桃采摘园。菏泽矿产资源主要有煤、石油、天然气等能源资源，但并非每个幼儿园的附近都有，如本次选取的幼儿园远离相关矿产资源，所以不将其作为自然资源的一部分。菏泽水资源较为丰富，本次课程实践的1所幼儿园位于黄河边，其他园所多是村里有1条小河。但河水受到污染，且河水较深，幼儿不能过于接近河流，水资源在在地化课程中的应用有限。农村有林木资源，村庄旁边有一小片树林，可以成为幼儿嬉戏和学习的重要场所。

2. 社会资源

园外社会资源包括各类生活物品、社会机构和公共空间等。农村幼儿园可以利用的社会资源主要体现在村庄的公共设施和场地、耕种的工具、超市、集市，这些都为农村幼儿提供了认识乡村的场地。农村幼儿园可以利用广场等场地开展各类活动，增加幼儿园和乡村间的互动。农村里的人力资源也是幼儿园重要的社会资源，不仅可以指导幼儿园种植蔬菜和水果，而且农村人们勤劳勇敢、身怀各种手艺，如课题组选取的幼儿园所在的村庄里有的人会做窗帘、衣服，有的人会打造家居，还有的人会制作木板，不同手艺的农民有助于丰富幼儿和教师的知识，给予他们技术上的指导。

3. 文化资源

文化资源的范畴较为广泛，主要内容有民间美术、民间音乐、民间文学、地方方言、地方名人、民间游戏、地方建筑等。菏泽本地区文化资源较为丰富，较为出名的有戏曲、包楞调、黄河号子等民间音乐，也有剪纸、面塑、泥塑、编织、皮影戏等民间美术，同时菏泽也是书画之乡，水墨画较有名气，也有跳房子、滚铁环等民间游戏等。然而有些资源内容晦涩难懂，远离幼儿生活，幼儿教师在选择课程资源时，应根据幼儿的年龄特点，结合幼儿教师的专业能力，选取适宜的文化资源。本研究的研究对象离菏泽面塑之乡——穆李村较近，研究者可以邀请面塑传承人到幼儿园讲解面塑故事和现场制作面塑，也方便带领幼儿参观面塑作品。因此，本研究中选取的文化资源主要有面塑、泥塑、剪纸、武术、地方建筑、民间游戏等内容。

第二节　挖掘地方资源，明确在地化课程实施方案

整理地方资源是在地化课程实施的第一步，也是目前农村幼儿教师忽略的步骤。本课题研究者参与课程资源的整理，与幼儿教师一起绘制课程资源地图，为解决农村幼儿教师最为困惑的问题——如何将资源转化为经验及课程，制定明确的教研计划和教育价值分析表，以为农村幼儿教师有效且灵活开展在地化课程提供可参照的"抓手"。

一、点面结合，整理资源

（一）有选择地搜集地方资源

课题组成员和农村幼儿教师共同搜集地方资源，为方便整理，将自然资源、文化资源、社会资源为一级指标，每个一级指标下设二级指标，其目的是让农村幼儿教师意识到资源的多元化，避免个体教师的偏好影响到资源的整理。随后分组从网络、书籍、期刊中查阅地方资源信息，并且分类汇总。在查阅的过程中遇到的最大的困难是各种资源的内容较为丰富，如果所有信息都汇总将是一个很庞大的工程，因此，课题组成员与农村幼儿教师共同商议选择信息的标准，经过研讨后，最后将标准定为以下几个方面：①便于儿童理解。有些资源的内容可能会涉及中学的知识点，农村幼儿教师结合多年教学经验以及理念学习，删除深奥难懂的信息，有些内容选择脱离幼儿生活，也不易被幼儿理解，如本地区较为有名气的民间音乐——包楞调，其内容和曲调都与现代音乐差别较大，远离幼儿生活，不易被幼儿理解，因此，要选择符合幼儿年龄特点且与幼儿生活发生联系的内容。②充满童趣。可以选择地方资源中一些有趣的故事、有趣的剪纸图案等，以便吸引幼儿，更为重要的是避免在实施课程时灌输式教学的产

生。③代表性。在整理资源时，二级指标就可以选择有代表性的资源，避免无穷地罗列每一种类型。在二级指标的具体内容罗列时，课题组成员也可以选择一些能代表该资源主要教育价值的内容。

（二）再次筛选地方资源

初步整理地方资源之后，课题组成员发现地方资源较为丰富，内容庞杂的资源全部纳入课程，势必会造成幼儿园课程的超载。于是，课题组成员和幼儿教师共同商讨如何对整理的地方资源再次筛选。再次筛选参照农村幼儿园现有的教材、幼儿的生活、可利用的人员等，经过再次筛选，最终分门别类地汇总地方资源，以电子文件夹的形式储存。当然这里需要注意的是，今后在在地化课程资源利用时，不能只从筛选后的资源提取，这些资源只是重点内容，初次搜集的内容也可随时利用。

（三）绘制课程资源地图

通过查阅资源，农村幼儿教师对地方资源有了初步的认识，了解到资源的丰富与教育价值，除了理念上的认识外，还需要情感的参与，这样才会激发幼儿教师利用资源的热情。课题组成员以幼儿园为圆心，以 1.5 公里为半径画圆，以 10 公里为半径画同心圆，全面了解幼儿园周边可利用资源的具体情况及位置；然后将幼儿教师分组到不同方位去调研、整理地方资源，并绘制资源地图。由于农村幼儿教师的信息化技术较为薄弱，所以在绘制地图资源时采取手绘地图的方式，在绘制主体方面，由幼儿教师全程绘制，并没有邀请幼儿参与，主要是因为农村幼儿教师自己对周围资源不熟悉，通过调研获得直接的感受，以增强他们的热情，但是如果幼儿参与时，幼儿教师时时刻刻都需要考虑幼儿的安全，并不能有效地指导幼儿获得有效的信息，因此，在本次资源地图绘制时，课题组将幼儿教师作为主体。

（四）分析地方资源中蕴含的教育价值

幼儿教师获得了直观的资源体验后，直接感受到了地方资源的魅力，但这些物质化资源必须转化为幼儿经验才能发挥其教育价值，从资源到经验还需一个重要环节，便是让幼儿教师做好充分的准备。高瞻课程认为，幼儿教师应该是一个有准备的教师，应该具有知识和技能，也应该具有一定的教育策略，随时能捕捉到幼儿行为背后的思维及教育契机。然而在调研中发现，农村幼儿教师所具有的知识及教育策略十分有限，他们对各年龄阶段幼儿的学习特点、各领域对不同年龄阶段的具体要求并不清楚。在此情况下，农村幼儿教师很难能有效地将资源转化为教育活动进而拓展幼儿经验。因此，在筛选完课程资源和绘制课程资源地图后，课题组成员利用教研活动时间，与农村幼儿教师共同商议资源背后的教育价值以及需要开展哪些教育活动，利用头脑风暴法让大家集思广益，思维碰撞，让农村幼儿教师了解到了资源转换为课程的思路，也体验到了成就感。每周固定时间开展讨论活动，讨论结束后，各年级教研组组长负责，整理汇总，最终形成具有教育价值分析的地方资源统计表。

二、结合实际，明确类型

不同的课程开发类型会影响到园本课程开发的方向及具体运行。关于园本课程类型的研究较为丰富，研究者从不同角度对课程开发类型提出了不同的见解与思路，这有助于幼儿园根据实际情况，采取适宜的课程开发类型。

马什[1]对课程开发展开了深入研究，对园本课程开发的关键问题进行了思考，并提出了园本课程开发时应注重思考三个维度：一是课程活动的类型——园本课程的开发究竟涉及的是教材创新发展，还是对原有教材的修订与挑选；二是参与的人员——参与到园本课程开发的是个别教师还是全体教师，是否需要幼儿和家长共同参与；三是园本课程开发的周期时间——是短期、中期还是长期的持续的活动。根据对这三个问题的思考，马什提出幼儿园园本课程开发可实践的不同类型，根据活动时间、参与人员、课程活动类型三个维度之间的交错关系，幼儿园园本课程开发的类型多元化，每个幼儿园可根据自己的实际情况，选取适宜的园本课程开发方案。

我国幼儿园多年来一直进行园本课程的开发，但由于种种原因，这种开发并不成熟，还处于不断探索的阶段，尚未形成科学的发展格局[2]。杨

---

① 郑晓萍. 香港幼儿园教师校本课程开发能力提升研究 [D]. 武汉：华中师范大学，2019.

② 李子建，杨晓萍，殷洁. 幼儿园园本课程开发的理论与实践 [M]. 北京：人民教育出版社，2009：37.

晓萍等研究者认为，我国在开发园本课程时较为关注正式的课程，非正式课程、潜在课程一直处于被忽略的状态。从参与人员来看，园本课程开发不应只关注于园内教师，还应关注到幼儿园外人士并请他们参与到课程开发中。课程开发维度方面包含四个方面：一是内容选用，根据幼儿的发展需求及园所的实际条件从众多课程中选择适宜的课程内容，在此过程中教师决定着需要教什么；二是教材补充，为提高教育教学效率而进行的材料开发活动；三是活动改编，根据新情境的实际需求，对原有活动进行修改；四是课程创新，园所进行新的课程开发与建设。这种课程开发类型较为适合目前我国幼儿园园本课程开发的实际情况，因此，将其作为在地化课程开发的指导思想。

（一）对三种课程类型的关注

正式课程一直是农村幼儿园课程开发关注的重点所在，幼儿园在设计课程思路、选择课程内容时往往指向的是正式课程，却常常忽视非正式课程、潜在课程。因此，在地化课程开发不仅要采取单元主题、项目活动等方式组织课程，还要运用环境创设、家园共育等多种活动潜移默化地影响幼儿，也要引导幼儿教师思考在课程资源整合开发时，除了现有资源的利用之外，还有哪些资源也可以作为课程资源的形式存在，还有哪些课程资源未充分开发利用等。

（二）园内外人员的统整参与

农村幼儿园开展在地化课程是一种自下而上的课程开发模式，在地化课程开发时强调全员参与，这里所谓的全员指向的范围较为广泛，既包括幼儿教师，也包含家长、社区工作人员、园内后勤人员，还可以邀请高校教师参与其中，多方人员的参与有助于在地化课程高质量实施。然而需要注意的是，不同类型人员参与的角色和职责各有区别，在地化课程开发与实施的不同阶段，不同类型人员的职责也是略有差异。在准备阶段，园长、业务主任、幼儿园骨干教师组成在地化课程开发小组，对在地化课程资源整理、教育价值分析、课程理念、课程实施步骤等内容明确化，甚至在设计前几个主题时，需要课程开发小组提供明确的设计方案，并将设计思路外显化，帮助全员教师明了在地化课程开发的具体实施步骤及理念。随着在地化课程的开展，全员教师逐渐成为课程开发的主体，他们利用教研活动时间，交互交流、讨论开发课程的困惑及惊喜，促进在地化课程开发的质量，在此过程中后勤工作人员、家长、社区工作人员根据主题活动的需求，随时会被邀请其走进幼儿园，共同开发课程。

(三) 灵活采取多样化的课程开发形式

李子建等研究者认为，课程开发维度有四种，即内容选用、教材补充、活动改编、课程创新①。在开展在地化课程时，农村幼儿园不应一味地求新求异，而应根据园所实际情况采取适宜的课程开发方式。本次课题开展选择的园所存在师资不稳定、学历普遍偏低等问题，在地化课程开发的初期，主要采取内容选用、活动改编的课程开发方式。高校教师与幼儿园教师一起选定主题，围绕主题搜集各教材中开展的活动，结合自身实际进行筛选，对选定和本园所开展的原有活动进行改编，使其更适合幼儿的发展需求。在幼儿教师了解了课程开发思路后，鼓励幼儿教师关注幼儿的兴趣或困惑，以生发出新的课程，这时课程开发的维度也增加到三个方面，即内容选用、活动改编、课程创新。

(四) 确定在地化课程开发的程序

结合调研结果，农村幼儿教师的课程开发能力有待提升，而且研究人员发现，在开发课程时，越是明确具体的步骤，越能给予幼儿教师课程开发较为直接的帮助。因此，在地化课程开发时，研究者借鉴斯基尔伯克提出的"校本课程开发的循环模式"，明确了"分析情境—确定目标—构建方案—实施—评价"程序（图5-2）。

明确的课程开发程序为农村幼儿教师开展在地化课程提供了"抓手"，基本确定了在地化课程开发的基调。为了推进在地化课程的有效开展，业务主任将教研活动内容、时间、次数与课程开发联系起来，分析情境与确定目标时需要集体备课，结合已有活动，构建适宜的方案。课程实施环节，农村幼儿教师需要通过教研及时了解已有方案的适宜性等问题，对原有方案尽可能地做出调整，如果不能有效调整，则在主题实施后，重新复盘整个主题方案的构建与实施，对原有主题网络进行修订。在地化课程的

---

① 李子建．杨晓萍，殷洁．幼儿园园本课程开发的理论与实践［M］．北京：人民教育出版社，2009：37．

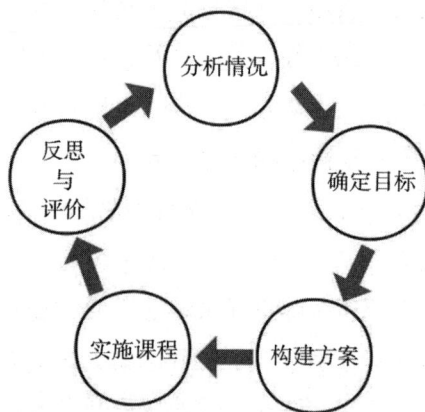

图 5-2　在地化课程开发的程序

有效开展需要借助教研的力量，不断地解决出现的问题。

三、突出整合，贴近生活

幼儿园在地化课程的构建并不是在原有的课程基础上新增加一门课程，而是突出强调整合，将地方资源的利用与幼儿园现有课程相结合，将培养家乡的归属感渗透于幼儿园现有课程。

（一）各领域之间的整合

幼儿园教育活动相对划分为健康、语言、社会、科学及艺术五个领域，五个领域之间相互联系，相互渗透，实现完整儿童的培养。幼儿园在地化课程组织时着重强调以"关键经验"为核心，将相关领域融合，以实现最终目标的达成。例如"秋天的果实"活动，最核心的目标是让幼儿认识田野里的农作物，理解农作物与人们生活的关系，体验秋天是一个丰收的季节，可以开展的活动见表 5-1。

表5-1　"秋天的果实"主题活动统计

序号	活动名称	活动类型	主要内容
1	丰收大调查	家园共育	让家长与幼儿共同查阅资料或带领幼儿到田野、果园等了解秋天果实的成熟
2	秋天的果实	教学活动（语言、科学活动）	让幼儿说说自己观察到的秋天果实，小组记录，秋天哪些农作物、水果成熟了
3	趣味田野行	参观活动	利用周边资源，去田野观察农作物的成熟，重点观察玉米、棉花、苹果。引导幼儿说说农民伯伯如何收获的？他们的心情是什么样的？他们用了哪些工具？
4	果实成熟了	绘画活动	幼儿用绘画记录秋天的田野、果园
5	庆丰收	美术欣赏活动	欣赏农民画，重点作品中颜色、内容如何表现丰收的喜悦，感受艺术表现的多元化
6	丰收的喜悦	音乐欣赏活动	将音乐与农民播种、浇水、收获、庆祝等内容结合起来，让幼儿感受歌曲中不同段落的旋律和表达的情绪，同时了解葫芦丝这一传统乐器
7	丰收的喜悦	律动活动	结合植物的不同生长过程中的形态和条件，根据旋律，幼儿自由创作动作
8	果实的一生	科学活动	提供卡片、图书等，让幼儿了解苹果、棉花、花生等生长过程
9	果实展览会	环境创设	让幼儿带来秋天的果实，放置在幼儿园门厅或班级活动区域，进行果实展览

通过表格中活动内容可以发现，科学、音乐、绘画、语言等各领域活动围绕着"秋天的果实"主题开展系列活动，从不同角度帮助幼儿认识、体验秋天丰收的喜悦，同时将农民画、民间音乐等内容融入其中，为幼儿营造了丰收的环境。

（二）各种资源内容之间的整合

农村幼儿园周边有丰富的资源，在地化课程的实施需要对各种资源进行统筹规划、合理利用各项资源。幼儿园在地化课程的实施既包含资源内容的整合，也包含资源主体的整合。

资源开发主体之间的统整。首先，邀请家长参与课程开发。农村幼儿家长对当地的自然资源、文化资源等较为熟悉，幼儿教师可以邀请家长共同搜集童谣、剪纸、民间游戏等资源，也可以让家长介绍各类农作物的生长与条件，而且家长本身就是丰富的资源，可以邀请家长给幼儿讲授各项知识，展示各项技能。农村幼儿园在开展在地化课程时，每月可以举行一次开放日活动，便于家长走进幼儿园了解在地化课程开展的具体内容，吸引更多的家长主动参与活动。农村幼儿园还可以建立"家长资源库"，收集整理能参与幼儿园教育活动的家长信息，以便充分利用家长资源。其次，与村庄资源的整合。该部分内容主要是采取"走出去"和"请进来"的方式。由于"请进来"与家长资源之间形式相通，且人员时常会有重复性，所以重点是"走出去"。该园周围有丰富的果树、农作物，与小学连在一起，村庄里有一个大型超市，还有在街道上卖水果和蔬菜的人们，幼儿教师可以带领幼儿到田野里观察农作物的生长，用画笔描绘果园里的丰收场景；也可以走进村庄，了解人们的生活方式，培养幼儿的乡土情怀；还可以与小学开展幼小衔接工作，与幼儿谈论"课间十分钟"可以开展哪些游戏活动、如何结交新朋友等；还可以参观小学，培养幼儿对小学的向往之情。

（三）各实施路径之间的整合

幼儿园在地化课程实施的路径是多元的，主要有游戏活动、教学活动、生活活动、户外活动、社会实践活动等，多元化的课程实施路径有助于幼儿获得整体的认识。首先可以将社会实践活动与教学活动、游戏活动整合。幼儿教师带领幼儿参观完田野后，可以让幼儿在区域活动中绘画田野丰收的场景，也可以开展了解果实等教学活动；参观完村庄中的诊所或超市后，可以设置医院、超市等区域活动，让幼儿体验不同场所的用途。其次，将教学活动与游戏活动的整合。教学活动可以帮助幼儿获得系统的认识，游戏活动能巩固深化相关认识。幼儿学习童谣后，幼儿教师可以在音乐区提供乐器让幼儿自由为童谣配乐，也可以在图书区提供童谣图画书和音频故事；剪纸活动后，可以在图书区放置剪纸作品的图书，也可以在美工区投放材料进行剪纸来装饰环境，还可以为表演区的幼儿装饰服饰。

（四）传统与创新之间的整合

在地化课程资源有较多的民间艺术资源，丰富多彩的民间艺术有助于丰富幼儿的生活，但有些民间艺术表现形式的认识对幼儿来说具有一定的挑战性，因此，在开展民间艺术走进幼儿园的相关活动时，需要采用多样化的教育策略，以帮助幼儿体验民间艺术的魅力及乐趣。下面例举常见的民间艺术形式所采用的教育策略。

1. 剪纸活动

剪纸是深受广大劳动人民群众喜爱的一种艺术形式，其题材多与民俗活动有联系，在春节、元宵节等传统节日，或者在人们嫁娶、生子等良辰佳日，人们会剪出各种吉祥图案，象征着美好的祝福，为劳动人民群众的生活增添了几分情趣，烘托了节日的喜庆气氛。开展剪纸活动时，幼儿教师要不拘于外形特征，让幼儿发挥想象，自由剪出各类图案；提供的材料可以多样化，有硬的纸板纸可以塑形，也可以有软的报纸、广告纸等，进行装饰；可以根据某个故事，剪出故事中的角色和主要场景，进行"故事大赛"；也可以结合皮影戏，用边唱边表演的方式，将故事呈现出来，增加几分乐趣；还可以让幼儿剪出各种纹样、图案装饰教室；还可以在表演区开展"服装秀"，让幼儿剪出各类服饰和装饰品，进行舞台表演。

2. 年画活动

我国古代文人墨客在绘画方面追求清幽淡雅，而年画则崇尚夸张热烈、鲜艳明亮的颜色。年画经常会使用红、黄、蓝、绿、黑这五种颜色，根据饱和度的差异，每种颜色又会生成深浅不一的色彩，年画的色彩搭配强调软硬兼具，人物如果用的是硬色，背景就要用软色。在一幅图画中，所使用的颜色多达五六种，这些颜色并非平均分配，而是用一个色调统一全图。年画背后往往蕴含着历史故事或民间故事，体现了人们的生活风俗及对美好生活的向往。将年画纳入幼儿园教育活动时，首先需要简化年画内容。年画线条粗犷但较为丰富，色彩搭配较为多样，对幼儿来说具有一定的挑战性，开展年画活动时，要让幼儿自由绘画，让幼儿描绘出心目中年画的印象，即使是涂色活动，也需要将线条简单化处理，由幼儿教师描绘出白描画后供幼儿涂色。其次，突出趣味性。单纯的年画绘画和涂色活动，会让幼儿失去兴趣。因此，幼儿教师充分利用春节等节日让幼儿装饰某一区域活动；年画中往往是源于故事情节，通过故事的讲述，让幼儿绘画情境、表演情节，还可以让幼儿自由创编年画故事，将其装订成册，以激发幼儿的兴趣。

3. 面塑活动

该园周边有个村庄叫穆李村，该村有较有名气的面塑传承人，村里也有专门展览面塑作品的地方，这些人力资源和文化资源为幼儿园提供了宝贵的财富。面塑艺术属于立体造型艺术，相对于平面艺术来说，幼儿的立体造型水平发展稍晚一些。因此，在开展面塑活动时不应过多地要求细节装饰，幼儿教师可以让幼儿通过团圆、压扁、搓长等技能组合成各类常见的幼儿生活用品，激发幼儿的兴趣；可以邀请面塑传承人到幼儿园现场展示面塑的制作过程，和幼儿共同制作；还可以探索面塑多种颜色的形成、面团的制作等，将科学与艺术相融合；也可以开展"义卖活动"，将幼儿作品展示并售出，让家长参与其中，体验到民间艺术的魅力及幼儿的无限想象力。

4. 民间游戏

民间游戏深受农村幼儿园的喜爱，一片树叶、几个小石头、一个弹珠、一支粉笔、一条绳等都可以自由地开展各类民间游戏，民间游戏有些是需要在户外开展的，如跳房子、跳绳、丢沙包、编花篮、滚铁环等，对场地有要求，幼儿在游戏中能锻炼大肌肉动作的发展，培养肢体动作的协调性和灵活性。还有一些民间游戏可以与幼小衔接的活动相结合，如让幼儿思考小学课间十分钟可以玩什么，织花绳、挑木棒、棋类游戏等，以锻炼幼儿的小肌肉动作发展。

四、校园联合，教研助力

教研活动的主要目的是解决教育活动组织与实施中存在的真实问题，能为幼儿园教育活动高质量地开展提供保障。然而在调研中，农村幼儿教师认为自身专业能力有限，教研活动讨论问题时不能找到有效的解决方案，需要借助高校专业力量，因此，农村幼儿园开展在地化课程实施时，研究者与幼儿园骨干教师应组成团队，利用教研的时间解决幼儿园课程实施中出现的各种问题。下面以时间轴为主线，介绍高校与幼儿园共同开展教研的过程，以期为其他幼儿园提供可借鉴的思路。

（一）准备阶段：确定思路与培训教师

该园自 2016 年以来一直在开展美术活动，在与园长、骨干教师讨论园本课程开发时的指导思想及具体类型时，大家一致反映希望以现有活动作为出发点，对美术课程进行调整与完善，将美术课程作为园本课程进行开发与建设。以此为基础，通过"反思问题—定思路—师资培训"的思路，对美术课程开发做好了前期准备工作。

1. 反思问题

高校教师与园长、业务主任、年级组组长组成了教研团队，讨论与分析原有美术课程存在的问题，教研团队成员各抒己见，纷纷表达了自己在开展美术活动时的困惑。由于该园平时比较善于整理资料，每年开展的美术活动都会整理并装订成册，这为我们讨论提供了材料的支撑。通过对现有文本资料的分析，教研团队最终明确了已有美术活动存在三个问题：原有的创意美术课程是一节一节地开展美术教学活动，活动与活动之间缺少联系；创意美术课程与其他领域内容、其他课程分离；创意美术课程过于重视幼儿作品的表现效果，而忽略了幼儿的创作过程。

2. 定思路——美术课程实施"四部曲"

解决幼儿园困惑的问题，需要进一步深入分析学前儿童美术创作的特点及美术教育的价值，解决了这两方面的问题，上述问题就会迎刃而解。下面以绘画为例明确幼儿美术创作特点。儿童画他们所知道的事物，儿童具有 X 式透明画法，这种独特的艺术表现手法，表现出他们在绘画时往往会画他所知道的，而非所见到的。儿童常会画他们喜欢的事物、儿童绘画带有较强的情感性。从绘画形式上看，儿童绘画时会夸大某些事物或事物的某些特征，如绘画放风筝时，会把人物的手画得特别大。另外，在瑞吉欧教育理念中，儿童绘画还是一种图像语言，用绘画的方式表达他们自己的观点和想法。美术教育秉持一种"工具论"，通过美术教育促进儿童认知、情感、社会性等全面发展，正如罗恩菲德指出"美术教育只是一个手段，通过美术教育以促进儿童的发展"。

基于以上理念，高校教师给予课程的调整建议，构建了课程实施方案，即"感受—探索—创作—拓展"四部曲（见图 5-3）。

感受：以幼儿生活经验作为课程生发点，思考核心经验

创作：提供多种材料鼓励幼儿自由创作。

探索：针对主题内容开展多种形式的活动，其目的是让幼儿探究事物，拓展幼儿对事物的深入认识。

拓展：根据幼儿作品生发活动，让幼儿体验美术在生活的应用。

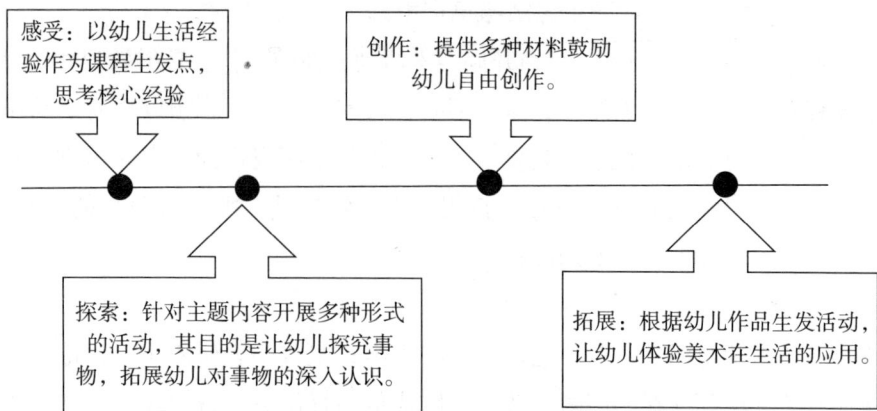

图 5-3　美术课程实施"四部曲"

以上这四个环节可以根据主题内容，灵活变换顺序，有时会遵循四个环节线性实践，有时会将探索与创作环节相互交叉、变化顺序、多次循环。例如"戏曲文化"在幼儿园课程实施过程，可以让幼儿感受环节：通过调查表引导家长带领幼儿参观、查阅资料等，丰富幼儿原有的经验；教师通过和幼儿谈话、分析问卷等形式，进行集体教研，总结主题内幼儿可获得的关键经验，初步构建主题网络图。在探索环节中，教师开展了"妆容体验"活动，并邀请菏泽剧团的老师来园讲述戏曲小知识并邀请小戏迷们一起上台表演，现场感受、亲身体验。幼儿特别想表达自己的想法，于是在创作环节，老师提供充足的创作材料，满足幼儿的创作欲望。孩子们设计了自己的戏曲服装和脸谱。在拓展环节，课程还结合区域活动和户外活动，让孩子们在最和谐、最真实、最自然的游戏中，获得更深刻的戏曲体验。

将该理念与幼儿教师讨论，大家理清了思路，明确了指导思想。最后，利用暑假的时候编制课程，制订了明晰的课程计划和教研计划。

3. 师资培训

在新的学期开始之前，课程开发小组召开了集中学习研讨会，高校教师与幼儿园业务主任共同讲解新的美术课程创作的思路，高校教师主要负责讲解幼儿美术的特点及美术课程开发的理念，而业务主任则重点以案例的方式讲解每个环节的具体实践，同时，明确要求各环节需要制作的表格

及回收材料，制定每周两次的教研时间及内容。

（二）课程实施阶段

由于幼儿教师一开始对美术课程方案的具体实施没有明确的思路，在地化课程实施要充分发挥教研的力量，由课程开发小组带领全体教师一起设计课程，让教师明确理念和思路。课程开始实施时，出现的问题较多，如幼儿教师不会分析调研表，不会制作思维导图等问题，课程开发小组利用每周两次教研的形式，逐一解决新问题。对于共性问题，课程开发小组共同商量，制定出可行的方案，并由业务主任做集体培训，讲解课程开发小组制作方案的思路及全过程，将制作课程思维外化，以供幼儿教师学习。每一年级组都配备课程开发小组成员，带领各年级组开展活动。

经过 3 个月的课程开发实践，幼儿教师对课程开发的思路已经有了初步的认识，但是对原有框架式的内容又充满了疑惑，认为固定的思路并不适合所有类型的课程开发，于是业务主任与各年级组座谈交流，让幼儿教师各抒己见，表达自己对课程开发的理解，这时课程开发小组发现一些能力强的教师对课程开发有了自己的看法，追求灵活多样和创新，而能力弱的教师则愿意根据具体框架内容开展活动。于是，课程开发小组重新调整了课程开发思路，制定了多类型的课程开发思路，如以生活中的场景内容为主题、以幼儿美术创作中出现的问题为构建课程的基础、以故事的形式统整课程。

（三）课程完善阶段

一个学期之后，幼儿教师课程设计的思路基本明朗，越来越愿意去设计课程、思考课程，研究者印象很深的是，在和教师交流时，教师脸上充满了喜悦，教师每次都愿意分享孩子的话语和经验，用园长的话来说"教师满眼都是孩子了"。教师普遍说，很少有孩子说"我不会画"了，他们感到课程构建实施过程很宝贵。在学期末制订下学期个人计划时，园长说三分之二的教师，下学期都想继续尝试生成课程。值得一提的是，整个园的教师考核内容也发生了变化，其内容主要为对《3~6 岁儿童学习与发展指南》的记忆、对美术教育关键经验的认识、学期末进行"课程故事分享"。然而，新的问题又出现了，如在课程开发的过程中如何观察与分析幼儿，如何充分利用园外课程资源来促进课程的开发等，可以说，在追求高质量学前教育的路上，幼儿园一直在前进。

第三节　农村幼儿园在地化课程实施的案例

为了进一步明确阐述在地化课程的具体实施过程，本章节将选取某一资源——菏泽牡丹文化作为切入点，详细论述牡丹文化融入幼儿园课程的具体路径和实施操作过程，以方便幼儿教师更为清晰地明了如何做。

一、从"四化"视角整理牡丹资源

李良厚等人①对牡丹文化的多元性特征进行了解析，从自然文化特征、历史文化特征、文学特征与艺术特征四个方面进行了概括、解析（图5-4）。这样的划分可以较为全面地了解牡丹文化。

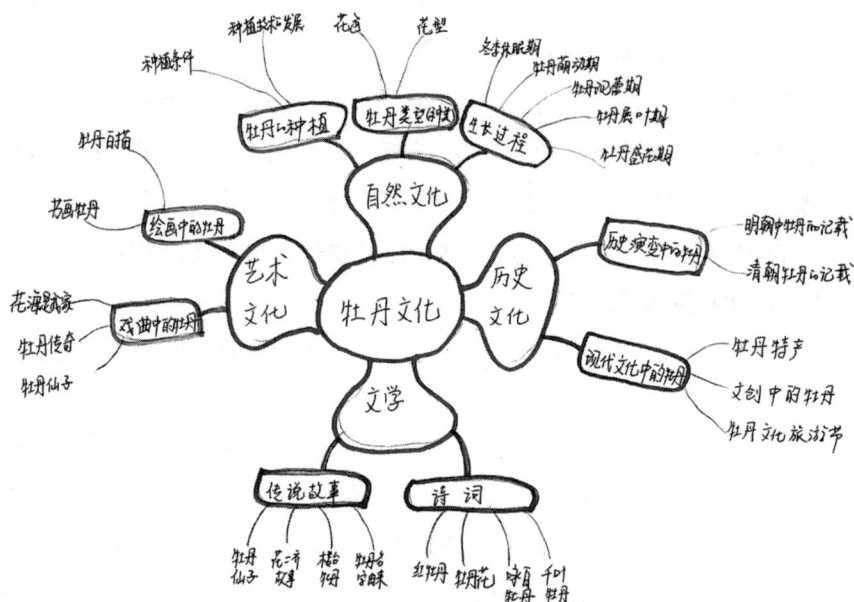

图5-4　牡丹文化思维导图

---

① 李良厚，王春义，陈宝林，等.牡丹文化的多元性特征解析［J］.黑龙江生态工程职业学院学报，2012，25（4）：131-132.

（一）牡丹的文学特征

在文学中，论述牡丹的诗歌较多，大家较为熟悉的一句"唯有牡丹真国色，花开时节动京城"，是对洛阳牡丹盛开的描述。在整理诗歌时，如何区分洛阳牡丹和菏泽牡丹的赞赏比较难，而牡丹文化重点是激发幼儿对牡丹的认识，进而培养其热爱牡丹的情感，以及对家乡的自豪感，因此，在搜集诗歌时是以牡丹为主线，而没有进行地域差异的划分。此外，传说故事中也有较多关于菏泽牡丹的传说，这也丰富了牡丹的文学特征。

1. 诗歌中的牡丹

自唐朝以来，吟诵牡丹的诗歌较为丰富，许多学者对牡丹的诗词进行了整理，如贾炳棣编著的《咏牡丹诗词精选》，书中以作者为顺序，收集了自唐朝至今的 184 为作者的 308 首咏牡丹的诗词，丰富的数量为开展牡丹主题活动提供了宝贵的资源。这些诗词中既有对牡丹的赞美之诗歌，如皮日休的《牡丹》："落尽残红始吐芳，佳名唤作百花王。竞夸天下无双艳，独立人间第一香。"邵雍的《牡丹吟》："一般颜色一般香，香是天香色异常。真宰功夫精妙处，非容人意可思量。"也有对牡丹某一品种的诗词描绘，如宋庠《姚黄》："世外无双种，人间绝品黄。已能金作粉，更自麝供香。脉脉翻霓袖，差差剪鹄裳。灵华馀几许，遥遗菊丛芳。"还有的作者借物抒情、借物咏志，如鱼玄机《卖残牡丹》"临风兴叹落花频，芳意潜消又一春。应为价高人不问，却缘香甚蝶难亲。红英只称生宫里，翠叶那堪染路尘。及至移根上林苑，王孙方恨买无因。"作者托物言志，让我们在诗中看到了一位心高气盛、不甘落寞的诗人形象。

诗词是我国优秀的传统文化，《3~6 岁儿童学习与发展指南》中指出，要让大班幼儿"能初步感受文学语言的美"，诗词中的牡丹可以让幼儿在认识牡丹中感受语言文字的优美。但是从上面的咏牡丹诗词中看出，部分诗词内容深奥难懂，用词较为偏僻，不易幼儿理解，因此，在选择诗词时，幼儿教师可以分类选择，并选择一些短小精悍、用词易懂的诗句；在讲解诗词时可结合图画的形式，让幼儿理解诗词内容；还可以尝试让幼儿对自己制作、喜爱的牡丹进行作诗，让幼儿在欢快的氛围中体验到文学语言的优美。

2. 传说故事中的牡丹

关于牡丹的传说故事主要有以下三类：①人物传说类，是指以著名的历史人物、神话宗教人物、近代领袖人物等为主而展开的故事情节，包含着民众对这些历史人物的评价，以及当时的社会文化背景。通过上述理论，曹州牡丹人物传说可以分为以下两种：历史人物传说和政治人物传说。②动植物传说类，主要以动植物形态为核心构成的民间叙事（见表5-2），这类传说围绕动植物的名称和特征等编造一个生动感人或有趣的故事，故事中往往表现出强烈的道德观念和人生哲理，如魏紫、姚黄、青龙墨池、二乔等。③风俗传说类，是对民间所流行的一些民俗事项的阐释和说明，涉及领域十分广泛，包含节日风俗、饮食风俗、游艺风俗等一系列建立在民俗类型基础之上的风俗，带有浓厚的人伦色彩，如谷雨时期赏牡丹。

表 5-2　传说故事中的牡丹

故事名称	主要内容	教育价值
楼台牡丹	隋炀帝建西苑，招天下各州进贡草木、奇禽、异兽，河北易州献牡丹20箱。为了在园内观花，隋炀帝修建了一座名曰"玉凤楼"的望花楼，该楼高3丈3尺，长700余丈，登上该楼，全园景色尽收眼底。一天，隋炀帝去赏花时，一名爱妃曰："牡丹为花中之王，花色虽好，但是楼高看不清楚，辜负了它那国色天香。"隋炀帝便下命令让天下花工艺匠献策，培植出高齐楼台的牡丹，这是一个很大的难题，但是如果培育不出牡丹，就很难活命。山东曹州有一名叫"齐鲁恒"的花师，善于培植牡丹，他苦思冥想，终于想出通过嫁接的方法进行培植，经过多次实验，齐鲁恒在椿树上嫁接成功，该牡丹三年后开花，高齐楼台，被称为"楼台牡丹"。隋炀帝要论功行赏，但被他人冒领，齐鲁恒气得病倒在家，回到曹州老家后，发誓不再种植花卉，楼台牡丹的种植方法也不传授给儿子，最终楼台牡丹培植技术失传了	菏泽牡丹的最早记载，对菏泽牡丹的敬佩之情
牡丹仙子	西王母的小女儿瑶姬仙子本是牡丹转世而生，她掌管着世间万物的生长。在很久很久以前，黄河洪水泛滥，淹没了庄稼和房屋，给百姓带来了极大的灾难。瑶姬仙子看着百姓们失去了住的地方，吃不饱、穿不暖，内心也十分焦急。她听说在昆仑山上有一样法宝，专门治理洪水。但是这个地方十分遥远，路上也危险重重。瑶姬仙子没有犹豫，立马赶去寻找。她没日没夜地赶路，遇到大山就翻过去，遇到河流就渡过去。在路过的森林里甚至还有野兽阻拦，瑶姬仙子也没有害怕，她拼尽全力去跟野兽搏斗，自己也受了伤。历经千辛万苦，瑶姬仙子终于在昆仑山	牡丹花勇敢坚强、济世救民的精神

续表

故事名称	主要内容	教育价值
牡丹仙子	上的一个山洞中找到了这个法宝。她一刻都没有休息，马上去治理洪水。经过仙子的不懈努力，洪水终于被止住了。百姓们纷纷前来对她表示感谢。看到百姓们的脸上终于露出了幸福的微笑，瑶姬仙子流下了喜悦的泪水。泪水落到土里就变成了一朵朵鲜艳的牡丹花。瑶姬仙子还帮助大家重建了家园，种植了庄稼。从此以后，百姓们都过上了幸福快乐的生活	
豆绿	传说，曹州有个风俗，每到谷雨这天，附近花农都要在百花园举行一次赛花会，谁家的牡丹花若被评为第一名，金牌便挂在谁家花园门上。这年，在赛花会上，围观人最多的是王家花村的红牡丹，那牡丹花大得像皮球，颜色十分鲜艳，花农王二站在石台下，心里想第一名肯定是我的。花农李四又搬来一株牡丹，众人"忽"地一下围上去，那花朵是银红色，红中带绿，更显美丽，最终这朵牡丹得了第一名。 　　王二既生气又难过，牡丹仙子突然从天而降，说道："好花需要用心去培育，三年就想育出牡丹珍品，你想得太容易了。""你这个人只有好胜心，吃不了苦。"王二一听跳起来："我怎么吃不了苦？只要能养出最珍贵的牡丹，吃苦受罪我都不怕！"百花仙子说道："那你按我的话去做吧，你去把黄河周边的土取来，然后把东海湾里的水取来，在这个地方栽下一株花，八年之后一定能夺得第一名！"说完，她从头上拔下一支绿色的簪子，丢在地上，那簪儿就进入了土中，说完牡丹仙子就消失了。王二在玉簪入土的地方，留下记号，就去黄河滩挖土去了。他不分白天黑夜地走啊走，鞋磨破了，脚底也磨出了血泡，来到黄河滩，取了土又急忙往回走。这天，他来到曹州附近，突然下起大雨，没有避雨的地方，王二就背着沙土艰难地走着，等他走出大注，肩上扛的沙土已被大雨冲得一干二净了。王二双手捧着空口袋，难过得哭了。他又急忙返回黄河滩去取土。谁知，来到曹州附近，又下起雨来。王二把沙土放在胸口，趴在地上，用身体紧紧地护着口袋，终于把黄河的土带回来了。 　　栽上牡丹根，王二又去东海湾取水。去一趟东海，翻山越岭，他回来那天，脸色蜡黄蜡黄，身上干瘦干瘦，衣服破成一条一条的，连说话的力气都没有了。王二取回水了，小心地浇在牡丹根上。三年，牡丹发芽了；五年，牡丹长叶了；七年，牡丹长高了；到了第八年的春天，牡丹开花了，王二一看，是绿花，是青绿色的花！ 　　绿牡丹开花的消息轰动了曹州城，来观赏牡丹的人挤破了花村园门。王二想起了那碧玉簪，给绿牡丹起了个名字叫"绿玉"，因为它盛开时如青豆的颜色，也有人叫它"豆绿"。这年，豆绿夺得了"花魁"金牌	坚持、坚韧不拔、不畏困难的精神

　　牡丹传说故事走进幼儿园，首先需要剖析传说故事蕴含的观念与精神，准确把脉牡丹传说故事的内涵，这样才能有助于幼儿教师筛选牡丹传

说故事。其次，结合幼儿的年龄阶段特征，对其进行改编，使之便于幼儿理解、复述。

（二）自然文化中的牡丹

菏泽牡丹素有"十大花形九大花色"之称（表5-3），"十大花形"有单瓣形、荷花形、菊花形、皇冠形、金环形、蔷薇形、绣球形、千层阁、楼子阁、托桂形。九大花色是红、绿、黄、蓝、紫、粉、白、黑，还有复色的牡丹，犹如花海（表5-4）。

表5-3　牡丹"十大花形"统计表（转自菏泽学院生物系）

单瓣形	皇冠形
金环形	蔷薇形
绣球形	千层阁

续表

荷花形

楼子阁形

托桂形

菊花形

表5-4　"九大花色"统计表

红色

白色

黄色

绿色

粉色

黑色

207

| 蓝色 | 紫色 | 复色 |

（三）历史文化中的牡丹

提起牡丹，人们经常将菏泽作为牡丹文化中心城市，素有"菏泽牡丹甲天下"的美称。但牡丹作为观赏植物是从东晋时期开始的，那时逐渐形成了栽培牡丹的中心。到了唐朝，牡丹作为观赏植物受到了王公贵族及普通百姓的喜爱，在这一时期，牡丹的种植与栽培中心主要在长安、洛阳。洛阳种植牡丹的缘由主要是由于武则天喜爱牡丹，她便将牡丹从长安移植到洛阳。宋代欧阳修在《洛阳牡丹记》中提道，"自唐则天以后，洛阳牡丹始盛"。也恰恰是本书的出现，奠定了"洛阳牡丹甲天下"的文化地位。然而，后期随着朝代更迭，牡丹文化中心地位也发生了变化。直至明代，山东曹州逐渐取代了洛阳牡丹文化中心的地位，并一直延续到民国初期。

1. 明朝时期的菏泽牡丹

在明朝，山东曹州人是把牡丹当成一种经济作物进行种植的，明朝谢肇淛在《五杂俎》中描写曹州家家户户都种植牡丹，接畦连陌，像种菜一样。游历曹州的文人发现，曹州"家家圃畦中俱植"牡丹，以至于百里飘香、香风扑鼻。据谢肇淛在《五杂俎》中记载，当时曹州的某一士族，用以栽植牡丹的家园"可五十余亩，花遍其中，亭榭之外，几无尺寸隙地，一望云锦，五色夺目"。可见，当时牡丹种植在曹州十分普遍且盛行，不仅数量多，而且品种十分丰富。于慎行所编《兖州府志》中提及，曹州牡丹品种达到上百种。曹州牡丹的出名不仅是把牡丹当成一种经济作物种植，更为重要的是一些人将牡丹作为观赏植物，开始筑园建圃，培育新的牡丹品种，形成牡丹园林。

明代时期封建士族阶层对牡丹观赏的追求，促使牡丹种植业盛行，人们竞相培植新的品种，以供士族阶层人士观赏。然而这些牡丹园林仅供士族阶层观赏，平时便锁闭谢绝观赏，任牡丹凋落。一些贫困的农民即使是把牡丹当成经济作物进行种植，但是由于规模有限，主要的经济收入还是依靠自给自足的农田生产，牡丹种植仅作为家庭贴补所用，因此在这一时期牡丹种植与培育并未形成规模性的商品经营。

另外，文人墨客运用笔墨也对牡丹进行渲染与宣传，稳固了曹州作为牡丹文化中心的地位。一些牡丹园主喜好牡丹，又曾经做过高官，他们既具有一定的社会地位，又有才华，作诗吟诵牡丹，助推了牡丹文化在社会中的传播。例如，凝香园的园主何应瑞回乡看到园林中牡丹新品迭出，进而赋诗："廿年梦想故园花，今到开时始在家。几许新名添旧谱，因多旧种变新芽。摇风百态娇无定，坠露丛芳影乱斜。为语东皇留醉客，好教晴日护丹霞。"一首诗诉说着诗人对牡丹的怀念。不只是牡丹园主对牡丹赋诗吟诵，曹州牡丹在当时名气渐长，一些曹州文人以牡丹作礼馈赠好友，外地文人也以得到曹州牡丹为幸事，一时之间，曹州牡丹逐渐成为文人雅士共同欣赏之物，促进了曹州牡丹文化的传播与发展。

2. 清朝时期的牡丹

明清朝代更迭之际，战火燎原，生灵涂炭，人民生活苦不堪言，田园荒废，花木凋零，牡丹种植在此时也受到重创，一直到康熙时期，曹州才逐渐恢复种植牡丹。据记载，康熙时期，曹州各园林里的牡丹"多至一二千株，少至数百株"，虽然没有恢复到最为繁盛时期的数量，但不断有新品出现，康熙《曹州志》记载"牡丹，品数最多，佳者百种"，何应瑞之子何觐在《咏牡丹》诗中描述当时牡丹栽培的盛况，写道："纷纷姚魏斗春风，绣幛荆扉富贵同。无限异名添旧谱，因多奇艳出新丛。"可见，当时曹州牡丹通过新品种的不断推出，逐渐恢复了牡丹繁华锦盛的地位。正如曾为康熙皇帝启蒙老师的王曰高在《曹南牡丹四首（三）》中写到："洛阳自昔擅芳丛，姚魏天香冠六宫。一见曹南三百种，从今不数洛花红。"

乾隆时期，随着社会分工的进一步发展，曹州牡丹逐渐出现了商业性经营栽培，一些花农专门种植牡丹以进行贩卖销售，光绪《菏泽县乡土志》记载："牡丹商，皆本地土人，每年秋分后将花捆载为包，每包六十株，北走京津，南浮闽粤。"这一时期栽培牡丹并非仅为了文人墨客、王公贵族的赏玩，而是经济利益的驱动，曹州牡丹在当时种植规模逐渐扩大，出现了"园户种花，如种黍粟，动以顷计"的盛况。当然，曹州牡丹在清朝中后期能够再度繁盛离不开文人墨客对牡丹的赋诗及赏玩，许多上层贵族人士仍沿袭了明代对牡丹的喜爱，对牡丹进行赋诗，有些高官因为耽误了赏牡丹的时节，而感到惋惜。还有一些文人制作牡丹谱，详细记录了牡丹的种类、种植技术、外貌等，对牡丹栽培的传承与推广起到了助力作用，如李娜娜等人对牡丹谱录进行了整理。关于清朝曹州牡丹谱按时间顺序排列主要有：苏毓眉的《曹南牡丹谱》（1669 年）里面记录了曹州牡丹 77 种，并按照花色进行了概括；余鹏年的《曹州牡丹谱》列举了牡丹56 个品种，同时说明了牡丹栽培技术及赏花风俗；赵孟俭的《桑篱园牡丹谱》（1828 年）记载了 151 种品种；晁国干的《绮园牡丹谱》里面从形态特征、生活习性等方面记录了 150 个牡丹品种；赵世学在《新增桑篱园牡丹谱》（1911 年）里面增加了 53 种牡丹，共计 204 种。从牡丹谱的相关记载中可以看出，曹州牡丹在清朝时期品种不断出新，人们对牡丹的种植热情较高，特别是专业栽培牡丹花农的出现，更加促进了牡丹新品种的栽培，可以说牡丹谱的出现是曹州牡丹繁盛发展的必然。

（四）书画文化中的牡丹

菏泽素有"书画之乡"的美称，曹州书画院是全国最大的地市级书画院，占地 16000 平方米，书画院有长约 500 米的碑廊，碑廊多以赞颂牡丹的历代诗词和牡丹风采为主，部分内容为名家所刻，还有数块刻有名贵牡丹品种的书画，将牡丹文化和书画文化融为一体。菏泽书画历史悠久，人才辈出，古有晁补之兄弟、何氏家族、马廷熙、刘琨，今有田伯平、庞媛等人，而且书画热潮遍布城市和农村。菏泽每年都会举办"牡丹杯"全国书画大赛、"牡丹杯"全国书画名家邀请展等各类比赛活动，还会组织各类培训活动，使得菏泽书画得到了进一步的宣传。值得一提的是菏泽民间书画也较为兴盛，巨野县还具有"中国农民绘画之乡"的美称，巨野县的农民书画主要是以工笔牡丹为主，并逐渐走向了市场化，提高了巨野县农村书画的名气。丰富的书画文化为幼儿园开展在地化课程提供了宝贵的资源。

幼儿教师根据前期查阅的资料，形成了牡丹文化课程资源地图，在制作课程资源地图时，内环资源指的是幼儿园内的资源，幼儿园并未种植牡丹，但可以投放关于牡丹的图书、绘画作品等；中环资源可以调查幼儿家长、村庄中是否有种植牡丹经验的人，周边是否有牡丹种植地等内容；外环资源便是包含菏泽的牡丹种植技术"达人"、菏泽书画家、菏泽牡丹园等。

二、制定牡丹文化课程方案

在前期整理牡丹文化资源时，幼儿教师对牡丹文化中蕴含的教育价值已有了初步的认识，在此基础上，结合幼儿发展的实际情况，筛选出该主题促进幼儿发展的关键经验，进而形成主题网络活动。

（一）探寻牡丹文化主题中蕴含的核心经验

1. 对标课程标准分析关键经验

关键经验最早来自美国高瞻课程，又被翻译为海因斯科普课程、高宽课程，用来描述儿童在社会、认知、身体和情感等方面发展的综合描述，是儿童在发展时期需要获得的必要经验。高宽课程中将儿童的发展归纳为主动学习、语言运用、经验与表征、发展逻辑推理、理解时间与空间的 5 大类 49 条关键经验，这是前期高瞻课程关于儿童认知发展的描述，后来又对其进行了修改与完善，关注到了其社会性发展、艺术发展等方面，最终形成了学习方式、社会性情感、身体发展与身心健康、语言、读写和交流、数学、科学与技术、社会学习等 58 条关键经验。

这些关键经验与《3~6 岁儿童学习与发展指南》中健康、语言、社会、科学、艺术这五大领域之间具有一定的对应，如"身体发展和身心健康"的关键经验对应着"健康"领域，"语言、书写、交流"的关键经验对应着"语言"领域，"社会性情感发展、社会学习课程"对应着"社会"领域，"数学课程、科学和技术"对应着"科学"领域，"创造性艺术"对应着艺术领域，高瞻课程中只有"学习方式"这一关键经验在《指南》中没有对应的内容。高瞻课程中"学习方式"包含主动性、计划、专注、解决问题、使用资源、思考 6 个方面的内容，而在《指南》中提及了要重视幼儿的学习品质，这里提及的学习品质包含积极主动、认真专注、不怕困难等，可以看到高瞻课程的关键经验与《指南》内容具有一致性。因此，在思考牡丹文化课程时，可以分析五大领域中所包含的关键经验。

2. 从幼儿心理认知结构角度构建核心经验

根据布卢姆的《教育目标分类学》，可从认知、情感与态度、动作与技能 3 个维度去分析幼儿的发展，从 3 个维度考量课程目标有助于关注儿童全面发展，这一理念已经深入人心，幼儿教师在制定目标时最常使用三维度思考目标。

结合各领域的关键经验及幼儿心理结构，菏泽牡丹文化课程的目标见表 5-5（以大班为例）。

表 5-5　菏泽牡丹文化课程目标

各领域	关键经验指标点
健康	动作：锻炼精细肌肉动作的发展 情绪：保持积极情绪，乐于参与各类活动
语言	理解：理解牡丹传说故事，了解牡丹象征的寓意 表达：能清楚地说出自己喜欢的牡丹花样式，尝试根据牡丹花外形创编儿歌 阅读：阅读与牡丹花有关的图书，阅读牡丹产品说明书
社会	归属感：了解菏泽牡丹文化，为自己是菏泽人感到自豪 人际交往：和同伴一起合作共同制作与牡丹相关文创，尝试在导游活动中分工合作 社会认知：了解菏泽优秀的民间艺术文化及传承人故事
科学	观察与分类：能通过观察、比较与分析，发现并描述不同种类牡丹的特征 记录与交流：尝试用图画、符号、数字等多种方式记录观察内容，探究中能与他人合作交流 知识：能察觉到牡丹花的外形特征与生存环境的适应关系，了解牡丹花的生长过程及种植技术的发展
艺术	欣赏：感受牡丹颜色、花形之美 表现：用色彩、线条、样式等表达对牡丹的喜爱

（二）教师围绕主题进行知识盘点

开展牡丹文化的传承，需要幼儿教师对牡丹文化有深入的了解，因此，幼儿教师在构建牡丹文化主题、选择牡丹文化内容前，可在教研活动时分组对牡丹文化进行头脑风暴，列出关于牡丹的知识点，作为转化为主题活动、课程内容的基础与前提，见图 5-5。

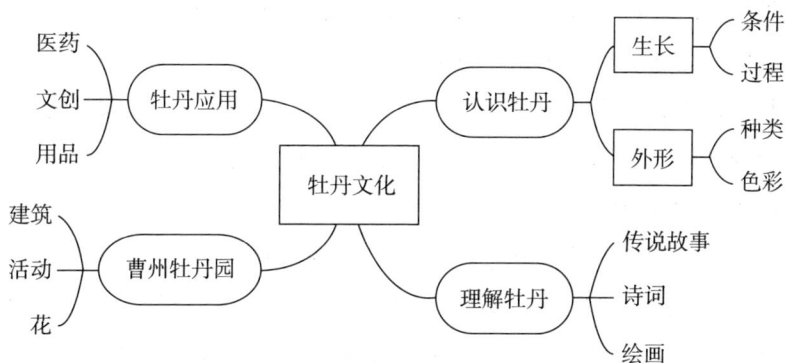

图 5-5　牡丹文化知识点思维导图

思维导图罗列出来之后，幼儿教师对牡丹的认识更加全面，这里对牡丹知识的罗列是幼儿教师通过集体查阅资料后，最终形成的关于牡丹的完整资料，使得教师在开展牡丹文化主题时有方向可循。需要注意的是，这里的思维导图并非最终形成的主题网络。思维导图更多指的是教师对某一主题内所能搜集到的资料，以及认为幼儿能理解的知识点，但是要转换为主题活动网络图，还需考虑以下几个方面的问题。

1. 内容之间的联系

从图 5-5 中可以看出，对牡丹知识的罗列较为全面，但是每一项内容又是割裂的，而幼儿对周围事物的认识是整体的。陈鹤琴曾指出"儿童的生活是整个的，教材也必定要是整个的，互相连接，不能四分五裂"[①]。幼儿教师在转换思维网络图时要注意将分裂的知识整合起来，对同一知识的不同展现方式进行整合，如关于牡丹外形特征的认识，菏泽牡丹最常见的类型是十大类型九大花色，这一内容的实现可以通过欣赏牡丹园中牡丹花的形象，而且古时有很多文人墨客对牡丹的外形作诗描绘，如王维作诗《红牡丹》："绿艳闲且静，红衣浅复深。花心愁欲断，春色岂知心。"许多菏泽牡丹花的颜色名称也是由传说故事赋予其意义，如姚黄魏紫、仙女玉簪花豆绿、红花仙变身黑牡丹、状元坟前红牡丹等故事。这些不同形式对

---

① 王春燕，秦元东. 幼儿园课程概论 [M]. 北京：高等教育出版社，2019：196.

牡丹外形的描绘，便可将内容整合起来，将活动串联起来，开展观赏牡丹、欣赏吟诵牡丹的诗歌、创编儿歌描绘牡丹、绘画牡丹等；也可结合描绘牡丹的不同表现手法，菏泽除了是牡丹之乡外，还具有"书画之乡"的美称，民间艺术也较为丰富，如面塑、泥塑、剪纸、竹编、皮影等，可将菏泽其他艺术表现手法与对牡丹的认识相融合，开展系列活动，如认识牡丹、绘画牡丹（国画）、手工牡丹（面塑）、牡丹剪纸等。

2. 幼儿的学习方式

在"以学定教"教育理念的指引下，幼儿教师在转换思维时还需要关注幼儿的学习方式，调动幼儿的多种感官参与到活动中，这样才能设计多样且适合幼儿发展的活动。《3~6岁儿童学习与发展指南》中明确提出，"幼儿的学习是以直接经验为基础……最大限度地支持和满足幼儿通过直接感知、实际操作和亲身体验获取经验的需要"。在设计主题活动时，幼儿教师应该思考幼儿原有的经验及学习方式，思考通过哪些活动可以调动幼儿参与活动的积极性，让幼儿成为自身学习的主体。人本主义理论家罗杰斯曾提出，"凡是可教给人的东西，相对来说都是无用的，能够影响一个人的行为的知识，只能是他自己发现并加以同化的知识"①。虽然这里的表述具有一定的极端性，然而却表达出对现实教育实践中教师填鸭式教学的批判，幼儿对牡丹知识的认识、对家乡归属感的培养，是在幼儿探索、观察、交流讨论中不断加深，而非教师的直接灌输。

把握了幼儿的学习方式后，幼儿教师转换思维便有了一定的方向。在分析幼儿园开展牡丹主题教育现状时，幼儿园往往将对牡丹的生长条件、类型及牡丹应用开展为教学活动，幼儿教师主要通过图片直观法让幼儿认识牡丹，但缺少幼儿主体地位的显示，缺少调动幼儿多种感官参与活动，因此深度学习很难开展。因此，在思考要开展的牡丹主题活动时，幼儿教师可通过家园共育的方式，让家长带领幼儿到牡丹园找找自己喜欢的牡丹花给大家介绍；可以在种植区种植不同植物让幼儿理解光、水与植物生长的关系；可以将牡丹故事变成皮影戏活动，让幼儿在操作中体验角色的情绪，进而理解故事的寓意；可以在环境创设中开设牡丹展览，加深幼儿对牡丹的印象。多样

---

① 王春燕，秦元东. 幼儿园课程概论［M］. 北京：高等教育出版社，2019：45.

化的活动调动了幼儿参与的积极性，充分尊重了幼儿、理解了幼儿，让幼儿成为自身学习的主体。

3. 从物质资源走向儿童经验

在"菏泽牡丹"这一主题活动的开展中，菏泽牡丹是作为课程资源而存在的。虞永平教授指出，"物质"形态的课程必须最终转化为"精神"形态的幼儿经验，经验产生于主题与外部世界的相互作用，也就是说，只有支持幼儿拿资源"做事"，才有可能将课程资源转化为儿童的经验[①]。幼儿教师应该尝试让幼儿使用知识、操作材料，这样幼儿才能感受到资源与自身之间的关联。例如设计"我是小导游"的活动，让幼儿有目的地参观曹州牡丹园、曹州古今园，绘制地图，掌握牡丹园中园林、建筑、牡丹花种类、传说故事，并尝试向他人介绍，带有任务地参观牡丹园，掌握并实践知识，能激发幼儿的兴趣，让幼儿在绘制地图、介绍牡丹园的过程中体验到成就感和能力感，增强幼儿的自信心。幼儿教师可以设计"我是牡丹宣传人"的活动，让幼儿尝试制作小视频，让周围人介绍菏泽，也可以运用面塑、竹编、绘画等材料进行文创设计，以让其他人了解菏泽牡丹。

4. 符合幼儿的年龄阶段特征

在转换思维网络图时还可能遇到的一个问题：如何组织小中大不同年龄阶段的主题活动？想要解决这一问题，首先需要考虑幼儿的现实发展水平，可以通过前期调研、与幼儿谈话、发放调查表等方式了解幼儿对牡丹的认识；其次是结合《3~6岁儿童学习与发展指南》中对不同年龄阶段中幼儿发展的描述选择教育内容。例如在认识牡丹这一内容方面，《指南》在科学领域中明确提出3~4岁幼儿"发现周围的动植物是多种多样的"，4~5岁幼儿"能感知和发现动植物的生长变化及其基本条件"，5~6岁幼儿"能察觉到动植物的外形特征、习性与生存环境的适应关系"，通过分析上述内容，便可知道在设计牡丹文化主题活动时，小班侧重引导幼儿观察牡丹色彩的多样性；中班侧重引导幼儿了解牡丹的生长过程及需要的特殊条件；大班侧重了解牡丹的外形特征，包含花色、花形或花的结构，了解菏泽种植牡丹的原因，以及菏泽牡丹种植技术的发展。可以看出，《3~6

---

① 计彩娟. 石榴丰收啦［M］. 南京：南京师范大学出版社，2019：1.

岁儿童学习与发展指南》中对不同年龄阶段幼儿发展的期望，为幼儿教师设计主题活动提供了依据。

上面对思维网络图转换为主题活动网络图提出了几个思考的维度，以牡丹文化为核心的思维网络具体转换为主题活动网络见图 5-6（以大班为例）。

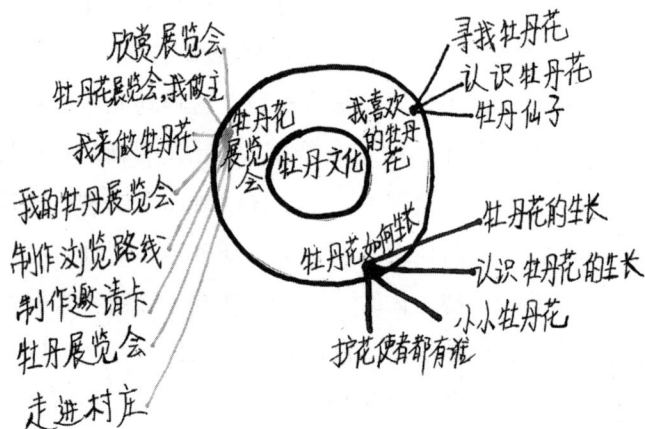

图 5-6　以牡丹文化为核心的思维网络具体转化为主题活动网络（以大班为例）

三、牡丹主题活动的开展

（一）以儿童兴趣为切入点开展牡丹文化主题活动

幼儿园课程的实施强调突出幼儿的主体地位，牡丹文化是以单元主题的方式开展，具有明显的预设性成分，因此，在开展活动之前，幼儿教师要善于利用环境创设、谈话、参观等多种方式激发幼儿的兴趣，激发幼儿认识牡丹的欲望，将教师想要"教"的内容转换为幼儿积极主动地"学"的内容。

1. 牡丹园大调查

各类课程资源是外在的物质要素，将其与幼儿生活发生联系，转换为与幼儿直接有关联的内容才能对幼儿产生真正的影响。因此，在牡丹文化主题预设活动制定完成后，需要组织一次"走进牡丹园"的活动。参观牡丹园是属于外环资源，幼儿教师可以邀请爸爸妈妈与幼儿利用周末时间一起参观牡丹园。

幼儿喜欢动的事物，而牡丹花是一种静态植物，幼儿参观牡丹园时容易被其他事物所吸引，而忽略到主角——牡丹花，也会缺少细致的观察，因此，在让幼儿参观牡丹园时，课程增加了"探秘寻宝"的小游戏。幼儿教师制作了曹州牡丹园的地图（图5-7），这个地图旁边有许多有标志性的建筑和牡丹花类型，幼儿可以将找到的牡丹花或建筑粘贴在相应位置。这些建筑和牡丹花由两层组成，一层是图案，另一层是简单的介绍，幼儿可以翻阅，也可以互动，跟着地图去对比牡丹花的种类，以帮助他们细致地观察牡丹花，了解牡丹园经典的建筑和故事。为了让全班幼儿都有该地图，幼儿教师可以带领幼儿一起制定属于自己的地图。

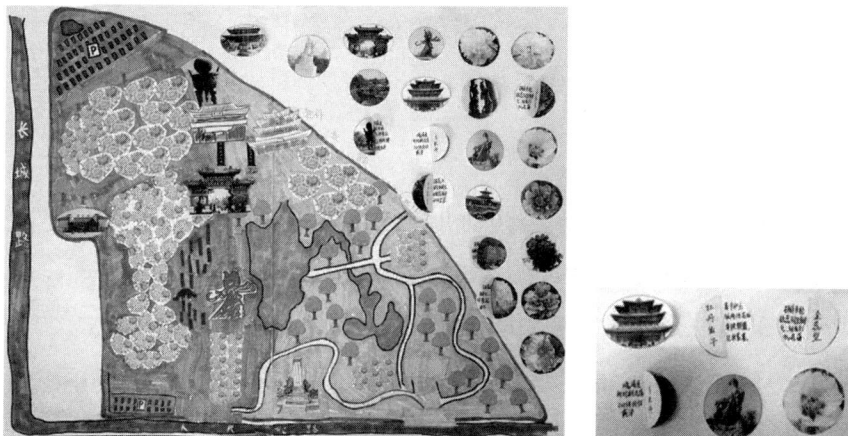

图5-7　牡丹园游览地图

2. 与幼儿谈话，完善原有课程网络

幼儿园在地化课程的设计强调要从幼儿感兴趣的话题着手，这里就出现了一个问题；有时幼儿教师对幼儿兴趣的分析停留在"幼儿说了什么""幼儿做了什么"，然而对"为什么幼儿会这样说"等关于幼儿思维的问题却缺少深入思考，幼儿教师要留意"儿童是如何看待事物、人和经历的，并记住他们是怎样解释和理解周围的世界的"[1]，幼儿教师在选择内容和设计活动时，要多问问"幼儿为什么会有这种行为"，分析幼儿行为背后的

──────────

① 布罗德里克，成博洪. 从儿童的兴趣到思维［M］. 叶小红，译. 北京：中国轻工业出版社，2022（5）：Ⅱ.

思维，以此为基础，构建与幼儿经验发生联系的内容，让幼儿在真实问题解决中获得对事物的理解。

幼儿与父母参观完牡丹园后，幼儿教师组织了一次"我看到的牡丹花"大讨论，已具有初步经验的幼儿对这个话题充满了兴趣，积极发言。

幼儿说："牡丹花颜色很多，有黄色，有红色的，有紫色的。"

幼儿说："牡丹花很大，有的是一层一层的，有的没有那么多层。"

幼儿说："牡丹园里有个小火车，我很想坐小火车。"

幼儿说："牡丹园里有个很高的牡丹仙子像，我觉得很漂亮。"

幼儿说："牡丹花可以做成很多东西，能做牡丹糕，还能做我妈妈用的化妆品。"

……

从幼儿的发言中，可以看出幼儿对牡丹花的类型、特产、传说等较有兴趣，探索牡丹的主题活动并由此作为切入点展开活动。

（二）次主题一：我喜欢的牡丹花

1. 环境创设——寻找牡丹花

幼儿教师用卫生纸、宣纸等制作几朵牡丹花装饰教室，这些牡丹花可以放置在钢琴旁边，也可以放在笔筒里，还可以放在活动区域里。幼儿很快便能发现教室里面的变化，和老师一起讨论着牡丹花，幼儿喜欢在教室里寻找自己在牡丹园看到的相似花朵（图5-8）。

图5-8　牡丹花

2. 教学活动——认识牡丹花

教师顺势开展了教学活动"认识牡丹花",侧重让幼儿了解牡丹花的花色和花形,让幼儿体验牡丹花的绚丽多彩。菏泽牡丹花具有"九大花色",如红色、粉色、白色、黄色、绿色、紫色、黑色、复色、蓝色;"十大花形"如单瓣形、荷花形、皇冠形、菊花形等,从上述对自然文化的介绍中,不难发现牡丹花的花色容易辨认,但是花形较难分辨,特别是金环形和千层台阁形之间,非专业人员较难分辨,因此,在开展"认识牡丹花"活动时,幼儿教师可以选取幼儿容易掌握的花色和简单花形的牡丹,主要认识红色、紫色、白色、黄色、绿色等颜色,对于花形以欣赏为主,结合牡丹花的枝叶特点了解牡丹花。

随后,在活动区域投放牡丹花的白描(图5-9),让幼儿涂画自己最喜欢的颜色,也鼓励幼儿自由绘画自己喜欢的牡丹花,活动区域的墙面上粘贴牡丹花的照片,帮助幼儿随时观赏牡丹花,以便将模糊的记忆清晰化,区域活动与教学活动密切结合,帮助幼儿深入认识牡丹花。

荷花形

图 5-9 白描牡丹

3. 语言活动——"牡丹仙子"

在活动区域投放牡丹仙子的图像,激发幼儿对牡丹仙子的好奇心,进而引出《牡丹传说》的故事。关于牡丹的传说故事较为丰富,有最早记载曹州牡丹的《楼台牡丹》,也有关于帝王与牡丹的故事,如武则天怒斥牡丹,也有关于牡丹花品种的故事,如《花二乔》《墨池牡丹》等。幼儿教师要善于挑选适宜的牡丹故事,这样既能有利于幼儿理解,也能在潜移默化中培养幼儿对牡丹的热爱。本次活动开展选择了《牡丹仙子》的故事,为了将抽象的故事形象化，幼儿教师自制教学挂图和故事视频，方便讲解和幼儿学说故事（图 5-10 至图 5-15），随后在区域活动投放自制绘本，以便幼儿随时翻阅。

图 5-10　《牡丹仙子》：人们安居乐业

图 5-11　《牡丹仙子》：洪水来临

图 5-12　《牡丹仙子》：看到人们生活于
水深火热之中，牡丹仙子很难过

图 5-13　《牡丹仙子》：寻找法宝拯救人们

图 5-14　《牡丹仙子》：勇战猛兽

图 5-15　《牡丹仙子》：终于找到法宝

关于牡丹花品种的故事较多，幼儿教师可以邀请家长与孩子一起搜集相关故事传说、诗词等资料，较为常见的故事有《牡丹名字的由来》《姚黄和魏紫》《二乔故事》等，可以让幼儿理解记住的诗词有《红牡丹》《墨牡丹》《牡丹》等，让幼儿将故事与牡丹花品种相结合，组织专门的语言教学活动，让幼儿创编故事和诗歌，最终将幼儿的作品与牡丹画制作成《牡丹花小手册》，投放在活动区域，让幼儿自由翻阅。

（三）次主题二：牡丹花如何生长

牡丹文化作为菏泽一张靓丽的名片，与菏泽的地理环境、历史文化有一定的关联。开展该主题活动时，幼儿教师要突出对菏泽环境的认识以及了解牡丹种植技术，可以邀请牡丹种植人员走入幼儿园，共同开展活动，充分发挥在地化课程园内与园外资源联合的优势。

1. 调查活动——"牡丹花的生长"

开展"牡丹花的生长"活动的主要目的是让幼儿了解牡丹花的生长条件和环境，了解植物与环境之间的关系，感受家乡牡丹花种植技术的发展，培养幼儿爱家乡、爱科学的情感。活动让幼儿与家长一起查阅资料，了解各种花草生长的条件、环境、照顾的技术等，有条件的幼儿园可以在园内设置种植角，让幼儿亲自种植。

2. 科学活动——"认识牡丹花的生长"

开展科学活动"认识牡丹花的生长"，重点是让幼儿感受到牡丹花在不同时期的变化，如冬季休眠期、牡丹萌动期、牡丹现蕾期、牡丹展叶期、牡丹露色前期、牡丹盛花期，以及牡丹花成长过程中对阳光、土壤、水等的要求；邀请牡丹种植人员走进幼儿园，将不同时期牡丹花的样态、自己种植的工具、种植中的小秘诀介绍给幼儿，增加了活动的趣味性，激发幼儿对牡丹花种植技术人员的钦佩之情；随后，在区域活动中投放牡丹花生长的图片，将其制作成拼图游戏，供幼儿进行操作。

3. 音乐活动——"小小牡丹花"

为了进一步加深幼儿对牡丹生长过程的认识，幼儿教师可以通过艺术的方式让幼儿巩固对牡丹花生长的认识，还能培养幼儿运用艺术形式表达美的能力。幼儿教师可以让幼儿画出牡丹花的生长过程，并投放在图书区，让幼儿之间相互讲述，还可以利用音乐活动表达自己对牡丹花的喜爱。能被幼儿接受的牡丹花的歌曲较少，为了实现巩固的目的，幼儿教师自编歌曲较为困难，但是可以保持原有曲调、编写歌词，将牡丹花的生长过程编成一个小儿歌，给这个儿歌配上歌曲《小花朵》的曲调（图5-16）；还可以结合歌曲开展打击乐器活动，让幼儿为牡丹花的生长加油。

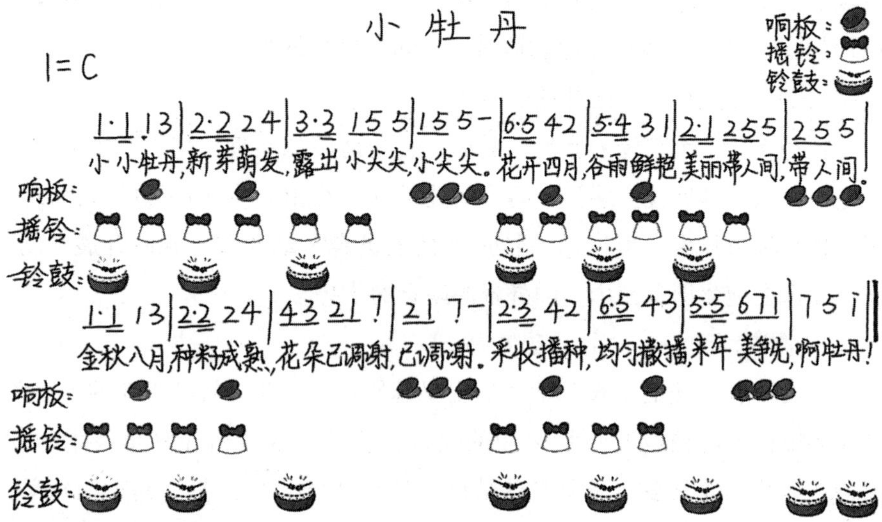

图 5-16　创编歌曲《小牡丹》

当然，有能力的幼儿教师还可以创编歌曲，如歌曲《小牡丹》，将牡丹的生长过程配以简单的旋律，通过开展音乐活动"小小牡丹花"，让幼儿在欢快的音乐活动中巩固对牡丹花的生长过程的认知，并结合肢体语言将其表达出来。

4. 科学活动——"护花使者都有谁"

科学活动开展首先让幼儿了解牡丹花种植的新技术。随着牡丹种植技术的发展，菏泽牡丹不断研发出新的牡丹品种，同时，对牡丹种植技术的改进，菏泽牡丹已经能在新疆等其他地市开展种植；随后，重点认识牡丹花种植技术"达人"，如北京林业大学周家琪、李嘉钰教授，山东农业大学杨念慈教授等对菏泽牡丹的指导，并认识菏泽本土的牡丹种植技术人员，如赵孝知、孙景玉等人，了解他们的事迹，致敬家乡的技术工作人员。

5. 以点带面，拓展内容

本次主题如果单纯地让幼儿认识牡丹的生长过程，会窄化学习内容，因此在开展这一主题活动时，将牡丹作为众多植物中的一个属，让幼儿调查了解菏泽还有哪些植物，它们的生长条件需要哪些，生长过程是什么样的，这些植物的生长和南方植物的生长有什么区别，在对比中了解菏泽"植物"这一更为上位的概念，了解植物的生长过程和条件，了解植物与周围环境之间的关系；同时，在对比中，让幼儿了解牡丹花种植和生长的独特之处，进而了解菏泽地理位置、环境及菏泽牡丹的发展史。幼儿教师邀请牡丹花种植人员到幼儿园给幼儿讲讲如何种植牡丹，结合传说故事《楼台牡丹》了解嫁接等技术，知道在技术发达的今天，人们是如何克服环境问题将牡丹花进行改良，将牡丹花推广到其他地区，并感受技术带来的便捷。可以说，虽然主题活动中只罗列了简单的活动名称，但是每个活动都可以生发出系列活动。

（四）次主题三："牡丹花展览会"

可持续发展的教育理念指出，应将幼儿看成是有能力的个体，他们有参与权等各项权利，他们可以为周围环境做出自己的贡献。在地化课程理念十分强调幼儿、幼儿园、乡村三者之间的有机联系，因此，在设计在地化课程教育活动时，要充分理解乡村资源可以走进幼儿园，为幼儿园活动开展提供人力和物力支持。同时，幼儿园也应反哺乡村发展，引导幼儿走进乡村，运用自己的力量为乡村发展尽一份力量。因此，在本环节中，尝试以幼儿所认识和喜爱的牡丹花为媒介，将幼儿和幼儿园与乡村发生联系。

1. 综合活动——"欣赏牡丹展览会"

幼儿教师播放《牡丹展览会》的视频，引导幼儿观察牡丹花展览会主要的展示内容有哪些，欣赏菏泽牡丹的珍贵品种，知道菏泽牡丹在国内外的影响力，了解举办的"菏泽国际牡丹文化旅游节"的盛况，激发幼儿作为菏泽人的自豪感，培养幼儿对家乡的热爱和归属感。

2. 谈话活动——"牡丹花展览会，我做主"

为了丰富幼儿对牡丹展览会的认识，幼儿教师可以邀请家长利用周末时间参观附近的民俗馆、村史馆、菏泽博物馆等，父母与孩子共同观看菏泽市牡丹文化旅游节，与幼儿谈论场馆里面都有什么、展览会上有什么、应如何呈现等内容，加深幼儿对展览会的认识。在园期间，教师与幼儿商量幼儿园要开展一次牡丹花展览会，引导幼儿讨论制定展览会要解决的问题，如时间、地点、展览内容及展览形式、可利用的资源等，正如《3～6岁儿童学习与发展指南》中指出大班幼儿可"在成人的帮助下能制定简单的调查计划并执行"，应给予大班幼儿计划与行动的真实体验。与幼儿讨论牡丹花可以用哪些材料制作，最终由幼儿投票来决定。

3. 美工活动——"我来做牡丹花"

幼儿教师将幼儿分组，引导幼儿用不同材料制作牡丹；将活动区域分成泥工制作区、纸工制作区、绘画区，在各个区域里面投放不同材料和示范图，引导幼儿利用不同材料制作牡丹。

泥工区：该区域主要提供橡皮泥，引导幼儿用橡皮泥制作牡丹；在该区域提供牡丹花的照片，让幼儿根据自己的喜好制作牡丹花，对幼儿制作的牡丹花形不做要求，可以重点引导幼儿观察牡丹花色，用不同颜色的橡皮泥制作牡丹花，并让幼儿给每朵牡丹花配讲解，教师录制成视频，制作成二维码，与牡丹花放置在一起展览。菏泽穆李村素有"面塑之乡"的美称，可以邀请面塑艺人走进幼儿园，与该区域的幼儿一起制作牡丹，让幼儿感受面塑艺术的神奇。

纸工区：该区投放宣纸、卫生纸、卡纸等各类纸张，供幼儿自由选择纸张进行制作牡丹花。为了方便幼儿制作牡丹，教师可提前将制作牡丹的各种方法录制成视频，让幼儿随时可以翻阅学习，也可以做成步骤图粘贴在区域环境中，给予幼儿模仿的对象。当然，幼儿也可以根据自己的喜爱，剪纸各类牡丹的造型。用纸制作各种造型，对幼儿来说具有一定的挑战性，因此，教师要善于观察幼儿制作的过程，随时给予一定的支持和帮助。

绘画区：该区域主要是投放马克笔、水彩笔、油画棒等画笔和纸张，让幼儿自由绘画牡丹花。一般来说，牡丹花的花形较难绘画，幼儿绘画牡丹追求的是神似而非写实，所以不对幼儿绘画牡丹做固定要求，当然可以适当引导幼儿关注到牡丹花的花色。

4. 综合活动——"我的牡丹花展览会"

（1）了解菏泽牡丹特产

幼儿教师与幼儿一起重新观看《牡丹花展览会》的视频，与幼儿一起讨论自己出去参观时，感兴趣的事物有哪些，在布置幼儿园牡丹花展览会时，除了展示牡丹花之外，还有哪些东西能吸引到更多的游客。这样做主要是引导幼儿关注到牡丹特产、文创产品、演出节目等内容，顺势引导幼儿了解菏泽牡丹的特产，如牡丹糕、牡丹化妆品、牡丹茶等，还可以引导幼儿欣赏牡丹的文创产品，体验艺术的魅力，激发幼儿为菏泽代言、创作艺术品的兴趣。

（2）说、唱牡丹

说牡丹：牡丹花色的来源背后往往藏有一个充满正能量的小故事，教师可以根据幼儿的发展水平，对原有的传说故事进行改编或仿编故事，让幼儿结合牡丹花图片，利用故事进行讲解牡丹。此活动既可以现场讲解，结合定陶皮影戏，让幼儿根据故事内容，制作故事角色形象及背景，边讲故事边表演；也可以提前录制幼儿讲述的故事，将二维码与牡丹花相结合，让观众扫描二维码直接听故事。

唱牡丹：引导幼儿学习牡丹相关歌曲，编排一场小型舞台剧或演唱节目，为了增加舞台表演效果，可以让幼儿制作一些牡丹的头饰或者手环进行装饰，让幼儿体验自己变成牡丹小种子正在慢慢长大、发芽、开花的过程，也让幼儿体验到自己为牡丹花代言的乐趣。

5. 社会实践活动——"制作浏览路线"

如何呈现各种展览物品成为幼儿需要解决的重要问题，在谈话活动时，可以与幼儿讨论每一展示物品摆放的位置。在之前调查活动中，有的小朋友特别喜欢牡丹园的小火车，也可以鼓励小朋友把小火车搬进这次展览会，幼儿教师了解他们制作小火车需要的材料，及时将其投放到区域内，幼儿可以邀请小组成员一起制作小火车，并制定游览路线。

6. 美术活动——"制作邀请卡"

美术活动的主要目的是与幼儿讨论如何邀请别人来参加，引导幼儿观察邀请卡上的基本信息都有哪些，让幼儿分组制作邀请卡。为了拓展幼儿对邀请卡的认识，教师可以提前制作几张不同类型的邀请卡，供幼儿欣赏。除了对邀请卡基本信息的关注外，幼儿教师还要引导幼儿观察这几张邀请卡的独特之处，那便是突出牡丹特色。在区域活动里，幼儿教师也可投放相关材料，让幼儿制作多张邀请卡，邀请不同的人来参观。

7. 亲子活动——"牡丹展览会"

前期工作准备就绪后，幼儿教师选择适合时间开展亲子活动，邀请幼儿家长或朋友参加牡丹花展览会，欣赏幼儿的手工制作品，观看幼儿的节目演出。为了增加活动的趣味性，增强参与者的体验感，幼儿教师可以邀请面塑传承人现场与各家庭一起制作牡丹，让家长在参与中体验菏泽地方文化的魅力。

8. 社会实践活动——"走进村庄"

幼儿带着牡丹花作品走进村庄，将其送给村里的老人，给他们讲讲牡丹的传说故事，老人给幼儿讲讲菏泽的历史。幼儿将作品装饰村庄，为村庄设计美化环境的图案，关于牡丹花的活动没有结束，村庄与幼儿园的联动正在进行。同时，幼儿教师可以组织幼儿走进牡丹园，扮演小导游的角色，讲解牡丹故事，提倡做文明游客。

通过系列活动让幼儿感受家乡之美，体验到自己能为家乡、为环境作尽一份力量，在活动开展过程中潜移默化地培养幼儿爱家长的情感。需要注意的是，牡丹文化课程实施过程主要是以单元主题的方式组织，其原因是牡丹文化部分内容在幼儿周边并没有直接的资源，且里面蕴含的文学特征、艺术特征需要引导幼儿去体验，但在具体开展的过程中，随时可以增加一些项目活动的内容来组织课程，如在分组制作小火车时，这便是一个项目活动的开展，由于篇幅有限，并没有展开描述。各个次主题只是幼儿需要做的大概内容，但是如何开展这些内容，是通过项目活动和单元主题活动相结合来实现的。

第六章
农村幼儿园在地化课程实施的效果

第一节　总体效果

农村幼儿园在地化研究的理念已经被实验园所接受，在与幼儿教师共同开发在地化课程期间，幼儿教师对课程开发充满了自信，她们愿意参与到在地化课程的建设中，积极分享活动中幼儿的表现，对周围资源充满了浓厚的兴趣；幼儿对浓浓的乡土气息充满了兴趣，他们体验与环境互动的乐趣；调动了家长参与幼儿园活动的积极性。这些都是多方主体共同努力的结果。

一、幼儿发展的反馈

幼儿是教育的对象，在地化课程开发的最终目的是促进幼儿发展。幼儿是活动的主体，幼儿在操作材料、与人交往的过程中积极主动地构建自身发展，在地化课程能否产生效果，还需要幼儿积极主动地参与。

（一）幼儿参与活动的状态

研究者作为在地化课程开发的小组成员，参与了部分教育活动的实施，观察到了幼儿在活动中的状态。整体来看，幼儿对自然资源融入幼儿园课程的热情较高，特别是幼儿对户外活动（如参观果园、户外民间游戏等）、动手实践活动（种植和收获蔬菜）等充满了兴趣，但对持续性地观察植物生长、利用自然材料装饰教室等活动兴趣一般，仅有部分幼儿积极参与，还有一部分幼儿游离在活动之外。幼儿对民间文化也充满了兴趣，特别是邀请艺人和幼儿共同制作剪纸、扎染、编制，在聆听艺人讲述背景小故事时表情十分投入，在制作作品时也是专注认真，还会邀请艺人去欣赏自己的作品，幼儿充满了自豪。一位幼儿教师十分激动地描述幼儿参与扎染活动的状态："真的没有想到孩子那么喜欢扎染活动，扎染的捆绑环节比较难一些，孩子的小肌肉动作不太灵活，手上也没有多大的力气，捆绑的时候总是会出现太松的现象，他们一遍一遍地重新捆，直到成功，在捆的时候专注的表情，在涂颜色时那种期待的神情，在打开作品时那种自豪和惊喜，都显示在脸上，幼儿太喜欢扎染了！"

然而，当这些民间艺术活动投放到区域活动中，一开始让幼儿自由探索，一个星期后，就会发现幼儿对该区域的兴趣减少，部分幼儿不会自主选择这一区域，这时幼儿教师投放其他辅助材料，比如扎染活动时投放一些衣服、引导幼儿制作蝴蝶结装饰表演区服饰等，在编织活动中投放一些皮筋、发卡等让幼儿对其装饰，在剪纸活动时投放一些作品、硬纸盒等，幼儿会再次充满兴趣。可见，幼儿对活动的兴趣需要教师敏锐地捕捉，及时提供材料以支持幼儿，这样才能有效地吸引幼儿参与互动。

（二）对幼儿发展的影响

1. 培养了幼儿爱家乡的情感

幼儿园在地化课程是对幼儿生活环境资源的重新组合，所利用的自然资源、文化资源都是来源于幼儿生活环境，幼儿虽然每日看到小草小花，知道菏泽有牡丹花，但是幼儿对其往往停留在浅表的认知层面，或者存在视而不见的状态。通过在地化课程的实施，幼儿对农村的自然资源充满了热爱，对文化资源有了亲身的体验，对村庄的历史和发展有了初步的认识，让幼儿深刻地感受到家乡的变化及家乡之美，培养了幼儿的归属感和自豪感。幼儿教师反映："有一次假期回来，孩子兴奋地跟我讲，王老师，我假期和妈妈去曹州古城玩了，那里还有卖面塑的呢，那可是我们镇上的！我们这边的面塑才厉害呢！幼儿的脸上充满了自信和自豪！"在地化课程系列活动的开展，使幼儿受到了文化的熏陶，丰富了他们对家乡的认识，激发幼儿对作为菏泽人的自豪之情。

2. 培养了幼儿对自然环境的热爱

农村幼儿园有着天然的优势——充足的自然资源，走出幼儿园便能看见丰收的果园，紫色的葡萄、红彤彤的苹果，给大自然描绘出了五彩斑斓的色彩，当我们俯下身来、静心倾听，蝉的鸣叫声、蟋蟀和蛐蛐的欢叫声，还有水池边青蛙的叫声，演奏着大自然的歌曲，农村的自然环境为幼儿提供了丰富的教育资源。然而在开展在地化课程之前，农村幼儿教师并没有意识到这些资源的教育价值，幼儿虽然身处自然环境，但却视而不见，父母也不会让孩子走进田野和果园，在成人眼里，去果园太热了，去农田里又太累了，孩子不能晒、不能热，就像温室里的花朵，甚至有些孩子到大自然的状态就是嫌弃田野里太脏了。一次和孩子聊天时，孩子说道："老师，你老土了。"虽然只是一句习惯性的话语，但这蕴含着在城镇化进程中，农村所处的尴尬地位，我们国家自古以来对土地有着深沉的热爱，然而现在孩子与自然之间似乎隔了一层透明的玻璃，孩子能清楚地看到大自然，但却摸不到，孩子能看到土地，但是却认为土地是脏的。在地化课程实施过程中，幼儿教师邀请家长与孩子一起参观果园，与幼儿一起认识水果，了解水果成长及与环境的关系，在幼儿园里设置了小土坡，旁边开设"泥塑坊"，让幼儿感受玩泥巴的快乐，丰富的自然教育活动的开展，让幼儿重新认识到自然与生活的关系，在生活中，幼儿会时不时提醒大家"不要踩小动物""不要摘花""老师，你看这朵花真美！""老师，小麦快成熟了"，孩子天真的话语中流露出对自然的热爱。

3. 将一颗美德的种子种在幼儿心中

幼儿园在地化课程开展时，幼儿教师会邀请艺人走进幼儿园，让幼儿亲身感受艺人的专注、精益求精的态度，激发幼儿由衷的敬佩，学会对他人的尊重，艺人也会讲述民间故事，故事中蕴含着扬善的美德，鼓励幼儿从小事做起，学会与他人友好相处，让幼儿重新认识为我们服务的人，了解乡村的美丽是靠大家的辛勤劳动所换来，培养幼儿对他人劳动成果的尊重，一位家长说道："有一次孩子吃饭时馒头掉在地上了，很是难过，觉得馒头是爷爷地里的小麦磨成的，爷爷很辛苦，这真的让我很惊讶，家里很少提到这些。"勤俭节约、与人为善、勇敢坚强等这些优秀的传统美德在系列活动中，被以故事化、形象化的方式，潜移默化地影响着幼儿的行为。

二、促进幼儿教师专业成长

幼儿教师是在地化课程开发与实施的主体，幼儿教师的专业素养直接影响着课程实施的效果与质量。通过在地化课程的实施，农村幼儿教师对课程开发有了初步的认识和亲身体验，能主动开发与利用周围的资源，课程的开发能力逐渐提高，对课程开发也具有较高的自信心。

（一）增强了农村幼儿教师课程开发的意识

在地化课程实施之前，对农村幼儿教师调研中显示，农村幼儿教师对自己开发课程是持怀疑的态度，在实践活动中没有尝试去开发课程。在整个实施过程中，从在地化课程资源的整理到课程方案的构建，研究者全程参与，帮助幼儿教师理清了在地化课程构建的基本思路，解决了农村幼儿教师在绘制资源地图、构建思维导图存在的问题，让农村幼儿教师亲身体验了课程开发的全过程，农村幼儿教师有了较高的自信心："之前，我总觉得课程开发是很高深的事情，只有专家们才能去开发，但是现在我觉得我之前也开展了很多活动，就是缺少系统化和提炼，现在理清思路了，知道怎么去开发课程了，觉得我也能去做课程开发"（教师 D）。农村幼儿教师具有课程意识，课程开发的能力也逐渐提高。"之前只会带领着幼儿去参观果园，孩子都很喜欢，觉得活动很成功，但是参观结束了，这个活动也就结束了。现在我再组织参观果园这个活动，我想到的活动就比较多。我就会想让幼儿做个参观计划，邀请家长参与，回来后开展认识果实的活动，让幼儿运用剪纸、面塑等形式制作水果，还会开个果实展览馆，反正现在一个活动结束后，总会想还可以衍生出哪些活动"（教师 E）。

（二）"有准备"教师的形成

高瞻课程体系中强调幼儿教师应做一名"有准备的教师"，指向的是教育教学内容与教学策略方面的准备。PCK（学科教学知识）理论告诉人们，教师是一个专业性极强的职业，需要具有教学内容知识、教育对象的知识和教学方法知识的融会贯通。当前幼儿教育对幼儿学习的关注度较高，幼儿的发展阶段及经验准备往往成为课程轨迹的指挥棒，幼儿教师参观各类培训获得的理念是一定要追随幼儿的发展，然而仅强调教育对象的知识似乎让幼儿教师在推动课程发展时陷入困境，幼儿教师不清楚前面的方向在哪里，这时便需要教学内容的知识，而这些内容恰恰是幼儿教师忽略的。因此，在开展在地化课程时，每周定期、定人开展教研活动，其中一个重要主题便是各领域知识的学习，以《3~6 岁儿童学习与发展指南》

为主要学习内容，以各领域的核心经验相关书籍作为补充，帮助农村幼儿教师掌握各领域需要幼儿掌握的内容，明了不同年龄阶段的不同要求，通过共读一书、研讨案例、观摩游戏等形式，让幼儿教师明确了活动推进的思路。在与一位农村幼儿教师交谈时，她谈到自己的亲身感触："之前参加培训，一直强调自主游戏，我们也购买了游戏材料，让幼儿自由活动，但是时间久了，就不知道该怎么引导幼儿，特别是现在注重观察幼儿，以此为基础生成各类活动，对我们来说很有挑战性，也是不敢去尝试。但是，现在我们基本明了了各领域的内容，观察幼儿时，也会尝试去从不同领域思考，而且幼儿感兴趣的问题或事物，我们也会进行头脑风暴，从不同领域的角度思考可以生成哪些活动，感觉现在对五大领域的内容有了进一步的认识，各类活动都能推进一下。"可见，在地化课程开发与实施过程中，对五个领域内容的关注，助推了"有准备"教师的实现。

(三) 幼儿教师课程资源开发意识的提高

农村幼儿教师在开展课程时往往将焦点聚焦于所使用的教材上，认为根据教材内容开展的活动才是一节教学活动，才称得上是课程，缺少对周围资源的开发与利用的意识。在地化课程的开发与实施需要充分调动园内和园外资源，将村庄的文化资源、社会资源、自然资源与幼儿园现有的活动发生联系，让幼儿获得整体的认识，让幼儿教师参与到课程资源的开发过程，体验到资源转变为活动的过程，既丰富了幼儿教师对村庄资源的认识，又培养了他们开发课程资源的能力。"在开发地方资源时，让我印象比较深刻，我们那个小组主要负责调研周围的自然资源，是顺着幼儿园往东和南这两个方向寻找，在走进田野里，才发现里面有那么多小秘密，看到玉米时，就被玉米的形态所吸引，玉米地下面还有一些小虫子、一些小草，我们几位老师在这里讨论着自己认识的植物和动物，讨论起小时候做过的糗事，讲着以前听过的故事，那一刻我对田野充满了探究的欲望。""给我印象很深的就是去采访面塑传承人的时候，之前在逛街的时候也见过面塑小饰品，但是没有什么感觉，只是觉得挺好看的，在采访面塑传承人的时候，李师傅给我们讲了他们师徒之间的故事，了解了穆李面塑发展的艰辛历程，还给我们讲了几个面塑人物的故事，听着就很感动，这些手艺真的需要传承下去。"可以看到，农村幼儿教师对地方资源有了浓厚的兴趣，认识到地方资源充满了趣味和教育价值，也为他们在幼儿园中利用资源做好了准备。随着幼儿教师课程资源地图的绘制，幼儿教师对周围环境有了系统的认识。在地化课程实施的过程中，幼儿教师在讨论某一主题时，总会去思考周围是否存在可利用的资源，这说明幼儿教师已经具备了将地方资源渗透到幼儿园活动的意识。

三、调动家长参与园所活动的积极性

为了转变农村家长注重知识学习而忽略儿童全面发展的培养，轻视游戏教育价值的现象，在地化课程开发与实施时会定期展开家长会、亲子活动等，也会让家长参与整个课程的开发与实施过程。在整理地方资源时邀请家长和孩子一起调查，记录周边资源，特别是一些有手艺的家长会被邀请参与到幼儿园活动中，和孩子一起活动，慢慢地家长看到了孩子身上的成长："我把孩子送到这个幼儿园当时还是很担心的，因为村里另一个幼儿园的孩子都已经背诵了很多古诗，也会认识很多字，但是感觉这个幼儿园就是游戏比较多一些，总带着孩子玩，也会耽误孩子吧，到了小学会跟不上的。这个学期家长会开完后，幼儿园又组织了两次亲子活动，我感觉挺好的，老师一说这个游戏中孩子有何发展，就感觉很专业，我现在还是比较认可这个理念的。其实最重要的是孩子每天都吵着要来幼儿园，感觉他很喜欢。"幼儿教师的专业性是家长认可幼儿园教育的最直接的影响因素，进而转变自身的教育理念，家园之间的关系进一步得到改善。一位幼儿教师表示："感觉家长对幼儿园的态度发生了变化，之前都是将孩子送过来就走了，不太和我们交流，邀请参加家长会，也都是爷爷奶奶来得比较多，他们觉得一天能挣二三百，不想耽误时间。这个学期我们就转变了思路，为了调动家长的参与，我们在幼儿园门口设立两个资源收集箱，然后在家长会中提出为什么会有这个箱子，让家长认识到周边资源的重要性，也愿意参与到幼儿园教育活动，有的家长送过来之后，我们就把幼儿怎么使用的，拍摄成小视频，发到家长群，调动了家长的积极性，这个学期家长的参与度明显提高了不少。"在前期的调研中发现，有些农村家长对参与幼儿园活动是不自信的，幼儿园采取多种方式，让家长感受到自己的力量，有助于进一步调动家长参与幼儿园教育活动的积极性，家长与幼

儿园之间形成家园合力。

第二节　研究展望

"路漫漫其修远兮，吾将上下而求索。"从对在地化教育理念的认识，到构建幼儿园在地化课程方案，再到与幼儿园合作共同开展在地化课程，研究人员对农村幼儿课程的开发，对在地化课程的构建与实施有了深刻的认识，也产生了浓厚的情感。在热爱的这片土地里，他们也会诚惶诚恐，时刻担心：这样做合适吗？是否有更好的方案？在不断地追问中，也认识到了在地化课程方案及实施存在的不足之处，期望在今后的研究中持续推进在地化课程的实践。

一、搭建平台，促进幼儿园在地化课程资源共享

由于种种客观条件的制约，每个村庄幼儿园实现高质量的发展存在较大的挑战，但要充分发挥乡镇园所的辐射力量，以乡镇中心园所带动村庄幼儿园发展，这构成了乡村幼儿园发展的一级脉络，各个乡镇中心幼儿园形成合作共同体，则形成了二级网络。共同体通过课程案例分享、优秀经验介绍、课程资源共享等方式，实现在地化课程的多思路、高质量发展，以解决幼儿园师资力量薄弱、课程资源有限、课程开发思路窄化等问题。在今后的研究中，研究者将尝试依托课题，与地方教育行政部门紧密联系，构建区域性的农村幼儿园课程发展共同体，在搭建平台的基础上，开展系列活动，争取各项制度政策的支持，以促进在地化课程有条不紊地开展。

二、树立以评促建的理念，将评价贯穿课程始终

幼儿园课程的结构包含课程目标、课程内容、课程实施、课程评价四个部分，幼儿园课程开发时，时常会依据这四部分构建课程，在教育实践时，也会将这四部分看作课程开发的先后顺序，往往认为课程实施后再进行课程评价，否则课程评价便失去了评价对象，但是现在的评估理念则提

倡过程性评价。《幼儿园保育教育质量评估指南》中明确评估指导思想，"坚持以评促建""注重过程性、发展性评估"。课程质量评价应伴随幼儿园课程实施过程。另外，有些农村幼儿园教师认为自己园所课程并不成熟，还到不了开展课程评价的环节。其实，这些观念都是不正确的，幼儿园课程评价坚持"以评促建"，在课程建设过程中，通过评价可以有效地调整课程，课程评价会给予课程建设一定的方向指引。正因为农村幼儿教师对课程评价存在这样的认识，导致在本研究中注重对在地化课程方案的构建，对课程评价的开展未能充分展开。在今后的研究中，我们将结合农村幼儿园课程的现状，对现有的课程评估方案进行调整，避免过高的标准成为幼儿教师的压力，同时采取"嵌入式"评价理论，将评价贯穿于课程开发的整个过程，避免给教师增加额外的负担，在今后的研究中，将制定一套切实可行、具体可操作的评价方案作为重点。

参考文献

［1］严仲连. 城乡学前教育一体化带给农村学前教育的机遇与挑战 ［J］. 教师教育学报，2014，1（5）：58-62.

［2］陈秋珠，余一夫. 基于 SWTO 模型的农村地区学前教育发展问题研究 ［J］. 陕西学前师范学院学报，2019，35（6）：13-20.

［3］郑晓萍. 香港幼儿园教师校本课程开发能力提升研究 ［D］. 武汉：华中师范大学，2019.

［4］郑蒙蒙. 区域推进幼儿园课程资源开发与利用的行动研究 ［D］. 南京：南京师范大学，2021.

［5］李文治，吴雪梅. 明清时期曹州文人与牡丹文化 ［J］. 河南财政税务高等专科学校学报，2021，35（6）：93-96.

［6］邱瑜. 论幼儿园课程的诊断与改进 ［D］. 上海：华东师范大学，2012.

［7］周红叶. 幼儿园园本课程实施研究——以石家庄市 A 幼儿园阅读活动课程为例 ［D］. 新乡：河南科技学院，2021.

［8］邬志辉. 中国农村教育发展的成就、挑战与走向 ［J］. 探索与争鸣，2021（4）：5-8.

［9］丁学森，邬志辉，夏博书. 乡村教育在地化变革的意蕴与路径 ［J］. 教育理论与实践，2023，43（25）：22-27.

［10］王燕玲，解燕林. "在地化+信息化"：乡村教育振兴发展模式的图景建构 ［J］. 现代农业研究，2023，29（5）：91-93.

［11］王欲晓，王海英. 乡村幼儿教育在地化发展困境与突破路径 ［J］. 陕西学前师范学院学报，2023，39（4）：22-28.

［12］丁学森，邬志辉，夏博书.农村学校在地化课程建设的问题、价值与实践选择［J］.中国电化教育，2022（5）：59-65，74.

［13］王红.乡村教育在地化研究［D］.长春：东北师范大学，2019.

［14］徐湘荷，谭春芳.温德尔·拜瑞的乡村教育哲学［J］.比较教育研究，2009，31（1）：13-16，47.

［15］秦玉友.乡村振兴视域下农村教育现代化自信危机与重建［J］.教育研究，2021，42（6）：138-148.

［16］冯晓霞.幼儿园课程［M］.北京：北京师范大学出版社，2000.

［17］李子建，杨晓萍，殷洁.幼儿园园本课程开发的理论与实践［M］.北京：人民教育出版社，2009.

［18］虞永平.学前课程价值论［M］.南京：江苏教育出版社，2002.

［19］高杉自子.幼儿教育的原点［M］.上海：华东师范大学出版社，2014.

［20］贾晶晶.幼儿园一日生活各环节时间利用的个案调查［D］.沈阳：沈阳师范大学，2014.

［21］虞永平.幼儿园课程资源挖掘和利用的问题及解决思路［J］.早期教育（教育教学），2020（10）：4-6.

［22］杨馥嘉.教师对中国《3~6岁儿童学习与发展指南》认同感研究——以数学认知领域为例［D］.重庆：西南大学，2014.

［23］王贺立.幼儿园园长胜任力：模型构建、作用及促进因素［D］.长春：东北师范大学，2022.

［24］邓涛，鲍传友.教师文化的重新理解与建构——哈格里夫斯的教师文化观述评［J］.外国教育研究，2005（8）：6-10.

［25］爱德华兹，甘第尼，福尔曼.儿童的一百种语言——转型时期的瑞吉欧·艾米莉亚经验［M］.尹坚勤，王坚红，沈尹婧，译.南京：南京师范大学出版社，2014（3）.

［26］吴海龙.社会分层理论视域下家长的家园合作需求研究［D］.武汉：华中师范大学，2019.

［27］戴维斯.幼儿与环境：致力于可持续发展的早期教育［M］.孙

璐，张霞，王巧玲，等译. 南京：南京师范大学出版社，2018.

［28］王海英. 从主题墙到主题海报［M］. 杭州：浙江教育出版社，2023.

［29］佐藤学. 课程与教师［M］. 钟启泉，译. 北京：教育科学出版社，2003.

［30］王春燕，秦元东. 幼儿园课程概论［M］. 北京：高等教育出版社，2019.